Königl Suite der
Flügel Adjudant
General Adjudant
TERIE
Cors sonder besondere Inspecteurs :
Adliches Cadetten Corps
Artillerie Corps 1730
Ingenieur Corps 1740
Mineur Corps 1740
Ecole Militair
Maerckische = Inspection = General = Lieutenant = von = Kleist
Reg. No. 59. 1796 zu Berlin
Reg. No. 12. 1685 zu Prentzlau
Depot Angermünde
Sen: Lieut von Kleist
Reg. No. 24. 1713 zu Frankfurt an der Oder
Reg. No. 34. 1740 zu Ruppin
Reg. No. 35. 1740 zu Spandau
Chef Fürst Heinrich von Preussen
General = Lieutenant = von = Kannewurff
Brigadier = General = Lieutenant
Preussische = Inspection = General = Lieutenant = von = Brünneck
General = Major = von = Larisch
Brigadier = Gen = Lieut = Herzog = von =

Preußen Geschichte eines Mythos

Schützenscheibe mit Preußenadler, der Standarte des Kürassier-Regiments No. 13 »Garde du Corps«, 2. Hälfte 18. Jahrhundert.

Julius H. Schoeps
Bildarchiv Preußischer Kulturbesitz (Hrsg.)

Preußen Geschichte eines Mythos

be.bra verlag
berlin.brandenburg

Die Deutsche Bibliothek – CIP-Einheitsaufnahme
Preußen: Geschichte eines Mythos /
Bildarchiv Preußischer Kulturbesitz (Hrsg.).
Julius H. Schoeps – 2., erw. Aufl. –
Berlin-Brandenburg: be.bra-Verl., 2001
ISBN 3-89809-030-2

2., erweiterte Auflage

KulturBrauerei Haus S,
Schönhauser Allee 36, 10435 Berlin
info@bebraverlag.de
http://www.bebraverlag.de

Redaktion Marko Leps, Michael Bienert, Potsdam
Lektorat Gabriele Dietz, Berlin
Gestaltung Iris Farnschläder, Hamburg
Schrift Proforma 9,7/13,5 pt
Lithografie bildpunkt, Berlin
Druck und Bindung medialis, Berlin
ISBN 3-89809-030-2

»Das letzte Mittel des Königs«.
Plakette auf dem Bodenfeld
eines preußischen Geschützes
zur Zeit Friedrichs II.

Inhalt

Vorwort des Herausgebers

Preußen ist von der Landkarte Europas verschwunden. Am 27. Februar 1947 wurde es durch den Alliierten Kontrollratsbeschluss Nummer 46 aufgelöst. Die offizielle Begründung war, der Staat Preußen sei seit jeher der »Träger des Militarismus und der Reaktion in Deutschland« gewesen. Wir wissen heute, dass das in dieser Pauschalität nicht zutrifft und das Bild Preußens sehr viel differenzierter zu sehen ist, als es manche Kritiker glauben. Säbelrasselnde Militaristen und Monokel tragende Junker hat es zwar zugegebenermaßen gegeben, aber es ist eine geschichtsferne Legende, Preußen als die zentrale Brutstätte des Militarismus in Europa zu bezeichnen.

Der Historiker Heinrich von Sybel hat einmal festgestellt, dass Preußen im Vergleich zu anderen europäischen Staaten an den wenigsten Kriegen beteiligt war. In alle zwischen 1701 und 1933 geführten Kriege ist Frankreich mit 28 Prozent, England mit 23, Russland mit 21 und Preußen-Deutschland mit 8 Prozent involviert gewesen. Mag sein, dass dies eine schönfärberische Berechnung ist, die die Wirklichkeit verzeichnet. Andererseits wissen wir, dass Preußen häufig genug bemüht war, Konflikte friedlich am Konferenztisch zu regeln. »Ultima ratio regis«, so lautete die Inschrift auf preußischen Kanonen, was kurz und bündig etwa hieß: Der Waffengang ist der letzte Ausweg.

Die Geschichte des Preußen-Mythos beginnt am 18. Januar 1701, als der Kurfürst von Brandenburg im Schloss zu Königsberg sich eigenhändig zum König krönte. Das damals entstehende Preußen war zu diesem Zeitpunkt noch ein territorial weitgehend zerrissener Staat. Die Verbindung seines Zentrums Brandenburg-Pommern mit dem Osten wurde durch die erste polnische Teilung 1772 hergestellt, die mit dem Westen erst 1866 durch die Bismarckschen Annexionen (Hannover, Hessen-Nassau mit Frankfurt und zwei Jahre zuvor Schleswig-Holstein). Noch in der Weimarer Republik zählte Preußen neben seinen zehn großen Provinzen zwischen Rhein und Memel zahlreiche Exklaven, die in den Gebieten anderer Länder verstreut lagen.

Einer der Gründe dafür, dass man Preuße nicht durch Geburt, sondern durch Bekenntnis und Lebenseinstellung war, hing unter anderem mit der sich ungleichzeitig und in Sprüngen vollziehenden territorialen Entwicklung zusammen. Ein preußisches Staatsvolk im eigentlichen Sinne hat es wegen dieser Entwicklung nicht geben können. Die Menschen begriffen sich als Niederländer, Friesen, Polen, Pommern oder Märker, sprachen deutsch, polnisch, litauisch oder wallonisch, bekannten sich aber zu Preußen und der damit verbundenen übernationalen Staatsidee. »Preußentum«, meinte Oswald Spengler einmal, »ist ein Lebensgefühl, ein Instinkt, ein Nichtanderskönnen«.

Eine der Hypotheken des preußischen Erbes ist der Sachverhalt, dass die »preußischen Tugenden«, wie wir Pflichtgefühl, Pünktlichkeit, Sparsamkeit beziehungsweise das Maßhaltenkönnen, Bescheidenheit und Gewissenhaftigkeit nennen, im Hitler-Deutschland pervertiert worden sind.

Das hing zum einen damit zusammen, dass in der NS-Zeit die Form über den Inhalt gestellt wurde. Zum anderen damit, dass unter der Decke der äußerlichen Disziplinierung die eine oder die andere in Preußen hochgehaltene Tugend nach 1933 in ihr Gegenteil verkehrt wurde. So konnte es geschehen, dass aus Selbstbewusstsein Überheblichkeit, aus Ordnungsliebe kleinliche Pedanterie und aus Pflichterfüllung Unmenschlichkeit wurde.

Es ist viel darüber geschrieben worden, wie es zum Formenverlust und zur Deformation dieser Inhalte gekommen ist. Am einleuchtendsten sind die Erklärungen, die von einer Auflösung des »preußischen Stils« ausgehen. Angeblich fällt dieser Prozess mit dem Ende Preußens zusammen, mit dem Aufgehen Preußens in Deutschland also, wie viele meinen. Das 1871 entstandene Deutsche Reich, so heißt es, habe nur noch wenig mit dem alten Preußen zu tun gehabt, insbesondere nicht mit dessen Geist und dessen Staatsidee. Arthur Moeller van den Bruck, einer der Weimarer Jungkonservativen, von dem der Begriff »preußischer Stil« stammt, bemerkte: »Preußen wurde das Opfer von Deutschland.«

Die häufig gebrauchte Metapher von der Doppelgesichtigkeit, die bei der Beschreibung des Phänomens Preußen benutzt wird, will besagen, dass in Preußen hell und dunkel eng beieinanderlagen, es konnte abgrundtief reaktionär, aber auch modern und fortschrittlich sein. Es gab die obrigkeitlich-militärisch-bürokratische Tradition, daneben aber auch das liberal-demokratische Bekenntnis, das Preußen der Verweigerung, des Nichtmitmachens. Zahlreich sind die Namen jener, die ethische Maximen für wichtiger erachteten als angepasstes Verhalten und Gehorsam – und nicht selten gaben sie für diese Maximen ihr Leben.

Der Widerstand gegen Hitler zum Beispiel, dem Männer wie York und Witzleben, Moltke und Schulenburg angehörten, legt Zeugnis für dieses andere Preußen ab. Seine Vertreter hatten sich einer sittlichen Idee verschrieben und ihr Handeln und Tun entsprechend ausgerichtet. Sie verkörperten eine Haltung des Widerstands, für die ein Satz des Generalfeldmarschalls Helmuth Graf von Moltke zutreffen könnte: »Überhaupt«, so Moltke im Gespräch mit dem Historiker Heinrich Friedjung, »Gehorsam ist Prinzip, aber der Mann steht über dem Prinzip«.

Der vorliegende Bild-Text-Band, der in einer sehr angenehmen und kollegialen Zusammenarbeit zwischen dem Historischen Institut der Universität Potsdam und dem Bildarchiv der Stiftung Preußischer Kulturbesitz entstand, ist ein Beitrag der beiden Institutionen zum 300. Geburtstag des preußischen Staates, der 2001 mit zahlreichen Ausstellungen und Veranstaltungen begangen wird. Die Texte zu dem Band wurden von Fachleuten geschrieben und die Bilder aus den Beständen des Bildarchivs ausgewählt. Herausgeber und Verlag waren dabei bemüht, solche Bilder in den Band aufzunehmen, die auch unbekannte Facetten Preußens spiegeln.

Die Herausgeber danken an dieser Stelle Gabriele Dietz, der Lektorin des be.bra verlages, die es verstand, mit Umsicht das Projekt zu koordinieren. Dank gilt Heidrun Klein, die uns mit ihren brillianten ikonografischen Kenntnissen bei der Bildauswahl von manch falscher Entscheidung abgehalten hat. Und Dank gilt den beiden Potsdamern Marko Leps und Michael Bienert, die für die redaktionelle Arbeit verantwortlich zeichnen.

Potsdam, im Sommer 2000

Julius H. Schoeps
Historisches Institut
Universität Potsdam

Bilder dokumentieren Geschichte
Vorwort des bpk Bildarchiv Preußischer Kulturbesitz

Das Bildarchiv Preußischer Kulturbesitz in Berlin ist ein historisches Universalarchiv. Seine Bestände umfassen zirka zwölf Millionen Bildvorlagen aus allen Bereichen und Epochen menschlichen Lebens von den Anfängen bis zur Gegenwart. Sie werden ergänzt durch die Sammlung der Staatlichen Museen zu Berlin und der anderen Institutionen der Stiftung Preußischer Kulturbesitz.

Geschichte und Politik, Kunst und Kultur von der Antike bis zur jüngeren Vergangenheit, Porträts, Szenen und Werke von Persönlichkeiten der Welt- und Kulturgeschichte machen einen großen Anteil seiner farbigen und schwarz-weißen Bildvorlagen aus. Darüber hinaus betreut das Bildarchiv Preußischer Kulturbesitz Archive, Nachlässe und Sammlungen bekannter Fotografen.

Der hier vorliegende Band »Preußen – Geschichte eines Mythos« stellt unter Beweis, dass die Bestände des Bildarchiv Preußischer Kulturbesitz zu historisch-zeitgeschichtlichen Themenkomplexen verlegerischen Ideen und Herausforderungen gerecht zu werden vermögen und die Realisierung beispielhafter Bildbände ermöglichen. Die existierende Bestandsvielfalt ist dazu angetan, mit dem Bildarchiv Preußischer Kulturbesitz als Herausgeber neue, ehrgeizige Buchprojekte in Angriff zu nehmen.

Berlin, im August 2000
Heidrun Klein

Gerd Heinrich

Preußische Vorgeschichte

1134–1688

Als sich Kurfürst Friedrich III. 1701 in Königsberg höchstselbst die Krone eines Königs auf das Haupt setzte, hatten die Provinzen des Staates bereits eine lange Geschichte hinter sich. Brandenburg und Preußen waren nun auch durch die neue Krone verbunden. Doch darf über diesen Bestandteilen des Staates nicht vergessen werden, dass zur preußischen Vorgeschichte auch Pommern, das Herzogtum Magdeburg und die westlichen Herrschaften Kleve, Mark und Ravensberg gehört haben. Sie alle wirkten mit ihren Kräften an dem Aufstieg des Staates mit, der die Krönung ermöglichte.

Das Kurfürstentum Brandenburg

An erster Stelle ist die Mark Brandenburg als Ursprungsland und als Kernraum der Hohenzollern-Monarchie zu benennen. Die Mark hatte um 1701 eine 550-jährige Geschichte als Verfassungs- und Kulturraum hinter sich, wenn man die späte Slawenzeit und die älteren Markgrafen der Nordmark hier außer Acht lässt. Sie war mit vielen Markgrafen und Kurfürsten als Grenzherrschaft des hochmittelalterlichen Reiches entstanden.

Die Markgrafen waren zum Schutz vor den Völkerschaften und dann auch Landesherrschaften des Nordostens vom deutschen König eingesetzt worden. Sie haben diese Aufgabe über die Jahrhunderte hin im Interesse des »Heiligen Römischen Reiches Deutscher Nation« auch dann wahrgenommen, als sie mit nur noch geringer Bindung an König und Kaiser die Interessen eines Fürstenstaates zu vertreten hatten. Zugleich aber erfüllte die Markgrafschaft ebenso sehr die Aufgabe eines verbindenden Territoriums, zumal im Verhältnis zu Polen. Es ist jener Raum zwischen dem Mare Balticum und den schlesischen Gebirgszügen, in denen sich Kulturen des Südens und Westens in unablässigen Schüben, im Widerstreit mit eigenständig gebliebenen frühstaatlichen Zuständen und Herrschaften ausbreiteten.

Man hat die Altmark mit Stendal und Salzwedel als Wiege Preußens bezeichnet. An dieser Übertreibung ist so viel richtig, als dass Albrecht der Bär nach seiner Erhebung zum Markgrafen (1134) und nach der Herrschaftsübernahme in Brandenburg (1157) dort einen Mittelpunkt für seine Herrschaftsbildung im Havelland besaß. Er entstammte einem Harzgrafengeschlecht mit Ballenstedt als wichtigster Ortschaft. Wie sein Verwandter Heinrich der Löwe ist er einer der Stammväter der Dynastien im Nordosten geworden, und zwar sächsisch-deutscher wie westslawischer Dynastien. Alle waren durch Ahnen verbunden – unter den 16 Urgroßeltern des Kurfürsten Friedrich († 1440) erscheint Markgraf Albrecht, dem Mythos nach Gründergestalt, als vielfacher Ahnherr. So konnten die aus kleinen Verhältnissen aufgestiegenen Burggrafen von Nürnberg während des 16. und 17. Jahrhunderts in Wort und Bild auf ihre askanischen und karolingischen Vorfahren verweisen. Der Große Kurfürst ließ im Berliner Schloss aus diesem Bewusstsein heraus eine Galerie bedeutender Vorfahren einrichten.

Zur Vorgeschichte Preußens gehört auch, dass sich bei den Markgrafen vor wie nach 1415 der Grundsatz der Unteilbarkeit eines Kurfürstentums früh ausgebildet hat und wegen dieser Unteilbarkeit aufrecht erhalten worden ist. Der Weg zum preußischen Staate wäre erheblich behindert gewesen, wenn sich der Grundsatz der Unteilbarkeit nicht behauptet hätte.

Die Grundlagen des preußischen Staates in seinen mittleren und östlichen Provinzen waren die Gebiete, die seit der Mitte des 12. Jahrhunderts im Zuge der Ostbewegung und der westslawisch-deutschen Binnenkolonisation ihre Binnengliederung empfangen haben. Das Siedlungsbild und die Verfassungszustände in städtischen und dörflichen Gemeinden weisen in Brandenburg und seinen Randgebieten, in Schlesien, in Pommern oder in großen Teilen Ost- und Westpreußens keine tiefgreifenden Unterschiede auf.

In Brandenburg haben die Askanier zusammen mit weltlichen und geistlichen Nachbarfürsten eine erfolgreiche Herrschaftsbildung zwischen Elbe und Oder und dann auch weit darüber hinaus erreichen können. Um 1200, als Berlin bereits als kleine Kaufleute-Siedlung bestand, waren sie bis zur Spree vorgedrungen und hatten niederdeutsche Siedler in das Land geholt, die damals und in der Folgezeit im Havelland, in der Zauche, in Barnim und im Teltow und dann im Land Lebus ein Netz von Siedlungen aufbauten. Dabei ist es den Askaniern gelungen, Amtsrechte zu allodialisieren, das heißt, sie in Herrschaft kraft eigenen Rechts umzuwandeln, in der allodiale und lehnsmäßige Rechte, die zum Teil aus voraskanischer Zeit herrührten, neben den unmittelbaren markgräflichen Rechten Gültigkeit behielten. So gelang es auch den Markgrafen, wie anderen Herren im Reiche, Amtsgut, Gerichtsrechte und Eigengüter, dazu eigene, verlehnte oder unterworfene Burgen in einer einzigen, weiterhin flächenhaften Landschaft zusammenzufassen. Die Kirche mit ihren Einrichtungen stand dabei in Streit und Widerstreit den Markgrafen ebenso zur Seite wie ein zahlenmäßig immer stärker werdender Adel, der für seine Ritterdienste von den Markgrafen und anderen Herrschaftsträgern Lehen empfing. Um 1300 waren Herrschaftsbildung und Siedlung nicht nur weit vorgedrungen, sondern sie hatten auch das Land jenseits der Oder, die Neumark, mit Orten wie Königsberg, Landsberg oder Arnskrone erfasst. Da die Markgrafen Stettin wegen des Widerstandes der Pommernherzöge nicht erreichen konnten, drängten sie in Hinterpommern bei Stolpe zur Ostsee und versuchten vor 1308, Danzig mit dem Land Pommerellen als Erbe an sich zu bringen.

Das Brandenburg des Spätmittelalters zeigt Tendenzen der Ausdehnung, die verblüffend den späteren Zielen der Erwerbspolitik der Hohenzollern gleichen. Sie waren für Jahrhunderte durch Erbverträge der Dynastien, aber auch durch die wirtschaftliche und militärische Interessenlage Brandenburgs vorgegeben.

Nach dem Aussterben der Askanier 1320 übernahmen die süddeutschen Wittelsbacher die Herrschaft in dem krisengeschüttelten Gebiet, das an den Rändern Verluste erlitt. Auf die Wittelsbacher folgte seit 1373 das Haus der Luxemburger mit Kaiser Karl IV., seinen Söhnen und Neffen. Der Ausverkauf der markgräflichen Rechte im Lande war auch durch die steuerpolitischen Maßnahmen Karls IV. (1375) nicht zu beenden. Die Krise setzte 1378 wieder ein und hielt bis 1412 an. Erst zu diesem Zeitpunkt entschloss sich König Sigismund in Ofen, das geschwächte Land dem Burggrafen Friedrich von Nürnberg zu übergeben.

Das Haus Hohenzollern mit Friedrich I. (1411–1440) hat sich nur langsam in der Mark durchsetzen können, die bis 1486 als Nebenland der fränkischen Herrschaften um Ansbach und Kulmbach behandelt wurde. Mit diesen Gebieten konnte sich die ärmliche Mark nicht messen, auch wenn sich seit dem letzten Drittel des 15. Jahrhunderts ein Erholungsprozess erkennen lässt. Es ist der

Mark zugute gekommen, dass ein in der Reichspolitik tätiger und auch als Familienoberhaupt fruchtbarer Kurfürst wie Albrecht Achilles (1414–1486) die Zuständigkeit für das Kurfürstentum und die Markgrafschaft nicht aufgab, vielmehr für den Erwerb entfremdeter Landesteile gekämpft hat. Um 1500 bestand das Haus Brandenburg aus zahlreichen Nachfahren des Albrecht Achilles. Der Ehe mit Margarethe von Baden sind die beiden um 1500 noch jugendlichen Enkel Joachim I. (1484–1535) und Albrecht (1490–1545) zuzurechnen. Der zweiten Ehe des Albrecht Achilles mit Anna von Kur-Sachsen († 1512) entstammten die Nachkommen der fränkischen Linie. Sein Sohn Friedrich V. (1460–1536) war mit Sophie von Polen vermählt. Aus dieser Verbindung sind u. a. zwei fränkische Markgrafen und der »preußische« Markgraf Albrecht (1490–1569) hervorgegangen.

Für die spätere lehn- und völkerrechtliche Verbindung und Verschmelzung von Brandenburg mit dem östlichen Preußen ist bereits diese polnische Heirat mit Sophie von Polen von nicht geringer Bedeutung gewesen. Denn als Markgraf Albrecht von Brandenburg (-Ansbach) 1511 zum Hochmeister gewählt worden war und er 1512 das Hochmeisteramt übernahm, unterstützt von seinen fränkischen Verwandten, zeichnete sich zum ersten Male für Weitsichtige die Möglichkeit eines Verbundes der Hohenzollernherrschaften von Preußen über Schlesien-Jägerndorf, Brandenburg, Magdeburg und Franken bis nach Mainfranken-Aschaffenburg ab. Undenkbar war dies nicht, weil der Ordensstaat in einem Wandlungsprozess begriffen war, an dessen Ende nur eine weltliche Landesherrschaft stehen konnte.

Bevor dies 1525 eintrat, hatte Kurfürst Joachim I. seinem Bruder Albrecht 1513 den Erzbischofshut von Magdeburg und 1514 den von Mainz nebst dem Range eines Kurfürsten verschafft. Bei jeder Königswahl stimmte der Mainzer Erzbischof bevorrechtigt als letzter ab. Er gab unter den sieben Königswählern somit nicht nur den Ausschlag, sondern er konnte auch auf die Politik des Reiches als Leiter der deutschen Reichskanzlei vielfältig einwirken. Auch organisierte er die Wahlen; das Haus Habsburg beobachtete diesen Machtzuwachs nicht ohne Erstaunen. Kaum je zuvor sah sich ein Vierundzwanzigjähriger als Fürst so rasch mit so vielen güldenen Würden überhäuft. Der Kardinalspurpur von 1518 vervollständigte die Machtstellung Albrechts unter den Fürsten des Reiches. Auch wenn die von ihm anfänglich geduldete Reformation Luthers ihn dann in Magdeburg und Halle seiner territorialen Grundlagen beraubte, bedeutete doch seine Landesherrschaft in diesem Raum, dass auch er, wieder als Glied einer langen Kette brandenburgischer Prätendenten, daran beteiligt war, dass Brandenburg hier Ansprüche geltend machen konnte, die sich in dem für Brandenburg-Preußen bedeutsamen Erwerb des Herzogtums von 1648 niedergeschlagen haben.

Unter den Kurfürsten hat Albrechts Bruder Joachim I., von klugen Juristen geistlichen und weltlichen Standes beraten, zwar Erfolge in der Verrechtlichung des Territoriums aufzuweisen, wozu auch die Gründung der Universität Frankfurt (1506) gehört. Andererseits widersetzte sich der gebildete und vitale Mann bis zuletzt der Reformation und folgte außenpolitisch seit 1520 der Richtung Kaiser Karls V., seines habsburgischen Verwandten. Aber er sicherte doch 1529 mit dem erneuerten Erbfolgerecht die Aussicht des Hauses Brandenburg auf die Nachfolge in der Landesherrschaft der pommerschen Greifenherzöge, deren Land der Mark den Weg zum Meere versperrte.

Als 1525 Hochmeister Albrecht in Preußen, im Einvernehmen mit seinen Gebietigern, dem größeren Teil seiner Komture und dem polnischen König, die Würde eines Herzogs annahm, traf ihn die Acht des Kaisers und der päpstliche Bann. Albrecht heiratete nach Luthers Rat seine Verwandte, Prinzessin Dorothea von Dänemark († 1547). Für Joachim I. war dies alles ein Ärgernis.

So blieb die Vorstellung eines Verbundterritoriums der Hohenzollern vorerst eine Chimäre, aber es gab im Laufe der Jahrzehnte Absprachen zwischen den Fürsten der Linien in Brandenburg, Franken, Ostpreußen und Schlesien und keine Streitfälle wegen konfessionspolitischer Differenzen. Auch dies gehört zu den Vorgaben der späteren Union der Landesherrschaften unter dem Roten Adler.

Der Nachfolger Joachim II. (1535–1571) leitete 1539/40 mit seiner Kirchenordnung die Reformation im Hauptteil der Mark ein, nachdem sein Bruder Hans von Küstrin (1535–1571) in der Neumark mit einer Kirchenordnung vorausgegangen war. Obwohl die Markgrafschaft bis 1571 in zwei Teile zertrennt war, blieb sie doch in ihrer Einheit als Kurfürstentum bestehen. Joachim II. wahrte nicht nur die Ansprüche auf Magdeburg, schloss nicht nur 1537 eine Erbverbrüderung mit den verwandten westpiastischen Herrschern protestantischen Glaubens in Schlesien-Liegnitz, die das Haus Habsburg nicht anerkennen mochte; vielmehr begründete er auch das Interesse seines Hauses am Herzogtum Preußen mit einem Erbvertrag. Schon 1536 war die Mitbelehnung auf einem Familientag der Hohenzollern erörtert worden. Seit 1563 verhandelte man; 1569 erhielt Brandenburg anlässlich der Belehnung des Herzogs Albrecht Friedrich die Mitbelehnung durch den König von Polen. Dabei spielten die Gefahren für Polen an seinen Ostgrenzen eine entscheidende Rolle. Infolge der Angriffe des Zaren Iwans, des »Schrecklichen«, und wegen des Vordringens der Ostseemächte Dänemark und Schweden im Baltikum war man an guten Beziehungen auch zu den Fürsten Nordostdeutschlands, vorab zur Zollernfamilie, interessiert. Ein Bündnis zwischen Polen-Litauen auf der einen Seite und dem Herzogtum Preußen und Brandenburg auf der anderen Seite könnte, so ist damals gesagt worden, Russlands Weg nach Ostmitteleuropa aufhalten. Kurfürst Joachim II. beging den Vollzug des Mitbelehnungsaktes 1569 mit einem großen Fest in seinem Cöllner Schloss an der Spree, als hätte er das Epochale dieses Ereignisses erkannt. So sahen die Berliner zum ersten Male als demonstrative Symbole den schwarzen Adler des Herzogtums Preußen »auf einem weißen bredte gemalt«, dazu das Kurschwert und eine weiße Fahne mit dem preußischen Wappen.

Die Regentschaft in Preußen, dessen Herzog keine männlichen Erben hatte, trat Brandenburg zwar erst nach dem Tode des Administrators Georg Friedrich von Brandenburg-Ansbach 1603 an, nachdem es zuvor zu einem bedeutsamen Ereignis der Heiratspolitik gekommen war. Kurfürst Johann Georg (1571–1598), ein ebenso lutherisch-solider wie fruchtbarer Betefürst des ausgehenden Jahrhunderts und getreulicher Verwalter des Erbes seiner Vorväter, gab 1591 seine Zustimmung, als Nachfolger Joachim Friedrich seinen Sohn Johann Sigismund mit der 14-jährigen Prinzessin Anna von Preußen (1577–1625) eilends verloben ließ. Man wollte gleichsam an dieser entscheidenden Stelle des europäischen Heiratsmarktes nichts anbrennen lassen. Wer war diese politisch leidenschaftliche, auch reizbare und eigenwillige Prinzessin Anna aus dem Königsberger Schlosse? Sie vereinigte in sich als älteste Tochter des unter Vormundschaft stehenden, weil durch Erbkrankheit geschwächten Herzogs Albrecht Friedrich und der Cleve-Jülicherin Marie Eleonore (1550–1608) die erheblichen, ja in ihrem Ausmaß fast unglaublichen Erbansprüche auf das östliche Herzogtum und auf die Lande an Ruhr und Niederrhein. Nach der Absprache von 1591 kam dann die Ehe 1594 in Königsberg mit Zustimmung Kaiser Rudolfs II. zustande.

Am Morgen nach dem Beilager, für welches das Ordensschloß festlich illuminiert war, übertrug Anna ihre Erbrechte auf das Kurhaus Brandenburg und versah die Ehepakten mit ihrer Unterschrift. Sie vertrat mit ungewöhnlicher Energie neben Kurfürst Johann Sigismund ihre

Ansprüche und die ihres Sohnes. So stand sie gleichsam an der Wiege Brandenburg-Preußens, und sie hat sich auch vor wie nach dem Tode ihres Vaters als Herzogin Preußens empfunden.

Worin bestand nun dieses große Land Ostpreußen am blauen Haff mit weißen Segelschiffen? Am Pregel mit der dreiteiligen Handels- und Residenzstadt Königsberg, ein Land mit Ordensburgen und Adelshäusern, mit freien Bauern kulmischen Rechts, mit deutscher, preußischer, litauischer, kurischer und masurischer Bevölkerung im Oberland, am Frischen und am Kurischen Haff und in der südlichen und südöstlichen »Wildnis« mit grünen Wäldern und schwarzen Seen.

Das Ordensland Preußen

Das Herzogtum Preußen um 1600 hatte seinen Namen von dem baltischen Stamme der Prußen (Pruzzen, Prussen) empfangen. Dieses Volk am Unterlauf der Weichsel und in weiteren Gebieten Ostpreußens war für Polen und Deutsche im 13. Jahrhundert mit seinem Heidentum, seiner Wildheit, seiner unverständlichen Sprache und archaischen Bräuchen, mit Vielweiberei und Kindesaussetzung, mit Schriftlosigkeit und dem Mangel an Zeitrechnung schwer begreiflich. Doch die Prußen waren kriegerisch gesinnt, und sie erwiesen sich als zäh und tapfer.

Seit 1228 vollzog sich mit Zustimmung von Kaiser und Papst im späteren Ostpreußen und Westpreußen der Zusammenstoß einer älteren mit einer höher stehenden Zivilisation, die der Deutsche Orden vertrat. Seit 1228 war unter der Führung des Hochmeisters Hermann von Salza († 1239) das preußische Projekt entwickelt worden. Der Missionsbischof Christian hatte sich mit Herzog Konrad von Masowien in kleinen Schritten Jahr um Jahr schließlich geeinigt, dass der Orden nach Preußen gerufen werden sollte. Immer war die Kurie beteiligt und behielt das letzte Wort, jedenfalls bis 1525. Seit 1232 begannen durch Hermann Balke die Missionierung und die Herrschaftsbildung im Kulmerland bei Thorn an der Weichsel nebst Gründung der bald florierenden Städte Thorn und Kulm durch den anwesenden Hochmeister. Dessen Nachfolger schuf dann für diesen Teil des Ordens die grundlegenden Strukturen herrschaftlicher Verwaltung, wie sie trotz aller Änderungen bis 1525 bestanden haben. In den folgenden Jahrzehnten vollzog sich die Missionierung und Unterwerfung der Prußen, die während des 14. und 15. Jahrhunderts mehr und mehr in der eingewanderten deutschen Bevölkerung aufgegangen sind. Seit 1295 entstanden mehr als tausend Zinsdörfer rechts von der Weichsel und im Weichselmündungsraum. Und es wurden bis 1410 nach und nach 93 Städte gegründet, die der Orden mit seinen Bischöfen durch Lokatoren (Siedlungsgründer) anlegen ließ. Während des 14. Jahrhunderts verdichtete sich, im Gegensatz zu Brandenburg, der Siedlungsraum unter der Herrschaft des Ordens. Seine Herrschaft erstreckte sich schließlich von der brandenburgischen Neumark über das unbekehrt bleibende Litauen hinweg bis in die Grenzgebiete Estlands, nachdem die Hochmeister auch Danzig mit Pommerellen hatten übernehmen können. Als der Hochmeister 1309 seinen Sitz von Venedig an die Nogat verlegt hatte, entstand dort mit der Marienburg das gewaltige Hochmeisterschloss, dessen landbeherrschende Schönheit zum Symbol Preußens für Jahrhunderte geworden ist. Dort befand sich bis 1457, als das Haupthaus an Polen verloren ging, der Mittelpunkt des Ordensstaates. Dieser war verwaltungsmäßig straff gegliedert und stellte zugleich eine bedeutende Handelsmacht im Kreis der Ostseeanlieger dar.

Seit dem 15. Jahrhundert geriet der Orden in eine schwere Krise, weil sich Adel, Bauern und Städte nicht mehr einmütig hinter ihn stellten. Mit der Schlacht bei Tannenberg (1410), der unglücklichen Polenpolitik der Hochmeister bis 1422 und mit dem in seiner Gültigkeit umstrittenen Zweiten Frieden von Thorn (1466) zeichneten sich sowohl der äußere Rückgang als auch ein innerer Verfall der Ordensmacht ab. Polen versuchte große Teile des Ordensgebietes mehr oder weniger gewaltsam zu inkorporieren (1454). 1466 zerbrach die Vormachtstellung des Ordens, als dieser unter päpstlicher Vermittlung auf Pommerellen, das Kulmerland mit Thorn, auf die Gebiete der Städte Elbing, Marienburg, Stuhm und Christburg verzichten musste. Das Bistum Ermland mit Heilsberg stand fortan unter dem »Schutz« des polnischen Königs. Als 1508 der Krakauer König das Nominationsrecht für den Bischofsstuhl an sich brachte, saßen polnische Kandidaten neben Deutschen, wie Copernicus (1473–1543) und dem Bischof Lukas Watzenrode (1489–1512), in den Leitungsorganen. Der Orden behielt die nordöstlichen Teile von Preußen; der Hochmeister hatte einen Treueid zu schwören. Aber er war kein »Vasall« der polnischen Krone. Jedenfalls zerrann trotz der Schwäche des Ordens der Traum von der Eingliederung ganz Preußens in das Königreich Polen, weil die gesellschaftlichen Strukturen und die Interessen von Adel und Städten dem widerstanden. Als 1525 Albrecht von Brandenburg einen Lehnseid vor seinem polnischen Onkel leistete und zugleich sein Herzogtum begründete, war dieser Akt nach einem verlorenen Kriege der Anfang einer Unabhängigkeit Preußens.

Brandenburg-Preußen vor und während des Großen Krieges

Unter dem Nachfolger Kurfürst Johann Georgs, dem 52-jährigen Joachim Friedrich (1546–1608), ist dann über Mitbelehnungen hinaus 1605 die Übernahme der Vormundschaft in Preußen durchgesetzt worden. Aus seiner Position heraus hat der König von Polen den preußischen Rechtstitel so hoch wie möglich vermarktet. Der Preußenhandel war, gesehen mit dem Blick auf die zahlreichen Zahlungen des verschuldeten Brandenburg, ein Verkauf in Raten. So entrichtete Brandenburg fast klaglos für die Kuratel und Landesverweserschaft den nicht ganz geringen Betrag von 300 000 Gulden. Die Stände beteiligten sich an den Kosten. Dies geschah auch, als 1609 der Jülicher Erbfall eintrat und erhebliche Kosten verursachte. Als dann 1618 Herzog Albrecht Friedrich verstarb, konnte Brandenburg die Herrschaft in Ostpreußen übernehmen.

Zur Vorgeschichte Preußens gehört mit nicht geringer Wirkungsmächtigkeit, dass Kurfürst Joachim Friedrich entgegen dem letzten Willen seines Vaters 1603 mit seinen Brüdern den Onoltzbacher Vergleich geschlossen hat. Er legte fest, dass Brandenburg mit allen Anwartschaften, unter denen das Herzogtum Preußen besonders genannt wird, als unteilbares Herrschaftsgebiet in gerader Linie des Kurhauses zu vererben sei. Die beiden Fürstentümer in Franken hingegen sollten ungeteilt und unteilbar den Markgrafen Christian und Joachim Ernst ohne geminderte Landeshoheit zufallen. Als dritte Sekundogenitur erhielt Kurfürst Joachim Friedrichs zweiter Sohn Johann Georg aus der Erbmasse Georg Friedrichs von Ansbach das Herzogtum Jägerndorf.

Mit der Primogenitur-Erbfolge gehörten die Zollern 1598/1603 nach Bayern und noch vor Österreich zu den Dynastien im Reich, die das staatsförderliche Prinzip der Unteilbarkeit durchsetzten und ansonsten Abfindungen zahlten. Die Zuspitzungen im mitteleuropäischen Mächtekonzert nötigten dazu, Konsequenzen der Erbpläne scharf zu durchdenken. So haben Johann Georg mit seinen Teilungsplänen und sein Sohn mit dem Onoltzbacher Vergleich eine wesentliche Voraussetzung geschaffen für den Aufstieg Brandenburg-Preußens.

Die Regierungszeit Kurfürst Johann Sigismunds wird von einem nicht weniger folgenreichen Ereignis bestimmt, nämlich seinem Übertritt zur reformierten Konfession 1613, dem zwar die Mehrheit in der Familie und bei Hofe, aber nicht die Bevölkerung Brandenburgs gefolgt ist. Diesen Zustand musste der Kurfürst 1616 hinnehmen, zumal auch die Kurfürstin dem luthergeprägten Glauben anhing. Fortan entwickelte sich in Brandenburg-Preußen zum Schutz der Minderheit der Reformierten und der sonstigen glaubensvertriebenen Zuwanderer eine grundsätzlich tolerante Religionspolitik.

Die Frage nach den treibenden Kräften zwischen 1590 und 1620, nach der Wahlverwandtschaft zwischen politischem Calvinismus und der modernen Staatsraison, hat Historiker beschäftigt. Mit einer mehrfachen »Achsenverschiebung«, die die Anfänge des modernen Staates bezeichnet, trat dieser nun aus seiner älteren Entwicklungsphase heraus. Leopold von Ranke verwies bereits darauf, wie sich ältere Strukturen und geopolitische »Gesichtspunkte« überlagerte und noch lange fortlebten, ohne dass diese Kontinuitäten den Zeitgenossen bewusst waren. Das gilt für den um Machterhalt und Machterweiterung ringenden dynastischen Fürstenstaat des 17. Jahrhunderts ebenso wie für die hartnäckig weiter bestehenden Sozialverfassungen. Als Johann Sigismund Anfang 1620 starb, war dem Staatswesen eine ungewöhnliche Chance zugefallen, freilich mit hohen Risiken behaftet. Die Landbrücke von Memel bis nach Kleve deutete sich an, Brandenburg war nicht mehr an eine einzelne Stammesbevölkerung gebunden.

Die Zeit Kurfürst Georg Wilhelms (1619–1640) war überschattet von Not und Tod des Dreißigjährigen Krieges, von Verwüstungen und Entvölkerung vor allem in Brandenburg. Der mit schwacher Gesundheit ausgestattete Herrscher, seit 1616 vermählt mit Elisabeth Charlotte von der Pfalz, brachte jedoch die ostpreußischen Verhältnisse mit der Belehnung in ein gutes Fahrwasser und einigte sich mit den Ständen. Während Schweden und Polen in einen Krieg gerieten, war er bemüht, das Land im Osten wie im Westen durch Neutralität vor den Kriegen der größeren Mächte zu bewahren. Dies ist ihm nicht gelungen. Er verfügte bis 1640 über kein eigenes Heer, welches die Hauptprovinzen hätte beschützen können. Sein Statthalter in Brandenburg, der katholische Graf Adam von Schwarzenberg, regierte schließlich in der Festung Spandau fürstengleich und suchte durch eine Schaukelpolitik dem Interesse Brandenburgs gerecht zu werden. So zogen die Kriegsvölker Jahr um Jahr durch die Mark und schleppten Seuchen und Elend mit sich. Der Kurfürst war seit dem Prager Frieden (1635) Herr weniger Plätze. Spandau, Küstrin oder Königsberg im fernen Preußen boten ihm und dem Hofe Schutz, während das Land verwahrloste und Teile der Bevölkerung nach Norden flohen. Das Lehnsaufgebot hatte keine militärische Bedeutung. Als Georg Wilhelm Anfang Dezember 1640 am Pregel starb, hinterließ er ein ausgeplündertes, teilweise besetztes Land und einen nur locker miteinander verbundenen Staat.

Der Große Kurfürst

Mit Georg Wilhelm endet die Vor- und Übergangsgeschichte Brandenburg-Preußens, und es beginnt die Frühgeschichte des preußischen Staates. Der Wandel vollzog sich fast unmerklich in dem erschöpften Lande. Dennoch bedeutet der Regierungswechsel eine saumartige Zäsur. Aus einem unsicher-stillen, dann lebhafter werdenden Neubeginn inmitten des politischen Chaos entwickelten sich langsam neue Regierungsziele der Innen- und Außenpolitik, die bereits zu den Grundlagen der späteren »Staatsidee Preußens« zu zählen sind, wie sie beispielsweise mit »Staatssiedlung und Kolonistenzuzug« umschrieben sind.

Der junge Fürst Friedrich Wilhelm war von seinem Vater von den Staatsgeschäften fern gehalten worden. Aber er empfing auf Bildungsreisen in den Niederlanden Eindrücke, welche lebenslang in ihm gewirkt haben. Er hatte auch kurz vor dessen Tode König Gustav Adolf von Schweden kennengelernt, und er verfügte über oranische Vorfahren, die ihm Beachtung sicherten. So hat er 1646 Louise Henriette von Oranien geheiratet und nach deren Tode 1667 die nicht minder tüchtige, egozentrische Dorothea von Holstein-Glücksburg. Aus diesen Ehen sind neun Kinder hervorgegangen. Damit war der Fortbestand der Dynastie gesichert, während noch um 1641 das Haus auf so wenigen Augen stand, dass andere Dynastien sich Hoffnungen auf das Erbe machen konnten.

In der Zeit von 1641 und 1660 musste es für die Brandenburger darum gehen, die eingeschränkte außenpolitische Freiheit zurückzugewinnen und militärische Machtinstrumente zu schaffen. Der Waffenstillstand mit Schweden vom Juli 1641 brachte noch nicht die Rückgabe von Hinterpommern; auch die Reduktion des Heeres bis auf 2 125 Mann war ein Missgriff. 1644 wurde ein neues Heer von circa 4 000 Mann aufgestellt, welches die Keimzelle der Armee darstellte.

Friedrich Wilhelm hielt sich vor Abschluss des Friedens in Münster häufig in seiner Residenz Kleve auf. Von dort aus knüpfte er mit Hilfe des Grafen Friedrich zu Dohna mit Frankreich an, um mit dessen Beistand Pommern zu gewinnen. Die Häfen schienen ihm für seine Flottenpläne unumgänglich zu sein. Im Frieden hat dann Brandenburg trotz gescheiterter Maximalforderungen, die sich auch auf das schlesische Erbe bezogen, einen immer noch glänzenden Abschluss erreicht. Es erhielt für den Schweden überlassenen Teil Vorpommerns bis zur Peene nicht nur Hinterpommern, sondern auch Magdeburg (Anwartschaft), Halberstadt, Minden und die Schirmvogtei über die Reichsabteien Essen, Verden und Herford. 1680 fiel das Herzogtum Magdeburg endgültig an Brandenburg. Insgesamt gewann Brandenburg damit weit wertvollere Gebiete als Vorpommern, welches, so mochte man in Berlin denken, irgendwann ohnehin zurückzuholen war. Die Mittelmacht Brandenburg war auf dem Friedenskongress Nutznießer der Spannungen zwischen den Großmächten, weil Frankreich sich Brandenburg als eine Auxiliarmacht gegen den Kaiser und im Kampf um habsburgische Lande sichern wollte.

Dieses ambivalente Verhältnis durchzieht fortan die gesamte Politik im Westen, so wie die Frage Pommern – Stettin und das Abschütteln der Lehnsherrschaft des polnischen Königs über Preußen Leitsterne der Politik im Nordosten gewesen sind. Dass Friedrich Wilhelm sich für die Aufnahme der Reformierten in den allgemein postulierten Religionsfrieden aussprach und dass er für das freie Bündnisrecht der deutschen Fürsten eintrat, versteht sich aus seiner Interessenlage. Bald darauf scheiterte er jedoch mit einem Angriff in Jülich (1651), unterstützte dann den Kaiser bei der Königswahl Ferdinands IV. und sicherte eine weniger destruktive Politik gegenüber der Reichskriegsverfassung zu. Doch war auf seine Zusagen wenig Verlass. Den Machiavellismus der Zeit wusste er zu handhaben. Das Projekt einer von Frankreich gestützten protestantischen Fürstenpartei scheiterte ebenso, wie er auch 1656 zu Beginn des Schwedisch-Polnischen Krieges als Hilfsmacht der Schweden keine gute Figur machte. Aber nach dem Sieg von Warschau (30. Juli 1656), wo brandenburgische Truppen erstmals erfolgreich im Bündnis fochten, konnte er sich mit Hilfe Österreichs in rascher Schwenkung mit Polen, dessen Sprache er beherrschte, aussöhnen. Das Ergebnis bestand in den Verträgen von Wehlau und Bromberg (19. 9./6. 11. 1657). Nachdem er 1658 die Königswahl Leopolds I. mit seiner Kurstimme unterstützt hatte, beendete er sein raffiniertes Mitwirken am Schwedisch-Polnischen Krieg 1660 im Frieden von Oliva mit dem Erwerb der vollen Souveränität über sein Herzogtum Preußen. Dies war in seiner Sprache ein großes »Kleinod«, mit dem alle seine Nachfolger sorgsam umzugehen hätten. Immerhin war es, so mochte er denken, das Ergebnis einer hundertjährigen Arbeit für die Verbindung und Freiheit der beiden Zollernlande.

Das Heer des Kurfürsten, durch neue Steuern wie Kontribution und Akzise gestützt, war – in Kriegszeiten – auf etwa 30 000 Mann angewachsen. Die Kadertruppe der Friedenszeit konnte jeweils rasch auf diese Stärke gebracht werden. Friedrich Wilhelm und seine Räte arbeiteten mit dem Grundsatz der Staatsnotwendigkeit (necessitas), und sie arbeiteten auch mit dem Institut des sonderbeauftragten Amtsträgers, der den Willen des absolutistischen Herrschers in den Landen zu vertreten hatte. Gleichwohl blieben die territorialen Stände, mit denen es zeitweise Auseinandersetzungen gab, bestehen: Sie vertraten unverändert das Land gegenüber der Herrschaft. Aber nach einigen Jahren fügten sie sich nicht nur in die neuen Steuern, sondern auch in die Tatsache, dass sie in der Außenpolitik kein Mitspracherecht mehr besaßen. Alle diese Erfolge wären nicht möglich gewesen, wenn der Kurfürst und seine Mitarbeiter nicht durch glückliche Personenauswahl bedeutende Amtsträger und Diplomaten an seine Seite gebracht hätten. Die Namen des Freiherren Otto von Schwerin, des älteren Pommern von Grumbkow, des Stettiner Bürgersohnes Fuchs und des Verwaltungsfiskalisten von Knyphausen stehen für andere, mit denen die Tradition einer leistungsfähigen, mithin rasch arbeitenden Verwaltung in Preußen begründet worden ist.

In den Jahren zwischen 1660 und 1679 hat Friedrich Wilhelm, zuweilen gegen den Rat seiner Mitarbeiter, den wechselnden Koalitionen im Westen des Reiches mit insgesamt nicht erheblichen Erfolgen, aber auch mit Einbußen der Reputation angehört. Die französischen Gold-Subsidien verlockten ihn und die Seinen zu Parteinahmen, die sich mit dem Reichsinteresse nicht deckten. Insgesamt haben die Subventionen des französischen Königs und des Kaisers dazu beigetragen, dass Brandenburg-Preußen seine Hauptstadt und andere Städte ausbauen, sein Heer modernisieren und sein Wirtschaftsleben befördern konnte. 1674 kämpfte der Kurfürst persönlich im Elsaß zusammen mit kaiserlichen Truppen. Als wenig später die Schweden in die Mark einfielen, eilte er nach Norden und schlug mit einem kleinen Heer die weit stärkeren Regimenter der Schweden bei Fehrbellin (1675). Das machte Furore; es gehörte fortan zu den glänzenden Ereignissen der brandenburgisch-preußischen Geschichte. Trotz weiterer Erfolge im Nordosten gelang es ihm nicht, Schwedisch-Vorpommern zu erlangen. Aber in den Friedensschlüssen in Nymwegen und St. Germain en Laye erhielt er Gelder zugesichert und gewann einen Streifen Land zwischen Stettin und Wollin am Unterlauf der Oder.

Zwischen 1679 und 1685 ließ sich der Kurfürst mit seinem kräftiger gewordenen Staate erneut von Frankreich finanziell unterstützen. Er deckte damit die Vorstöße Frankreichs in die deutschen Gebiete des Elsaß und auch Lothringens. Während dieses Bündnisses verwirklichte Brandenburg die Flottenpläne seines Herrschers. 1682 wurde eine afrikanische Handelskompanie begründet, 1683 konnte er Emden als Hafen von den ostfriesischen Landständen erwerben. Dass von dieser maritimen Politik Impulse für Handel, Wirtschaft und Gewerbe ausgegangen sind, wird sich nicht bestreiten lassen.

In den letzten Lebensjahren dieses Herrschers vollzog sich die Wende zum Hause Habsburg, zum Kaiser und zur honorierten militärischen Bundesgenossenschaft an dessen Seite. Mit dem Edikt von Potsdam, welches die Zuwanderung von rund 20 000 Hugenotten einleitete, begann die Wende.

1686 nahm im Türkenkrieg ein brandenburgisches Hilfscorps von 7 000 Mann an der Erstürmung Ofens und 1691 an der Schlacht von Slankamen teil. Vergeblich versuchten der Kurfürst und seine Räte, die schlesischen Teilfürstentümer Jägerndorf, Liegnitz, Brieg und Wohlau auf Grund der alten Ansprüche zurückzuerwerben. Schließlich verzichtete Friedrich Wilhelm notgedrungen, erhielt jedoch von Kaiser Leopold I. Zusagen über den Pfanderwerb Ostfrieslands, die nach 1740

Preußen zugute kamen. In den letzten Regierungsjahren hatte er, auch mit dem Blick auf die Oranische Erbschaft, eine Wendung zu Gunsten des Reiches vollzogen, die für vierzig Jahre für Preußen ebenso wie für das Reich entscheidende Bedeutung gewinnen sollte.

Die wendige Politik des Staates unter Friedrich Wilhelm bildete die Grundlage des Aufstieges zur Großmacht, aber auch für eine Festigung des staatlichen Lebens in den von ihm beeinflussten Großgebieten des Alten Reiches. Neben der Modernität beim Ausbau des Fürstenstaates steht, wie überall, eine partrimonial-persönliche Herrschafts- und Staatsauffassung, in der neben dem Denken in den Kategorien der Dynastie das Denken über Institutionen zunahm. Die Testamente (1667, 1680, 1686) zeigen das. Von einem Einheitsstaat war man weit entfernt, Ansätze zu einer Zentralverwaltung gab es jedoch bereits. In mancher Hinsicht übernahm Friedrich Wilhelm als Kalvinist das Erbe der Pfalz und auch seiner oranischen Vorfahren. Sein Status als Reformierter behinderte ihn bei seinem Bemühen, als Führer des deutschen Protestantismus aufzutreten. Seit 1667, nach dem Konflikt mit Paul Gerhardt, nehmen die Tendenzen der Toleranz zu, auch wenn er zuerst an seine Glaubensgenossen gedacht haben mag. Er unterstützte, beraten von Paul von Fuchs, die Böhmischen Brüder Jablonskis, er förderte die Wissenschaften und Künste, und er hat mit der Berufung des Staatsjuristen Samuel von Pufendorf zuletzt noch gezeigt, wie sich sein Kalvinismus und das lutherisch geprägte Staatsdenken im Einverständnis über den historischen Staat und die notwendige Staatsraison zu treffen vermochten. Sein Verhältnis zur Reichsverfassung blieb ambivalent, weil fast immer die Staatsraison in der politischen Strategie den Vorrang behalten hat. Aus gesamtdeutscher Sicht rühmte man es ihm dennoch mit Recht nach, dass in seiner Regierungszeit die fruchtbaren Kultur- und Staatsideen der französischen Hugenotten und der niederländischen Oranier seinem Staate und damit großen Teilen Deutschlands zwischen Königsberg und Duisburg Anstöße der Modernisierung zugeführt haben. Weder das katholische Kaisertum noch das orthodoxe Luthertum konnten dies in ihren Gebieten des Reiches in gleichem Maße leisten. Überhaupt hat er mit seiner gewaltigen Energie vor den Beobachtern gezeigt, wie man Unterlegenheit und finanzielle Schwäche nach und nach überwinden und wie man einem weit auseinander gezogenen Staatswesen ein höheres Ansehen geben kann. Der Kurfürst hat vielleicht mehr als der eine oder andere seiner Nachfolger eine europäische Stellung eingenommen: Als Kaiserwähler, als polnischer Königsmacher, als denkbarer König von Schweden, als kurzzeitiger Thronkandidat von Polen und als naher Verwandter vieler europäischer Dynasten, Staatsmänner und Feldherren.

Als Friedrich Wilhelm am 9. Mai 1688 im Potsdamer Stadtschloss im Kreise der Seinen und seiner Räte starb, blickte er in der Gewissheit christlichen Glaubens auf ein gefahrenreiches und glückhaft bestandenes Leben zurück. Mit seiner Gestalt hatte er den Westen, die Mitte und den Osten zusammengehalten. »London und Amsterdam« war die letzte Parole, die er seinen Amtsträgern zurief. Brandenburg-Preußen galt nun als ein Staatswesen, das im Westen wie im Osten geachtet war. Der politische Weg zu einem erneut erhöhten Ansehen von Staat und Dynastie sollte sich als nicht mehr weit erweisen: Brandenburg-Preußen erhob den »Schwarzen Adler« neben dem roten Adler der Markgrafschaft zu seinem Herrschaftszeichen und wandelte sich in den fester geformten Gesamtstaat Preußen.

Kaiser Friedrich II. verleiht dem Hochmeister Hermann von Salza 1226 die Ordensfahne.
Gemälde von Wilhelm Wach, um 1824.
Berlin, Stiftung Preußische Schlösser und Gärten Berlin-Brandenburg, Schloss Charlottenburg.

»Dazu hat Gott unser Kaisertum hoch über die Könige des Erdkreises gestellt und die Grenzen seiner Herrschaft über verschiedene Zonen der Welt ausgedehnt, auf dass unsere mühevolle Sorgfalt sich auf die Verherrlichung seines Namens in dieser Welt und auf die Verbreitung des Glaubens unter den Heiden richte … Daher wollen wir durch den Wortlaut dieses Schreibens allen Gegenwärtigen und Zukünftigen des Reiches kundtun, dass Bruder Hermann … uns dargelegt hat, dass unser ergebener Herzog von Masowien und Kujawien versprochen und angeboten hat, ihn und seine Brüder mit dem so genannten Kulmer Lande sowie in einem anderen Lande zwischen seiner Mark und dem Gebiet der Pruzzen auszustatten, und zwar so, dass sie die Mühe auf sich nehmen, standhaft in dem Preußenland einzudringen und es zur Ehre und zum Ruhm des wahren Gottes in Besitz zu nehmen.« *Faksimile der »Goldbulle von Rimini« von 1226.*

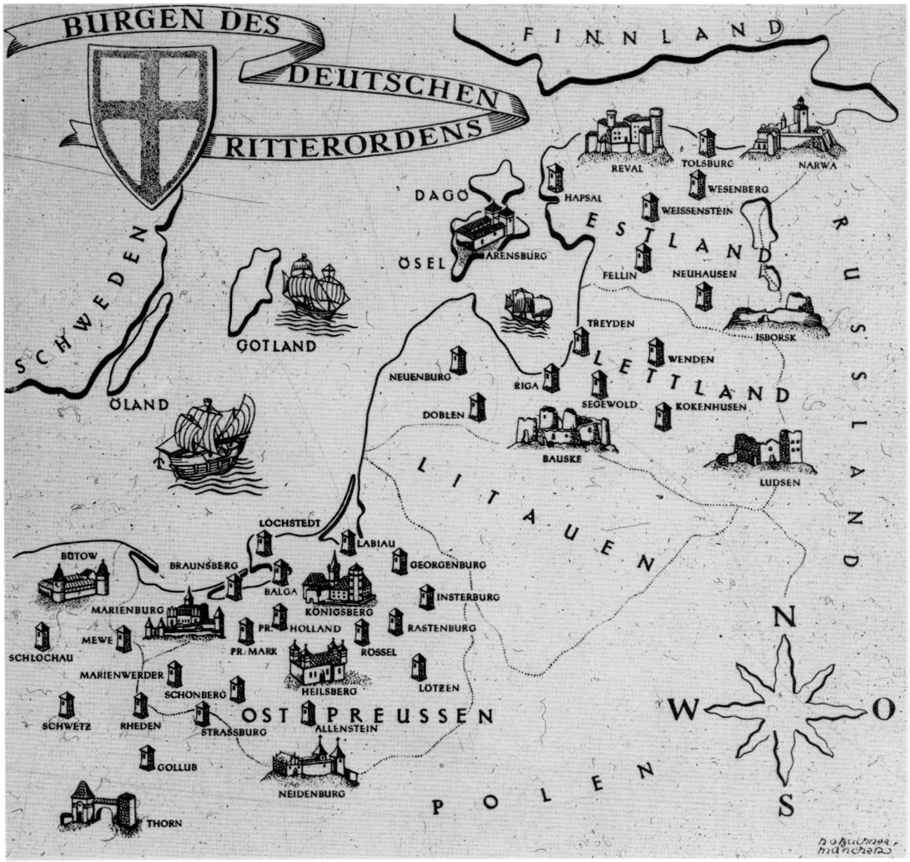

Die Burgen des Deutschen Ritterordens. Um die eroberten Gebiete für Handel und Herrschaft zu sichern, erfolgte bis ins 15. Jahrhundert hinein ein Landesausbau durch zahlreiche Burg- und Stadtanlagen. *Holzstich, um 1900.*

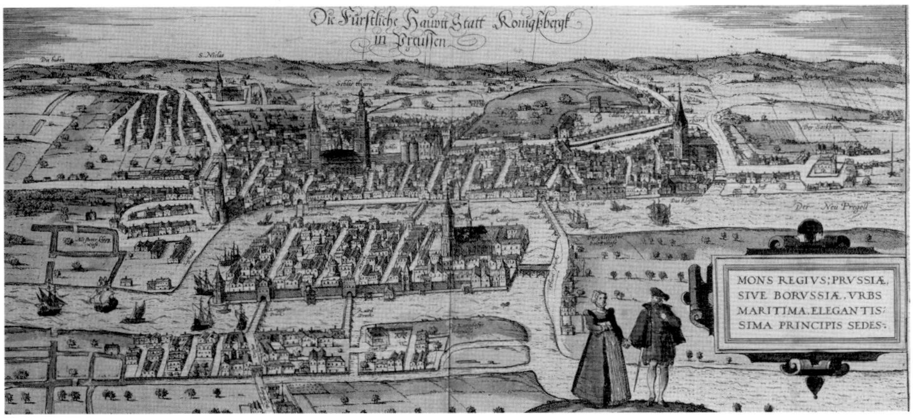

»Die Fürstliche Hauptstatt Königsberg in Preußen.« *Aus »Beschreibung und Contrafactur der vornehmbster Stät der Welt« von Georginus Braun, Cöllen 1574–1582.*

Förmliche Belehnung Friedrichs VI. von Hohenzollern mit der Mark Brandenburg am 18. April 1417. *Lavierte Zeichnung aus einer zeitgenössischen Kopie der Chronik des Konstanzer Konzils (1414–1418) von Ulrich von Richental.*

Kurfürst Joachim II. konvertiert am 1. November 1539 zum Luthertum. *Stahlstich von Carl Mayer nach einer Zeichnung von Peter Carl Geissler, um 1850.*

»Goldenes Kleeblatt der Einheit, Band dieser heiligen Eintracht.« *Zeitgenössischer Kupferstich von Peter Troschel anlässlich des Bündnisses von 1631 zwischen König Gustav II. Adolf von Schweden, Kurfürst Georg Wilhelm von Brandenburg und Kurfürst Johann Georg I. von Sachsen.* Die fünf Bibelzitate im oberen Teil der Darstellung geben ihrer Allianz durch göttliche Willensäußerung die höchste Legitimität.

Huldigung der preußischen Landstände zu Königsberg am 18. Oktober 1663. *Zeitgenössischer Kupferstich.*

Huldigung der preußischen Landstände zu Königsberg am 18. Oktober 1663. *Stahlstich von Carl Mayer nach einer Zeichnung von Peter Carl Geissler, Mitte 19. Jahrhundert.*

Der Große Kurfürst ordnet seine Truppen vor der Schlacht bei Fehrbellin am 18. Juni 1675. *Nach einem Gemälde von Wilhelm Camphausen, 1882.*

Friedrich Wilhelm, der Große Kurfürst. *Gemälde von Adriaen Hannemann, um 1650. Berlin, Stiftung Preußische Schlösser und Gärten Berlin-Brandenburg, Schloss Charlottenburg.*

Die Kurbrandenburgische Flotte auf offener See.
Gemälde von Lieve Verschuir, 1684. Berlin, Stiftung Preußische Schlösser und Gärten Berlin-Brandenburg, Schloss Charlottenburg.

Gesetzgebung in »Juden-Sachen«.
Edikt von 1650.

Das III. Capitel. Von Juden-Sachen.

No. I. Edict wegen der Pohlnischen Juden Arretirung auff denen Jahrmärckten ꝛc. Vom 20. August. 1650.

Nachdem Sr. Churfürstl. Durchl. zu Brandenburg, zu Magdeburg, in Preussen, zu Jülich, Cleve, Berge, Stettin, Pommern ꝛc. Hertzog ꝛc. Unser gnädigster Herr, vff einkemmene vornehme Intercessionales, vnd dan auch auff ihr demüthiges Bitten, den Juden in Pohlen, das hiebevor wegen des handels in der Chur-Brandenburg gehabte Privilegium, wiederumb auff die nechstfolgende Sieben Jahr in Gnaden ertheilet, und darnegst befreyet, daß, vermöge der pacten zwischen der Crohn Pohlen vnd der Chur-Brandenburg, Sie, die Pohlnische Juden, vff den JahrMärckten vnd in Städten, wegen der Ausländischen, so sie zu besprechen haben mögen, nicht arrestabell seyn sollen, vielmehr aber einer den andern für seiner ordentlichen Obrigkeit zu belangen. Alß wird allen Magistraten in der Chur Brandenburg hiedurch befohlen, sich hiernach zu achten vnd solchem nachzukommen. Nichtes weniger werden auch alle Churfürstl. Zöllner vnd Geleidts Leute ernstlich befehliget, keine vngewöhnliche Zölle von den Juden zu fodern, noch sie sonsten mit einiger Newerung zu beschweren, sondern wann sie das, was die Zoll Rollen besagen, erlegen, vnaufgehalten passiren zu lassen, damit deshalb keine Klage einkomme, Vrkundlichen vnter Sr. Churfürstl. Durchl. Subscription vnd Pettschafft gedrucktem Secret, Geben zu Cölln an der Spree, am 20. August. 1650.

Fr. Wilhelm.

(L. S.)

No. II. Edict wegen auffgenommenen 50. Familien Schutz-Juden, jedoch daß sie keine Synagogen halten. Vom 21. May 1671.

Wir Friderich Wilhelm, von GOttes Gnaden, Marggraff zu Brandenburg, des Heil. Röm. Reichs Ertz Cammerer und Churfürst, ꝛc. Bekennen hiermit öffentlich, und geben einem jeden dem es nöthig, in Gnaden zuwissen, wie daß Wir aus sonderbaren Vrsachen, und auff Vnterthänigstes Anhalten, Hirschel Lazarus, Benedict Veit, und Abraham Ries, Juden, bevorab zu Beforderung Handels und Wandels bewogen worden, einige von andern Orten sich wegbegebende Jüdische Familien, und zwar funfftzig derselben, in Unser Lande der Chur- und Marck Brandenburg, und in Vnseren sonderbaren Schutz gnädigst auf- und anzunehmen, thun auch solches hiemit und Krafft dieses auff folgende Conditiones:

1. Wollen wir ermeldten funfftzig Jüdischen Familien, derer Namen, und Anzahl von Personen, auch an was Ort sich jedweder niedergelassen, uns forderiichst durch eine richtige Specification kund gethan werden soll, in gedachte Vnsere Lande der Chur- und Marck Brandenburg, auch in Unser Hertzogthum Crossen und incorporirte Landen hiemit auffgenommen haben, dergestalt und also, daß ihnen Macht gegeben seyn sol, in denen Oertern und Städten, wo es ihnen am gelegensten ist, sich niederzulassen, allda Stuben, oder gantze Häuser, Wohnungen und Commodität vor sich zu miethen, zu erkauffen oder zu erbauen, doch in der Masse, daß, was sie Kauffweise an sich bringen, Widerkäuflich geschehe, und was sie erbauen, auch nach Verfliessung gewisser Jahre an den Christen wieder verlassen werden müsse, jedoch, daß ihnen die Unkosten davor restituiret werden.

2. Sol diesen Jüdischen Familien vergönnet seyn, ihren Handel und Wandel im gantzen Lande dieser Vnser Chur- und Marck Brandenburg, Hertzogthumb Crossen und incorporirten Oertern, Vnsern edicten gemäß zu treiben, wobey wir ihnen noch ausdrücklich nachgeben, offene Krahme und Buden zu haben, Tücher und dergleichen Wahren, in stücken zuverkauffen oder auch Ellenweise außzumessen, groß und klein Gewichte zu halten (doch daß sie dadurch keine Vervortheilung im Kauff oder Verkauff) noch auch denen Rahts-Wagen, oder wo der Magistrat das grosse Gewichte hat, etwas abgehe, mit Neuen und Alten Kleidern zu handeln, ferner in ihren Häusern zu schlachten, und was sie zu ihrer Nohtdurfft und ihrem Gesetze nach von dem geschlachteten nicht bedürffig, solches zu verkauf-

V. Th. V. Abtheil. Q fen

Der Große Kurfürst empfängt 1685 die französischen Hugenotten in Potsdam. *Lithografie nach einem Gemälde von Hugo Vogel, 1885.* Nach der Aufhebung des Edikt von Nantes durch Ludwig XIV. flammten in Frankreich die konfessionellen Gegensätze erneut auf, woraufhin ein Teil der Hugenotten das Land verließ. In der Mark Brandenburg trugen die rund 20 000 »Réfugiés« maßgeblich zum Wiederaufbau des Landes nach dem Dreißigjährigen Krieg bei.

Hans J. Hillerbrand

Das Bündnis zwischen Thron und Altar

1688-1740

Am 9. Mai 1688 starb Friedrich Wilhelm, der Große Kurfürst. Sein knapp 31-jähriger zweiter Sohn Friedrich, der nun den Thron bestieg, war nur durch den Tod seines begabten Bruders Karl Emil im Jahre 1674 zum Kurprinzen avanciert. Friedrich hatte lange in einem gespannten Verhältnis zu seinem Vater gestanden wegen der von ihm tief empfundenen Zurücksetzung durch Stiefmutter und Vater. Dieses spannungsvolle Verhältnis hatte 1687 fast zum Bruch geführt und war nur durch die Vermittlung Eberhard Danckelmanns, des reformierten Erziehers Friedrichs, vermieden worden.

Die Nachwelt hat über Friedrich kein übermäßig positives Urteil gefällt. Das mag mit der abschätzigen Meinung Friedrichs des Großen über seinen Großvater zusammenhängen, vor allem mit dessen spöttischem Urteil über das Streben nach der Königswürde. In der Tat lagen Welten zwischen Großvater und Enkel. Klein und verwachsen von Gestalt, einseitig an Äußerlichkeiten hängend, leicht beeinflussbar, hat man Friedrich weder Sinn noch Begabung für die hohe Politik nachgesagt. Mehr durch Danckelmann und dann, nach dessen Sturz, durch Kolbe von Wartenberg regierend, gleichwohl mit einem ausgeprägten Empfinden für die Autorität seines Amtes, war er in vielfacher Hinsicht Kind seiner Zeit. Wesentlich war für ihn die Autorität seines Amtes, und wie seine fürstlichen und adligen Zeitgenossen sah er diese Autorität vor allem in Glanz und Prunk ausgedrückt. Die von ihm unternommenen Prachtbauten wie das Berliner Schloss und die Schlösser von Potsdam, Oranienburg, Köpenick legen davon beredtes Zeugnis ab.

Solcher Prunk war damals üblich, es handelte sich also keineswegs um einen Alleingang des brandenburgischen Kurfürsten und späteren preußischen Königs. Aber es kostete Geld, und Friedrich brachte mit seinem verschwenderischen Luxus den brandenburgisch-preußischen Staat an den Rand des finanziellen Abgrunds. Der Herrscher selbst hatte von den Kosten seiner Repräsentationssucht wenig Ahnung. Die Ausgaben für den kurfürstlichen Hof betrugen um 1710 die Hälfte des brandenburgisch-preußischen Jahreshaushalts von rund 4 Millionen Talern, fast das Doppelte als unter dem Großen Kurfürst. Wie die anderen Fürsten jener Zeit hat auch Friedrich Ludwig XIV. bewundert, und vieles in seiner Regierungszeit lässt sich mit einer sonderbaren Imitationslust des französischen Sonnenkönigs erklären. Der kulturelle Einfluss Frankreichs war überragend. Am Berliner Hof wurde französisch gesprochen, französische Mode und französischer Stil waren maßgebend – Friedrich ließ sich sogar eine getreue Kopie der Perücke des französischen Königs anfertigen. Dem französischen Vorbild meinte Friedrich entnehmen zu können, dass der Schlüssel des politischen Absolutismus in einem verschwenderischen höfischen Stil lag.

Das Streben nach der Königskrone

Unmittelbar nach seiner Thronbesteigung verweigerte Friedrich im Potsdamer Stadtschloss die Anerkennung des väterlichen Testaments vom Jahre 1686, in dem es um die territoriale Versorgung nachgeborener Söhne ging. In seinen Augen gefährdete das Testament die Einheit der brandenburgisch-preußischen Gebiete. Friedrichs Weigerung war der entscheidende Schritt, der den Grundstein für die einheitliche territoriale Entwicklung Brandenburg-Preußens legte. Im Vergleich zu den europäischen Großmächten war Preußen um 1700 ein zweitrangiger Staat. Die Bevölkerungszahl betrug trotz zahlreicher Einwanderungswellen gerade eine Million, die preußische Armee war unbedeutend, Berlin ein Städtchen mit nur rund 20 000 Einwohnern.

Friedrichs Politik im ersten Jahrzehnt seiner Herrschaft kreiste um das von seinen Ministern, vor allem von Danckelmann, entschieden abgelehnte Ziel der Königskrone. Gewiss war ein Grund für Friedrichs Streben das zeitgenössische Denken in Kategorien von Rang und Ordnung. Friedrich, der »nur« Kurfürst war, hatte dies bei den Friedensverhandlungen in Ryswijk (1693–1697) am eigenen Leib erfahren. Die Zurücksetzung Brandenburg-Preußens wegen seines eigenen minderen Rangs kränkte ihn. Bei seinem Treffen mit König Wilhelm III. von Oranien, seit 1689 englischer König, wurde ihm bedeutet, er müsse auf einem einfachen Sessel, der König aber auf einem Armsessel sitzen. Friedrichs Streben nach der Königskrone hatte gleichwohl auch den Grund, dass ein souveräner König im mitteleuropäischen Mächtekonzert eine bedeutsamere Rolle spielen würde als ein Territorialfürst des Heiligen Römischen Reiches Deutscher Nation.

Dazu kam, dass sich überall in Europa ein Drang nach Standeserhöhung zeigte; man kann von einer allgemeinen Monarchisierung Europas sprechen. Die Nachbarn Sachsen und Hannover, aber auch Bayern waren auf dem Weg zur Königskrone. In Hannover schien sich eine Vereinigung der Welfen mit dem englischen Thron anzubahnen, und der sächsische Kurfürst August der Starke war seit 1697 König von Polen. August wies Friedrich den Weg, die Krone zu erringen – das nicht zum Reich gehörende Herzogtum Preußen sollte die Königswürde ermöglichen.

Ohne die Unterstützung des Kaisers war das nicht erreichbar. Friedrich selbst hatte das Thema der Königswürde Kaiser Leopold gegenüber zuerst 1693 zur Sprache gebracht. Aber erst sieben Jahre später, 1700, war der Kaiser bereit, ein neues protestantisches Königtum zu akzeptieren. Das hatte politische Gründe. Die Auseinandersetzung um die spanische Erbfolge stand wie eine dunkle Wolke am Horizont. Das allseits erwartete Ableben des spanischen Königs Karl II. schien einen Konflikt zwischen Österreich und Frankreich unvermeidlich zu machen, da beide Anspruch auf das spanische Erbe angemeldet hatten. In Schweden war der 15-jährige Karl XII. auf den Thron gekommen, was die Stellung Schwedens dramatisch zu schwächen schien und August von Sachsen, Peter I. von Russland und Friedrich IV. von Dänemark überlegen ließ, wie der baltische Besitz Schwedens zu verteilen sei. Brandenburg-Preußen hatte schon 1686 ein Bündnis mit Kaiser Leopold geschlossen, und in der großen Allianz der Niederlande, Spaniens, Österreichs, Englands und Savoyens gegen Frankreich im Jahre 1689 war dann auch Brandenburg-Preußen beteiligt.

Österreich brauchte Bündnispartner, was Kaiser Leopold für Friedrichs Anliegen empfänglich machte. Das Bündnis zwischen Leopold und Friedrich vom November 1700 stellte dem Kaiser eine Truppenhilfe von 8 000 Mann, gegen Subsidien in Höhe von jährlich 150 000 Gulden, zur Verfügung. Leopold erklärte sich seinerseits einverstanden, dass Friedrich »über kurz oder lang … wegen ihres herzogthumbs Preussen sich vor einen König proclamieren und crönen lassen wird«. Friedrich sollte (mit vorsichtiger Sprachregelung) zum König »in« Preußen, nicht »von« Preußen gekrönt werden. In den katholischen Kreisen der Wiener Hofburg hegte man die fromme, aber naive Hoffnung einer Konversion Friedrichs.

Am 17. und 18. Januar 1701 war Friedrich mit seinem Streben nach der Königswürde am Ziel. Im bitterkalten Winter war der kurfürstliche Hof mit Tausenden von Pferden und fast 300 Wagen nach Königsberg, der Hauptstadt des Herzogtums Preußen, aufgebrochen. Die Reise dauerte rund zwei Wochen, da man nur morgens reiste, den Rest des Tages mit opulenten Mahlzeiten und Vergnügungen verbrachte. Nachdem Friedrich am 17. Januar in einer feierlichen Zeremonie den Schwarzen Adler Orden als königlichen Hoforden gestiftet hatte, folgte am nächsten Tag die Krönung.

Friedrich hatte sich die Feierlichkeiten etwas kosten lassen. Das prächtige scharlachrote Königsornat, überreich mit Diamanten und Gold bestickt, hatte den Wert von einer Tonne Gold. Der zeitgenössische Chronist Johann von Besser, ansonsten Hofdichter und kurfürstlicher Zeremonienmeister, notierte: »Se. Majestät liessen sich von dem Herrn Ober-Cämmerer ankleiden, und in Dero Schlafgemach den königlichen Ornat anlegen; in dem Audientz-Saal aber, setzten Sie Sich die Krone mit Ihren Eigenen Händen auf das Haupt und nahmen auch Selbst den Königlichen Zepter zu Sich, wie es die Independentz Ihres Reichs von Ihr erforderte.« Mit diesem feierlichen Akt der Selbstkrönung war Friedrich zwar König von Gottes Gnaden geworden, aber – da ihn weder Bischöfe noch Geistliche gekrönt hatten – nicht von der Kirche Gnaden. Friedrichs Vorbild mag der schwedische König Karl XII. gewesen sein, der sich bei seiner Krönung die Krone ebenfalls selbst auf das Haupt gesetzt hatte, um so die Unabhängigkeit der Königswürde von der Kirche zu betonen. Die nach der Krönung durch zwei Bischöfe vorgenommene Salbung in der Königsberger Schlosskirche wurde vom Chronisten entsprechend beschrieben: »weilen Seine Majestät die dadurch angedeutete Königliche Würde vermittelst der Salbung nicht erst erlangen sondern nur kund machen und bestätigen, oder vielmehr eintzig und allein von Gott dem Herrn annehmen wolten.« Obwohl die königliche Krone nun auf Friedrichs Haupt saß, zögerten die europäischen Staaten – so zum Beispiel Frankreich und der Papststaat – mit der Anerkennung. Man sah durch Friedrichs Königswürde das europäische Gleichgewicht gestört. Sogar Kaiser Leopold verweigerte Friedrich zunächst die Anrede »Majestät«.

Bald nach der Krönung kam es zur allseits erwarteten militärischen Auseinandersetzung um die spanische Erbfolge. Im spanischen Erbfolgekrieg, der über zehn Jahre lang, von 1702 bis 1713, Europa in Atem hielt, zeigte sich Friedrich als ein allerdings nicht immer verlässlicher Verbündeter Habsburgs. Der Krieg brachte für Preußen Gebietsgewinne, finanzielle Subsidien, aber auch – da Friedrich zeitweilig mit Ludwig XIV. Geheimverhandlungen aufnahm – den Ruf eines unzuverlässigen Bundesgenossen. Allerdings war Preußens Herrscher wegen seines mangelnden diplomatischen Fingerspitzengefühls auf dem Parkett der europäischen Politik trotz seiner neuen Königswürde eine zweitrangige Figur. Der Friede von Utrecht (1713) brachte die völkerrechtliche Anerkennung des Königreichs Preußen, kam aber für Friedrich zu spät. Er war am 25. Februar 1713 verschieden.

Kulturelle Blüte

In die Regierungszeit Friedrichs fällt die erste kulturelle Blüte Preußens, die sich vor allem an der Entwicklung des Berliner Stadtbilds ablesen lässt. Friedrich ließ eine große Anzahl von Künstlern und Baumeistern nach Berlin kommen, zeitweilig über hundert, so den Bildhauer und Architekten Andreas Schlüter, die das Stadtbild verändern und verschönern halfen. Schlüter nahm 1694 seine Arbeit in Berlin auf und schuf mit seinen Bauten – dem Zeughaus, der Parochialkirche, dem Schloss – eine würdige Residenzstadt. Aber gerade das Schloss, ein Riesenbau von fast imperialer Größe, veranschaulicht, wie sehr in Friedrich und in Preußen Anspruch und Wirklichkeit auseinanderklafften.

Trotzdem entwickelte sich Berlin – es hatte 1710 mittlerweile rund 60 000 Einwohner – zu einem bedeutenden kulturellen Zentrum, wo sich die Einflüsse der Frühaufklärung deutlich bemerkbar machten. Samuel Pufendorf, der berühmte Historiker und Rechtsgelehrte seiner Zeit, Verfasser von Werken über Völker- und Naturrecht, war schon vom Großen Kurfürsten nach Berlin gezogen worden. Friedrich ernannte ihn zum Hofhistoriker und beauftragte ihn, die Geschichte der Regierung seines Vaters zu schreiben. Der in hannoverschen Diensten stehende Gottfried Wilhelm Leibniz, der durch seine Veröffentlichungen in Mathematik und Physik, aber auch Philosophie einen europäischen Ruf erlangte, hatte die Gründung einer Gelehrtenvereinigung zum Zwecke der Förderung des allgemeinen Fortschritts angestrebt und fand in Friedrich einen wohlwollenden und verständnisvollen Förderer. Leibniz hatte den Kronerwerb als eine »der grössten Begebenheiten dieser Zeit« beschrieben, und dies nicht nur politisch, sondern auch wissenschaftlich-kulturell verstanden. Unter seinem Einfluss wurde 1700 in Berlin die »Societät derer scientien« gegründet, die berühmte Preußische Akademie der Wissenschaften, die zwar in ihren ersten Jahren eine bescheidene, dann aber immer wichtigere Rolle spielte. Zweck dieser »Societät« war nach den Worten Leibniz', dass weniger »blosse Curiosität oder Wissensbegierde und unfruchtbare Experimenta« gepflegt werden sollten, sondern »theoriam cum praxi vereinigen, und nicht allein die Künste und Wissenschaften, sondern auch Land und Leute, Feldbau, Manufacturen und Commercien, und mit einem Wort, die Nahrungsmittel zu verbessern.«

Friedrich war von der Bedeutung von Wissenschaft und Bildung überzeugt. Er gründete 1694 eine Universität in Halle, an der Beamte für den preußischen Staat herangebildet werden sollten. Im Jahre 1706 befahl er, dass in jedem pommerschen Dorf eine Schule einzurichten sei, und 1708 gab es eine königliche Kommission zur Begutachtung der Schulbücher. Wie in seiner Bautätigkeit, so sah Friedrich auch hier ein Mittel zum Zweck der Glorifizierung des Hauses Hohenzollern.

Toleranz als Staatsraison

Religiös war Brandenburg-Preußen seit Beginn des 17. Jahrhunderts einen Sonderweg gegangen. Das Kurfürstentum war offiziell lutherisch, der Hof jedoch reformiert-kalvinistisch; der Augsburger Religionsfriede vom Jahre 1555 hatte den Territorialfürsten die Entscheidung über die Religionszugehörigkeit ihrer Untertanen übertragen. Brandenburg war schon in der Frühzeit der Reformation evangelisch geworden, was durch den Augsburger Religionsfrieden bestätigt wurde. Die Situation änderte sich, als Kurfürst Johann Sigismund im Jahre 1613 zum Kalvinismus konvertierte. Zwar blieb es bei seiner Einzelkonversion, doch waren die kalvinistischen Einflüsse in Brandenburg bald unverkennbar, so durch die Gründung kalvinistischer Gemeinden oder die Berufung kalvinistischer Theologen an die Universität Halle. Kein Zweifel, das religiöse Ethos Preußens war anders als das anderer evangelischer Territorien.

Dazu kam ein Weiteres. Kurfürst Friedrich Wilhelm hatte die verheerenden Menschenverluste des Dreißigjährigen Krieges durch eine großzügige »Peuplierungspolitik« auszugleichen versucht. Obwohl es vereinzelt zu Fremdenhass kam, zählten doch vor allem großzügige Vergünstigungen verschiedener Art für die Einwanderer. Reformierte aus den Niederlanden, Sozinianer aus Polen, Juden aus Wien siedelten sich in Brandenburg an, war es doch allgemeine Maxime, wie es Veit Ludwig von Seckendorf, der sächsische Staatsmann und Rechtsgelehrte, damals ausdrückte, dass »an der Menge der Unterthanen das grösste Glück des Regenten« gelegen sei. So wird verständlich, dass dem Berliner Hof theologische und religiöse Streitigkeiten zuwider waren und er zeitweilig, unter dem Großen Kurfürsten, sogar eine aktive Unionspolitik der beiden evangelischen Bekenntnisse verfolgte.

Die lutherische Orthodoxie begegnete sowohl der Zuwanderung der Sozinianer, Mennoniten und Hugenotten als auch der damit verbundenen Toleranzpolitik des Berliner Hofes mit aggressiver Feindseligkeit. Schon 1655 sollten die lutherischen Geistlichen auf eine neue, streng orthodoxe Konkordienformel, die *Consensus Repetitus Fidei Verae Lutheranae*, verpflichtet werden, was den Kurfürsten im Gegenzug zu der Anordnung gebracht hatte, preußische Theologiestudenten nicht an der hoch orthodoxen lutherischen Universität in Wittenberg studieren zu lassen. In den Jahren 1662 und 1664 kam dann das mit exquisiter Sprachregelung vom Großen Kurfürsten als »Toleranzpatent« bezeichnete Verbot jeglicher Polemik gegen reformierte Kirche und Theologie.

Die Toleranzpolitik des preußischen Staates befand sich mithin auf einem Kollisionskurs mit der lutherischen Orthodoxie. Dazu kam die Auseinandersetzung des Berliner Hofes wegen seiner absolutistischen Herrschaftsansprüche und seiner Steuer- und Heerespolitik mit den Landständen. Es mag dahingestellt bleiben, ob die Feindseligkeit der Stände gegenüber dem König vornehmlich politischer oder religiöser Natur war. Im Endeffekt lief es auf das Gleiche hinaus – Opposition gegen das Herrscherhaus aus politischen und religiösen Gründen und die Unterstützung aller Strömungen, wie zum Beispiel der Pietisten, die Christentum als Lebensregel und nicht als theologische Streiterei bejahten.

Die Kirchenpolitik Brandenburg-Preußens entsprach also der preußischen Staatsraison – Toleranz um der Optimierung der wirtschaftlichen Verhältnisse willen, durch eine Bevölkerungspolitik, die großzügig Mennoniten, Reformierte und Sozinianer willkommen hieß. Die lutherische Orthodoxie dagegen, mit ihrer konfessionellen Betonung der reinen Lehre, bot sich nicht als geeigneter Partner an. Was der preußische Staat brauchte, war ein Verständnis der christlichen Religion, das Sittlichkeit und Tugenden, kurzum die (neuen) bürgerlichen Tugenden betonte und konfessionelle Streitigkeiten und Polemik beiseite ließ. Kein Wunder also, dass der Kurfürst die pietistische Bewegung unterstützte, erkannte er doch, dass die pietistische Betonung des sittlichen Lebens und die Abscheu vor theologischen Streitigkeiten genau die religiöse Linie vertrat, die auch die Staatsraison erforderte.

Das pietistische Preußen

Ein entscheidender Schritt erfolgte kurz nach dem Herrschaftsantritt des Kurfürsten Friedrich III. Am 21. März 1691 wurde Philipp Jakob Spener, der 56-jährige Verfasser der Programmschrift des Pietismus, *Pia Desideria*, seit fünf Jahren Oberhofprediger des Kurfürsten von Sachsen, vom reformierten Berliner Hof zum Konsistorialrat und Pastor der Nikolaikirche berufen. Damit begann das folgenreiche Bündnis zwischen Preußen und Pietismus, das sowohl das religiöse Antlitz als auch den Charakter Preußens wesentlich beeinflussen sollte.

Für den Pietismus war die Berufung Speners nach Berlin und die damit verbundene Unterstützung der pietistischen Bewegung durch den Berliner Hof in gewisser Weise die Lebensrettung. Die anfängliche Begeisterung im deutschen Luthertum für Speners Programm hatte nämlich seit 1689 einer zunehmenden Feindseligkeit Platz gemacht, die zu Beginn der neunziger Jahre das

»Konventikeltum« der Pietisten an den Rand der Auflösung gebracht hatte. Die durch die Berufung Speners konkretisierte Toleranzpolitik Brandenburg-Preußens bot dem angeschlagenen Pietismus die staatliche Unterstützung, die ihn zu einem bedeutenden Faktor im religiösen und politischen Leben des Kurfürstentums und späteren Königreichs werden ließ. Toleranzpolitik und Pietismus sind miteinander verbunden. Das lässt sich leicht erklären. Friedrich, der ja die Rolle des »obersten Bischofs«, des *summus episcopus*, der lutherischen (und auch reformierten) Kirche in Brandenburg-Preußen ausübte, sah – genauso wie später sein Sohn Friedrich Wilhelm I. – ein »tätiges« Christentum als das wahre Christentum. Es ging also um die Bewährung des religiösen Glaubens im täglichen Leben und damit verbunden um die Abwertung der theologischen Dogmen.

Der pietistische Einfluss in Preußen war das Resultat Speners bewusster Beeinflussung der kirchlichen Personalpolitik, die es verstand, auf die Besetzung wichtiger kirchlicher Posten mit Männern pietistischer Gesinnung hinzuarbeiten. Spener betrieb eine gezielte Stellenbesetzung, wobei er sich der wohlwollenden Unterstützung des Hofes sicher sein konnte. Dies bedeutete gleichwohl die Inanspruchnahme der Obrigkeit zur Erreichung pietistischer Ziele. Das gelang weithin. Das Bündnis zwischen dem preußischen Staat und dem Halleschen Pietismus, das unter Friedrich begann, verhalf einem modernen Bürgertum zu Ansehen, indem den guten preußischen Bürgern neue »preußische« Tugenden zum Vorbild gemacht wurden, die sich harmonisch aus den Tugenden eines »tätigen« Christentums ergaben: Hochschätzung des Fleißes, der Arbeit, der Genügsamkeit. Zwar war Friedrich in dieser Hinsicht keineswegs ein Vorbild, verstand es aber, die moralischen Impulse des Pietismus in dem preußischen Staat genehme Bahnen zu lenken.

Trotzdem verbleibt als Fazit, dass die Nachwelt im Allgemeinen nicht positiv über Friedrich geurteilt hat. Das mag mit dem Vergleich mit Sohn und Enkel zusammenhängen, die weitaus zielbewusster – und mit einer im Ausland immer mehr anstoßenden Einseitigkeit – die Zukunft des Landes vornehmlich im militärischen Bereich gesichert sahen; davon zeugt auch die Tatsache, dass Friedrich Wilhelm I. sich nur in Uniform kleidete.

Friedrich verstand aber, dass Preußen sich nur mit militärischer Stärke politische Autorität erwerben könne, und er begann folgerichtig, die Armee zu vergrößern. Damit war aber keineswegs einem Militarismus die Lanze gebrochen. Im Vergleich zu anderen europäischen Mächten blieb die preußische Armee während seiner Herrschaft klein und bescheiden. Auch kann man nicht davon reden, dass in Preußen unter Friedrich I. die gesamte Gesellschaft dem Militär verschrieben war. Das kam später unter Friedrich Wilhelm I., dem Soldatenkönig, obwohl auch hier sachlich geurteilt werden sollte.

In vielerlei Hinsicht waren die 25 Jahre Regierung Friedrichs eine Zeit des Übergangs. Finanzielle Misswirtschaft und maßlose Ausgaben für Hof und Herrscher stehen einer zunehmenden einheitlichen Verwaltung des heterogenen Landes gegenüber. Es verbleibt Friedrichs Verdienst, wichtige Verwaltungsänderungen angeordnet und ausgeführt zu haben; das vielflächige Land wurde auf den Weg eines »preußischen« Einheitsstaates gebracht. Auch hat Friedrich die kulturelle Blüte Brandenburg-Preußens entscheidend beeinflusst und durch seine tolerante Religionspolitik Preußen zu einem europäischen Vorbild gemacht.

Der Soldatenkönig

1713 bestieg Friedrich Wilhelm I. den preußischen Thron. Im August 1688 als zweiter Sohn Friedrichs geboren (sein älterer Bruder Friedrich August war wenige Monate nach der Geburt gestorben), unterschied sich Friedrich Wilhelm in wesentlichen Punkten von seinem Vater. Bei seiner Inthronisation bestätigte er die Minister seines Vaters in ihren Ämtern und erklärte: »Mein Vater fand Freude an prächtigen Gebräuchen, großen Mengen Juwelen, Silber, Gold und Möbeln und äußerlicher Magnifizenz. Erlauben Sie, dass ich auch mein Vergnügen habe, das hauptsächlich in einer Menge guter Truppen besteht.« Daraufhin begab sich der neue König, ohne Minister, nur von drei Offizieren begleitet, nach Wusterhausen, wo er in wenigen Wochen den Staatshaushalt neu ordnete. Die Prunkfreudigkeit seines Vaters hatte die Staatskasse an den Rand des Bankrotts gebracht. Friedrich Wilhelm ging mit rigoroser Sparsamkeit vor. Er hatte offenkundig für die väterliche Prunksucht – die gleichwohl einem politischen Zweck gedient hatte – wenig Verständnis. Er löste den Hofstaat seines Vaters so gut wie auf und entließ die Mehrzahl der Hofbediensteten; die Gehälter der verbliebenen wurden radikal gekürzt, zum Teil um mehr als die Hälfte. Von den vierundzwanzig Schlössern seines Vaters behielt Friedrich Wilhelm nur sechs, die anderen wurden veräußert. Die Sozietät der Wissenschaften sowie die Akademie der Künste wurden im Etat nicht berücksichtigt. Porzellansammlungen, Schiffe usw. wurden verkauft, unnötiges Silber- und Goldgerät eingeschmolzen. Sogar die königliche Küche wurde vereinfacht – unter Friedrich Wilhelm gab es bescheidenerweise nur sechs Gänge pro Mahlzeit.

Die Regierungszeit Friedrich Wilhelms begann mit einem dramatischen Paukenschlag. Das hatte seine Gründe nicht nur in der verzweifelten Finanzlage des Staates, der sich jetzt immer mehr als »Preußen« bezeichnete. Der junge König – Friedrich Wilhelm war bei seiner Thronbesteigung kaum 25 Jahre alt – war von tiefen religiösen und ethischen Überzeugungen geprägt, die wesentlich auf den Einfluss seines Lehrers und Erziehers Jean Philippe Rebeur zurückzuführen sind. Der Kalvinist Rebeur war aus Frankreich geflohen und 1697 zum Lehrer Friedrich Wilhelms ernannt worden. Dass Rebeur Kalvinist war, entsprach der Tatsache, dass ja das Herrscherhaus ebenfalls kalvinistisch war, der junge Kronprinz also in der Religion des Elternhauses erzogen wurde. Friedrichs Gattin Sophie Charlotte spielte bei der Wahl Rebeurs eine wichtige Rolle.

Es war der kalvinistische Gott Rebeurs, der, zürnend und strafend, von Ewigkeit her seine Gnadenwahl zur Errettung der einen und der ewigen Verdammnis der anderen verkündend, den jungen Friedrich Wilhelm beeindruckte und ihm, gerade wegen seiner ungestümen Art, seines häufig aufbrausend-jähzornigen Wesens die Frage nach seinem ewigen Seelenheil stellte. Rebeur sah die jugendlichen Verfehlungen seines Zöglings stets im Zusammenhang mit der augustinisch-kalvinistischen Erbsündenlehre, was in dem jungen Kronprinzen das Gefühl der totalen Verderbtheit bewirkte, denn hinter seiner burschikosen, frechen und oft unverantwortlich erscheinenden Fassade stand ein feinfühliges Gemüt, das gerade wegen seiner Verfehlungen den christlichen Glauben zutiefst bejahte.

So war Friedrich Wilhelm ein Herrscher, der Luxus und höfischen Lebensstil verabscheute, sich einfach in soldatische Uniform kleidete, die kunstvolle Perücke seines Vaters durch einen einfachen Zopf ersetzte. Seine politische Überzeugung hat Friedrich Wilhelm in seinem Politischen Testament im Jahre 1722 ausgedrückt: »denn eine formidable Armee und einen großen Tresor kahn euch ein großs respeckt in die Weldt gehben.« Trotz seiner drakonischen Sparmaßnahmen für den Staatshaushalt hatte Friedrich Wilhelm Pläne für eine Neuformation der Armee entworfen, die Generalkriegskasse aufgefüllt und die Armee bald auf 45 000 Mann vergrößert, schließlich bis zu seinem Tod 1740 auf stattliche 76 200 Mann. Was bei Friedrich I. die Ausgaben für Hof und königlichen Prunk gewesen waren, wurden bei Friedrich Wilhelm I. die Ausgaben für die Armee – in seinem Todesjahr immerhin 81 Prozent der Staatseinnahmen. Kein Wunder mithin, dass man diese Zusammenraffung militärischer Kräfte später als den Anfang des preußischen Militarismus sehen konnte (was einen amerikanischen Historiker während des Zweiten Weltkrieges ein Buch mit dem Titel »The Prussian Führer« schreiben ließ).

Das gilt aber nur im begrenzten Rahmen. Die sich auf fast ein Vierteljahrhundert erstreckende Regierungszeit Friedrich Wilhelms I. war nur in den allerersten Jahren in einen kriegerischen Konflikt verwickelt. Friedrich Wilhelm hat also das militärische Potenzial, das er unter vielen Qualen schuf, nicht genutzt, sondern lediglich aufgespart. Mit Hilfe seiner stattlichen Armee Eroberungskriege zu führen, lag ihm fern. Er war die Ausnahme unter den Monarchen seiner Zeit. Trotzdem kann kein Zweifel darüber bestehen, dass im preußischen Staat unter Friedrich Wilhelm die Armee im Mittelpunkt stand.

Innenpolitisch wurden in der ersten Hälfte des 18. Jahrhunderts bedeutsame neue Verwaltungsstrukturen geschaffen, die aus Brandenburg-Preußen einen einheitlicheren Staat machten. Im Jahre 1722 begründete Friedrich Wilhelm das General-Ober-Finanz-Kriegs- und Domänendirektorium, kurz »Generaldirektorium« genannt, eine Zentralbehörde, in der Finanz-, Militär- und Zivilverwaltung zusammengefasst waren. Der König selbst hatte sich das Präsidium des Direktoriums vorbehalten, regierte aber faktisch aus der Ferne – gewöhnlich mit knappen, oft schwer lesbaren Randbemerkungen an den Akteneingängen.

Am 31. Mai 1740 ist Friedrich Wilhelm I. im Potsdamer Schloss an der Wassersucht gestorben. Er war knapp 52 Jahre alt geworden. Er hatte vor seinem Tod schwer gelitten, an Gicht, Kreislaufproblemen, Wassersucht, sicher durch sein maßloses Essen und Trinken weiter verstärkt. Um den König zu verstehen, wird man sich an seinen religiösen Glauben erinnern müssen. Dieser Glaube hat zwar sein Temperament – seinen Jähzorn, seine Wutausbrüche, seine Strenge – wenig beeinflusst, war aber doch sein kategorischer Imperativ, der ihn zum ersten Diener des Staates werden ließ, ihn durch eine asketische Arbeitssucht zeichnete, stets von dem Gedanken geleitet, den er seinem »lieben Succeßor« anriet: »Ihr seidt zwahr ein grohser herre auf erden aber Ihr müßet … vor Gott Rechenschafft thun, das ist eine harte sache also bitte ich euch haltet rein gewißen vor Gott alsden Ihre eine glückliche Regierung führen werdet.«

Hat sein Sohn Friedrich II. diesen väterlichen Rat beherzigt? Er wurde zwar bald »der Große« genannt (was ohne seinen Vater wohl nicht möglich gewesen wäre), aber während seiner Herrschaft begann auch das »alte« Preußen, in dem es kein Primat des Militärischen gegeben hatte und in dem staatliche Treue sich aus religiöser Pflicht ergab, langsam zu verschwinden.

Einzug Friedrichs I. in Berlin am 6. Mai 1701. *Kupferstich von Pieter Schenk, 1704.* »Die Ehren-Pforten waren, wegen des steten Marsches, immer mit neuen Ankommenden erfüllet; Und die Häuser und Gassen, von unten bis an die Giebel mit Zusehern dermassen vollgepropfet: daß man von ihnen nichts mehr, dann die Gesichter erblicken konte; ... Ja viele hatten die Dächer abgebrochen, und die Stellen der Ziegel eingenommen: welches dann umb so viel nothwendiger gewesen zu seyn scheinet; als nicht allein alle von gantz berlin, sondern auch bis auf fünfzehntausend an fremden Personen, sich in den Gassen des Durchzuges befunden haben sollen.« *Johann von Besser, Preußische Krönungs-Geschichte, 1712.*

Volksfest anlässlich der Krönung Friedrichs I. zum preußischen König. *Radierung von Johann Georg Wolffgang nach Entwürfen von Friedrich Johann Wentzel d. Ä., 1712.*

König Friedrich I. in Uniform.
Gemälde von Samuel Theodor Gericke, o. J. Schwerin, Kunstsammlungen, Staatliches Museum Schwerin.

Allegorie auf die Krönung Friedrichs I. im Januar 1701. *Titelseite eines Huldigungsgedichtes des Berliner Schutzjuden Wolff Brandes.*

Die Akademie der Künste (gegr. 1696) und die Akademie der Wissenschaften (gegr. 1700), untergebracht in verschiedenen Flügeln des Marstallgebäudes. *Zeichnung von Leopold Ludwig Müller, nach einer Vorlage aus dem Jahre 1699/1700.*

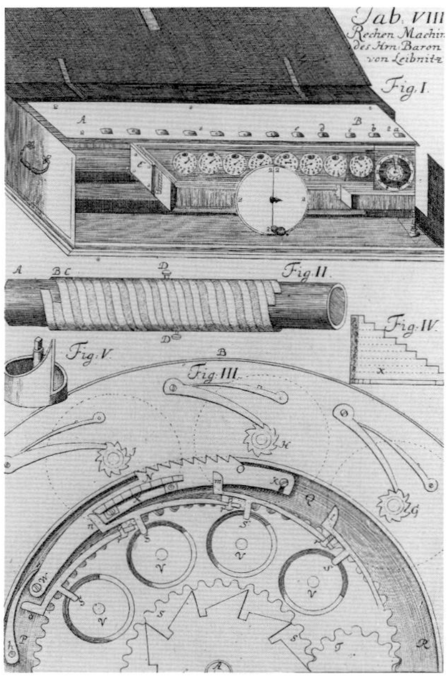

»Rechen Machine des Hrn. Baron von Leibniz.« *Kupferstich-Tafel aus Jacob Leupolds »Theatrum Arithmetico-Geometricum« von 1727.*

Königin Sophie Charlotte im Gespräch mit Gottfried Wilhelm Leibniz. Die zweite Gattin Friedrichs I. gehörte zu den gebildetsten Frauen ihrer Zeit und scharte einen musisch-intellektuellen Zirkel um sich, dem auch das »Universalgenie« Leibniz angehörte. Leibniz wurde zum ersten Präsidenten der 1700 gegründeten Preußischen Akademie der Wissenschaften berufen. *Holzstich von Albert Johann Vogel, 2. Hälfte 19. Jahrhundert.*

Das Kurfürstliche Schloss an der Spree. *Zeichnung von Johann Stridbeck d. J., 1690.*

Andreas Schlüter. *Holzstich nach einem Standbild für die Technische Hochschule in Charlottenburg von Emil Hundrieser, 1883.* Der von Friedrich I. forcierte Ausbau Berlins zur kurfürstlichen und königlichen Residenzstadt wurde unter anderem vom Bildhauer und königlichen Hofbaumeister Andreas Schlüter bewerkstelligt, der jedoch 1706 beim König in Ungnade fiel und daraufhin das Land verließ.

Kronprinz Friedrich und Prinz Heinrich erscheinen im »Tabakskollegium«, um ihrem Vater, Friedrich Wilhelm I., gute Nacht zu sagen. Obwohl schon König Friedrich I. die »Tabagie oder Abend-Gesellschaft zur Unterhaltung bei der Tobacks-Pfeife« gepflegt hatte, wurde die betont inoffiziell gehaltene Zusammenkunft erst unter Friedrich Wilhelm I. zum festen Bestandteil höfischen Lebens. Bei Bier und Meerschaumpfeife reichten die Gesprächsthemen von religiösen und militärischen Erörterungen bis hin zu derben Späßen und dem Austausch von Erlebnissen aus Kriegstagen. *Gemälde von Dismar Daegen, 1736. Berlin, Stiftung Preußische Schlösser und Gärten Berlin-Brandenburg, Schloss Königs Wusterhausen.*

»Die Seele ist für Gott, der Rest muß für mich sein.« König Friedrich Wilhelm I. *Gemälde von Antoine Pesne, um 1733. Berlin, Stiftung Preußische Schlösser und Gärten Berlin-Brandenburg, Schloss Charlottenburg.*

Der »Lange Kerl« Samuel Meißner (Größe: 1.78 m). Friedrich Wilhelm I. hegte eine Vorliebe für überdurchschnittlich groß gewachsene Soldaten, die er in seinem Leibregiment sammelte. Wenngleich der Unterhalt seiner »Langen Kerls« Unsummen verschlang, gab der ansonsten mehr als sparsame König bereitwillig Tausende Taler für die Rekrutierung eines einzigen Soldaten aus. *Gemälde eines unbekannten Künstlers, 1738.*

Die Salzburger Immigranten. *Kupferstich von Christian Gottlob Liebeln), von 1735.* Nachdem der Salzburger Erzbischof Leopold Anton von Firmian 1732 die Vertreibung der protestantischen Minderheit aus seinem Gebiet verfügt hatte, fand ein Großteil der Flüchtlinge in Preußen Aufnahme. Sie wurden vornehmlich zur Neubesiedlung in den durch die Pest entvölkerten östlichen Besitzungen eingesetzt.

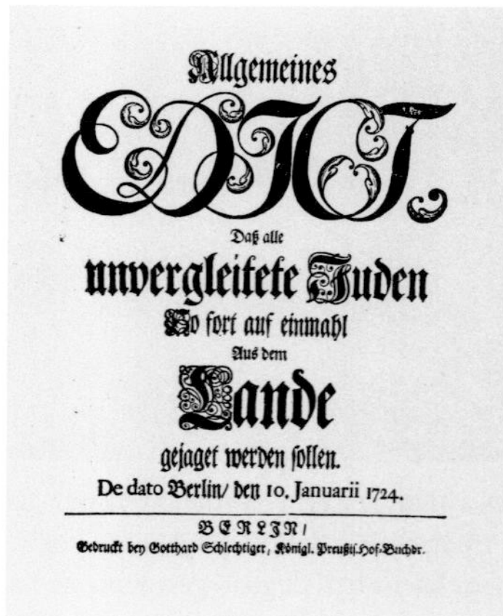
Allgemeines
EDICT,
Daß alle
unvergleitete Juden
So fort auf einmahl
Aus dem
Lande
gejaget werden sollen.
De dato Berlin/ den 10. Januarii 1724.
BERLIN/
Gedruckt bey Gotthard Schlechtiger, Königl. Preußl. Hof-Buchdr.

Judengesetzgebung unter Friedrich Wilhelm I. *Edikt vom 10. Januar 1724.*

Ein Maurer. *Kupferstich von Martin Engelbrecht, um 1730.* Durch die Anlage zahlreicher Zweck- und Militärbauten in der Regierungszeit Friedrich Wilhelms I. änderte sich in Brandenburg-Preußen das städtische Erscheinungsbild auffallend; Potsdam wurde zur Garnisonsstadt ausgebaut.

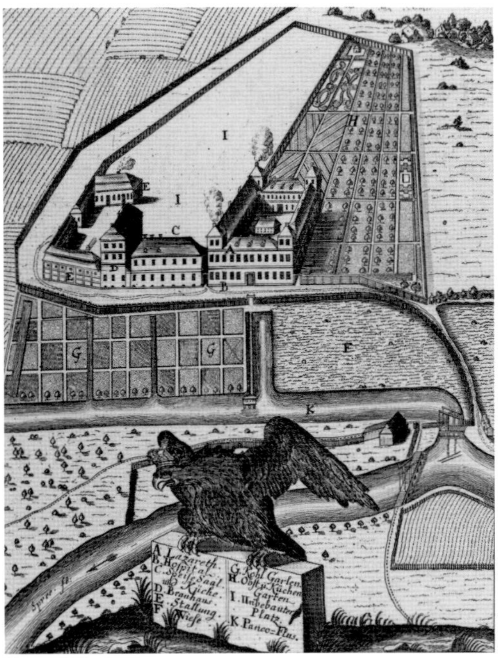

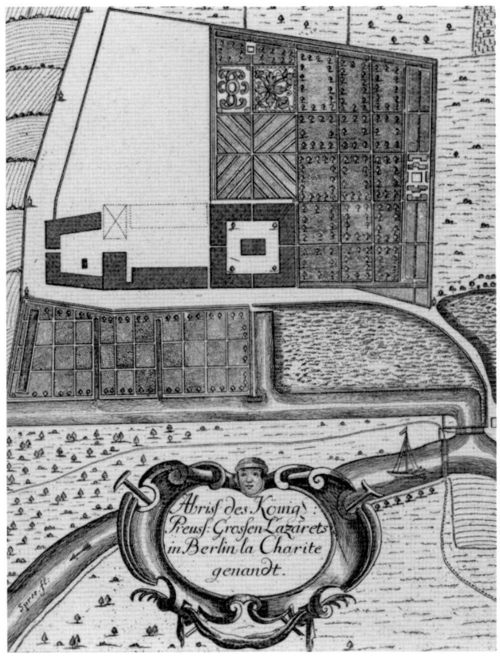

Die Charité in Berlin. *Zwei Kupferstiche von Johann David Schleuen d. Ä., um 1765.*

Frank Göse

Friedrich der Große: Vom Werden eines Mythos

1740–1786

Kaum jemand dürfte den »Mythos Preußen« mehr geprägt haben als sein dritter König. Doch wie die Interpretation der wechselvollen Geschichte des Werdens und Vergehens der Hohenzollernmonarchie entzog sich auch die widersprüchliche Persönlichkeit dieses außergewöhnlichen Herrschers, der selbst für viele zum Mythos wurde, oftmals einer Beurteilung sine ira et studio. Versuchen wir eine Annäherung.

Der Kronprinz

Als am 24. Januar 1712 dem damaligen Kronprinzen Friedrich Wilhelm ein Sohn geboren wurde, war die Freude über den erwarteten Thronfolger groß. Der junge Prinz wuchs zunächst unter mütterlicher Obhut auf, bevor dann der König selbst in akribischer Weise auf die Erziehung seines Sohnes einzuwirken begann. Geordnete Familienverhältnisse herrschten im Hause Hohenzollern, möchte man meinen, denn so selbstverständlich erschien ein solches Engagement der gekrönten Häupter für die Erziehung ihrer Kinder nicht. Auch war der preußische Hof des »Soldatenkönigs« nicht von jener Steifheit geprägt, die das höfische Zeremoniell bei anderen barocken Monarchen ausmachte. Doch häufig genug wird sich der junge Friedrich mehr Distanz zum Vater gewünscht haben, der allzu allgegenwärtig war und seinem ältesten Sohn in rigoroser Manier seine Anschauungen aufdrängen wollte. Die Gegensätze konnten indes größer nicht sein: Dort die derbe Kraftnatur des vor allem das Soldatenhandwerk und die Jagd liebenden Königs – hier der seinen musischen Neigungen nachgehende und vorerst noch mit schwächlicher Konstitution ausgestattete Kronprinz. Noch lange nachwirkende, mitunter furchtbare Erlebnisse mit dem in seinem Jähzorn auch vor körperlicher Züchtigung nicht zurückschreckenden Vater prägten die Kindheit Friedrichs. Den einzigen Halt innerhalb der Familie bot Wilhelmine, die Lieblingsschwester. In dem bekannten Gemälde von Antoine Pesne ist diese geschwisterliche Leidensgemeinschaft in anrührender Weise für die Nachwelt verewigt worden.

Als sich der Kronprinz zunehmend auch in aller Öffentlichkeit gedemütigt sah, entschloss er sich zum Äußersten, zur Flucht ins Ausland. Das dilettantisch vorbereitete Unternehmen wurde verraten, und die Rache des Königs ob dieses Desertionsversuches seines »Obersten Fritz« war fürchterlich. Der erzwungene Anblick der Hinrichtung seines Freundes Katte prägte sich Friedrich tief ein, und man kann nur erahnen, welche Wirkungen dieses Ereignis auf die Charakterbildung des künftigen Königs haben sollte.

Eingedenk dieser traumatischen Erfahrungen wird man nicht fehlgehen, das Verhältnis zum Vater in dessen letzten Lebensjahren eher als ein Arrangement statt einer ernst gemeinten Versöhnung zu umschreiben. So schien Friedrich nun bereit zu sein, seinen vom König zuvor häufig kritisierten Lebensstil zu ändern. Insbesondere seine Anstellung als subalterner Beamter in der in

Küstrin beheimateten neumärkischen Kriegs- und Domänenkammer förderten beim jungen Prinzen Arbeitsamkeit, Durchhaltewillen und die Bereitschaft, ein in Angriff genommenes Projekt umzusetzen und zu Ende zu führen – Eigenschaften, die auch in späteren Lebensphasen von Nutzen sein sollten. Der König, der über die Fortschritte des Kronprinzen ständig unterrichtet wurde, nahm dies wohlwollend zur Kenntnis.

Doch auch die auf Küstrin folgenden Jahre in Ruppin und Rheinsberg änderten zunächst nichts an dem distanzierten Verhältnis zum König. Für den Kronprinzen war es vor allem eine Zeit des Sich-Ausprobierens, des Selbst-Gestalten-Könnens, wenn auch vorerst nur auf begrenztem Terrain. Vor allem genoss Friedrich die Möglichkeit, fern von der geistigen Bevormundung und asketischen Strenge des väterlichen Hofes sich sein eigenes Refugium zu schaffen und sich mit Menschen seiner Fasson zu umgeben. Es waren Jahre, die ihm im Alter als schönste Zeit seines Lebens zunehmend in Verklärung gerieten. Zugleich aber wurde auch bei ihm, der doch durch die Macht so gelitten hatte, ein zunehmendes Drängen nach größerer politischer Verantwortung spürbar. Da der König nicht gewillt war, ihm zu seinen Lebzeiten eine Mitbeteiligung an der Regierung einzuräumen, blieb nur das Warten auf jenen Zeitpunkt, an dem er selbst den Thron besteigen würde. In den Briefen an Wilhelmine, die auch in diesen späten Kronprinzenjahren eine der wenigen Vertrauten seiner geheimsten Gedanken war, wurde dies immer wieder deutlich. Fast respektlos trösteten sich beide einmal anlässlich der unverhofften Genesung des Vaters von einer schweren Krankheit, dass der König bestimmt bald wieder einen Rückfall erleiden werde.

Sollte er ein »ewiger Kronprinz« bleiben, der von den Regierungsgeschäften noch lange ausgeschlossen sein würde? Er wäre nicht der Erste und Letzte unter den Hohenzollern gewesen, dem diese undankbare Rolle zufiel. Doch die angegriffene Gesundheit des Vaters schaffte alsbald vollendete Tatsachen. Am 31. Mai 1740 schloss der »Soldatenkönig« für immer die Augen. Noch rechtzeitig konnte der Kronprinz an das Sterbebett des Vaters gelangen, um ihm in dessen letzter Stunde in die Hand zu versprechen, sein politisches Erbe fortzusetzen. Doch würde der junge König diese Zusage einhalten? Die Besorgnis der Ratgeber des »Soldatenkönigs« resultierten vor allem aus der Unkenntnis der Absichten Friedrichs, der doch so lange fern der Residenz gelebt hatte.

Der junge König

Die ersten Handlungen nach seiner Regierungsübernahme deuteten zunächst an, dass die unter seinem Vorgänger nur ein Schattendasein fristenden Künste und Wissenschaften künftig einer großzügigen Förderung sicher sein konnten. Insbesondere die Wiederbelebung der Akademie der Wissenschaften lag Friedrich von Anbeginn am Herzen. Nicht wenige finanzielle Mittel wurden investiert, um Maler, Architekten, Bildhauer, Schauspieler und Sänger in die preußischen Residenzen Berlin und Potsdam zu holen. Aus »Sparta« sollte wieder ein »Athen« werden. Auf diesem Terrain knüpfte der neue Monarch an die Vorlieben der Kronprinzenzeit an; doch erwartete man nicht einen solchen Wandel der Präferenzen von einem, der sich bereits als 16-jähriger als »Frédéric le Philosophe« zu bezeichnen pflegte? Aber – und diese Sorge beschäftigte nicht wenige hochrangige Zeitgenossen – würde es in den anderen, vor allem den hochpolitischen Bereichen eine ähnlich tiefgreifende Zäsur geben?

Es kam in den folgenden Wochen weder zu Akten persönlicher Rache an den Amtsträgern, denen Friedrich so manche schlechte Behandlung in der Kronprinzenzeit zu verdanken hatte, noch wurde ein umfassendes personales Revirement in den höchsten Positionen der Hof- und Staatsverwaltung veranlasst. Und im neuralgischsten Bereich der preußischen Politik trat genau das Gegenteil von dem ein, was viele erwartet hatten: Zwar löste Friedrich die Formation der »Langen Kerls« auf, doch schlossen sich dem wenige Tage später Maßnahmen an, die auf eine beträchtliche Vermehrung des preußischen Heeres orientiert waren. Dass er nicht ein Fürst sein wollte, der sich auf die Rolle des Zuschauers des »europäischen Mächtetheaters« beschränken würde – diese Haltung hatte bereits lange vor der Thronübernahme schärfere Konturen angenommen. In dem berühmten, schon 1731 verfassten Brief an v. Natzmer, einen ihm vertrauten Offizier, fiel der markante Satz, der noch späteren Generationen von Militärs und Politikern als Legitimation für die Planung von Kriegen galt: »Es ist besser, zuvorzukommen als sich zuvorkommen zu lassen.«

Mit diesem, jeglichen Präventivkrieg rechtfertigenden Gedanken, der sich in subtilerer Form auch in Friedrichs Schrift »Der Antimachiavell« fand, erwies sich der junge König im vollen Sinne als Kind seiner Zeit. Dennoch erregte es die Gemüter, als er wenige Monate nach seiner Thronbesteigung mit einer für damalige Verhältnisse lange geheim gehaltenen spektakulären Militäraktion in Schlesien einmarschierte und seinen Anspruch auf dieses Territorium bekräftigte, ohne sich sonderliche Mühe um die fragwürdige rechtliche Begründung der Annexion zu machen.

Doch auch die andere, aus Rheinsberger Tagen gewohnte Seite seiner Persönlichkeit fand nun ein reiches Betätigungsfeld und bald ihren vornehmsten Bezugspunkt im Schloss Sanssouci. Hier, in der gleichnamigen Tafelrunde, suchte er seelischen Ruhepunkt und geistige Inspiration zugleich: »Für mich verdient den allerhöchsten Preis ein kleiner, aber auserwählter Kreis, der harmlos unserm Geist Erholung beut, Geplauder, das die Fragen leicht berührt und doch zu tieferer Erkenntnis führt.« Diese freimütige Äußerung deutet zugleich auch auf Friedrichs Verständnis als Philosoph. Er rezipierte mit großem Interesse die philosophischen Werke seiner Zeit. Christian Wolff, John Locke und natürlich Voltaire gehörten zu den bereits in der Kronprinzenzeit am meisten gelesenen Autoren. Die Philosophen, mit denen er eine rege Korrespondenz führte, fühlten sich geehrt angesichts der Aufmerksamkeit, die sie von einem künftigen König erfahren durften. Es wäre aber übertrieben, Friedrich in eine Reihe mit den führenden Vertretern dieser Zunft zu stellen. Er »philosophierte« zwar gern, aber er entwickelte kein eigenes philosophisches System.

Wohl aber sind in die politischen Entscheidungen des neuen preußischen Königs die Ideen und Erwartungen der Philosophen des Aufklärungszeitalters eingeflossen. Die Abschaffung der Folter als ein in seinen Augen ungeeignetes und inhumanes Instrument zur juristischen Wahrheitsfindung wenige Tage nach der Thronbesteigung riss seine Bewunderer ebenso zu Begeisterungsstürmen hin wie die zeitweilige Abschaffung der Pressezensur. In der Religionspolitik konnte Friedrich an die bewährten, von Toleranz geprägten Prinzipien seiner Vorgänger anknüpfen. Während seiner Regierungszeit blieb Preußen damit eine Zufluchtstätte religiös verfolgter Menschen aus ganz Europa. Eine solche Haltung kam seinem lockeren Verhältnis zu Fragen des Glaubens entgegen, von dem viele sarkastische Marginalien und Bonmots ein beredtes Zeugnis ablegen. Aus seiner Bevorzugung der Kalvinisten in führenden Amtsträgerchargen, also jener Konfession, der die Hohenzollern seit 1613 angehörten, machte jedoch auch Friedrich keinen Hehl.

Prompte Justiz, »gute Policey«

Mit der Justizreform tat sich der König indessen schwerer. Schließlich hatte das Gerichtswesen im Gegensatz etwa zur Heeres- oder Finanzverwaltung nicht Schritt gehalten mit dem Zentralisierungsprozess der sich im 17. und 18. Jahrhundert stark vergrößernden Hohenzollernmonarchie.

Die regionale Vielfalt, Unüberschaubarkeit und oft beklagte Schwerfälligkeit der Justiz wurde durch ein weiteres Übel genährt, dem durch die in Gang kommende Reform der Nährboden entzogen werden sollte: Viele Richter waren ganz einfach den ihnen obliegenden Aufgaben nicht gewachsen. Mangelnde juristische Kompetenz und fehlender Diensteifer führten nun zum Verlust der Ämter. Eine Vereinheitlichung der Gerichtsverfassung und die Beschleunigung der Verfahren wurden vor allem dank des großen Organisationstalents des spiritus rector der Justizreform, Samuel von Cocceji, erreicht. Doch änderte sich auch an der inhaltlichen Seite der Gerichtspraxis etwas? Wurde Preußen ein »Rechtsstaat«?

Auf Friedrich, der in so starkem Maße an dem europaweit geführten aufklärerischen Diskurs beteiligt war, musste eine Schrift wie Montesquieus 1748 erschienener Essay »Esprit des Lois« eine nachhaltige Wirkung ausüben, zumal die dort verfochtenen Thesen die staatsphilosophische Komponente seiner Justizreform berührten. Insbesondere wurden so genannte königliche »Machtsprüche« als Angriff auf die natürliche Gesetzlichkeit gegeißelt. Friedrich, der in seinen ersten Regierungsjahren selbst einige Male auf solche Weise in die Prozessführung eingegriffen hatte, machte sich diese Maxime zu eigen und forderte, dass in den Gerichten »die Gesetze zu sprechen, der Herrscher aber zu schweigen« habe. In zahlreichen seiner klassisch gewordenen Randbemerkungen bekräftigte er diese Haltung; vor allem, wenn die Supplikanten im Glauben an den »guten, gerechten König« ihn bedrängten, in einen für sie ungünstig verlaufenden Prozess zu ihren Gunsten einzugreifen. Freilich, der berühmte Müller-Arnold-Prozess, in dem Friedrich zu Gunsten des Besitzers einer Wassermühle gegen einen prozessierenden Adligen eingriff und – nachdem Letzterem Recht gegeben wurde – nicht nur den zuständigen Landrat, sondern auch mehrere Räte des Berliner Kammergerichts absetzte und arretierte, schien dieser selbst gesetzten Vorgabe zu widersprechen. Der Fall erregte aber vor allem deshalb so großes Aufsehen, weil eben hier der König gegen seine eigenen Prinzipien verstoßen hatte.

Auch in den anderen Bereichen der Verwaltung griff Friedrich fördernd-innovativ, zuweilen aber auch rigide-hemmend ein. Gerade auf diesem Feld schien sein Selbstverständnis als »erster Diener seines Staates« deutliche Konturen anzunehmen. Sicher, er »diente« seinem Staatswesen und legte sich ein mitunter ungeheures Arbeitspensum auf; aber unmissverständlich war jedem Amtsträger in der Verwaltungshierarchie klar, dass dem König als »Erstem« unter den Staatsdienern die höchste Entscheidungskompetenz zufiel. Seine Detailbesessenheit und der Anspruch, über alles, was in seinem Staate passierte, unterrichtet zu werden, waren beträchtlich. Andererseits weiß man heute, dass auch das friderizianische Preußen noch ein ziemliches Stück entfernt war von einer effizienten Verwaltung, die bis in das letzte Dorf hineinreichte. Allein ein Blick auf die zahlenmäßige Ausstattung der für die Teilregionen des preußischen Staates zuständigen Amtsträgerschaft zeigte, dass an eine durchgreifende Administration nicht zu denken war. Zudem gehörten Korruption und Ämterkauf auch in Preußen noch zu den Schattenseiten verwaltungsgeschichtlicher Realität, wenn auch nicht mehr in solchen Ausmaßen wie in anderen Staatswesen der Zeit.

»Ein System kann aber nur aus einem Kopf entspringen; also muss es aus dem Kopf des Herrschers hervorgehen.« Dieser selbst gesetzte hohe Anspruch war indes kaum einzulösen. Friedrich gestand sich dies im tiefsten Innern wohl auch ein, und ein latentes Misstrauen gegenüber den Berichten seiner Amtsträger hegte er ohnehin. Vielleicht ist damit auch der stets ungeduldige, unbeherrschte Ton des Königs zu erklären, der den heutigen Leser seiner Schriften, Kabinettsordren und Erlasse zuweilen befremdet. Ein effizienter werdendes Auswahl- und Prüfungssystem für die künftigen Staatsdiener oder die häufigen Inspektionsreisen des Königs durch die Gebiete seines sich vom Rhein bis ins ferne Ostpreußen erstreckenden Staates sollten diese Unzulänglichkeiten eindämmen.

Über diejenigen Bereiche des weit gefächerten und sich immer mehr differenzierenden Verwaltungssystems, die ihm besonders am Herzen lagen, war er in der Regel gut informiert. Zum Leidwesen der zuständigen Beamten wollte er hier auch den Entscheidungsprozess bis in das letzte Detail hinein beeinflussen. Ständig ließ er sich genauestens über den Fortgang der weit gespannten Meliorations- und Siedlungsprojekte im Oder-, Netze- und Warthebruch unterrichten. Ebenso lag ihm die bauliche Gestaltung seiner Residenzen sehr am Herzen. Doch nicht nur bei der architektonischen Konzeption der Schlösser brachte er recht deutlich seine Vorstellungen ein – man erinnere sich nur an die Kontroverse mit Knobelsdorff über die Gestaltung der Gartenseite des Schlosses Sanssouci –, auch die geplanten Bürgerbauten mussten seinem kritischen Urteil standhalten.

Der Feldherr

Doch die Wirkung Friedrichs auf das zeitgenössische Europa und nicht zuletzt die bald folgende Etikettierung mit dem Beinamen »der Große« resultierten nicht vorrangig aus seinen inneren Reformen und philosophischen Schriften. Der Mythos als »Roi Philosophe« hatte schon zu seinen Lebzeiten erste Risse bekommen. Vor allem die Beteiligung an Kriegen, durch die er sich in den Augen seiner Bewunderer aus dem Kreis des gelehrten Europa auf das Niveau eines »normalen« Fürsten seiner Zeit begeben hatte, wurde ihm nicht verziehen. Genau dies brachte ihm aber den Nachruhm ein, mit dem er selbst so gern kokettierte. Zwar findet man in Friedrichs Schriften eine Reihe von Äußerungen, in denen er sich über den Krieg als »eine Geißel« und mörderisches Handwerk ausließ. Doch in der Praxis war indes von solchen Skrupeln wenig zu spüren. Das Menschenbild des Königs ließ hier auch wenig Gutes erwarten. Grundsätzlich stand er jenen Ideen der Aufklärung skeptisch gegenüber, die einer in seinen Augen naiven Fortschrittsgläubigkeit verpflichtet waren und von der Prämisse ausgingen, dass der Mensch »gut« sei. Schon seine eigenen persönlichen Erfahrungen schienen ihm eine solche Annahme hinreichend widerlegt zu haben. Demzufolge verhielt er sich auch gegenüber zunehmend aufkommenden Gedanken nach einem »ewigen Frieden« ablehnend. Egoismus, Machtstreben und affektgeleitete Handlungen bildeten nach seiner Meinung die beherrschenden Konstanten der menschlichen Natur ebenso wie Aberglauben und religiöser Fanatismus. »Vorurteile sind die Vernunft des Volkes, und verdient dieses dumme Volk, aufgeklärt zu werden?« Es war nicht nur Zynismus, ein sich bekanntlich im Alter immer mehr verstärkender Charakterzug Friedrichs, der aus diesen Worten sprach, sondern die tatsächlich tief in ihm wohnenden Zweifel an der Bildungsfähigkeit seiner Untertanen. Nur einem geringen Teil gestand er zu, über die Sicherung der eigenen Existenz hinaus fähig zu sein zur intellektuellen Reflexion.

Und der geniale Feldherr? Friedrichs »Feuerprobe« in der ersten Schlacht der Schlesischen Kriege, an jenem nebligen Apriltag des Jahres 1741, schien ein Desaster zu werden. Schon hatte sich der verzweifelte junge König angesichts der drohenden Niederlage vom Mollwitzer Schlachtfeld begeben, als nachpreschende Boten Kunde von dem durch die preußische Infanterie herbeigeführten Sieg brachten. Doch im Verlauf der nächsten Monate des Ersten (1740–1742) und Zweiten Schlesischen Krieges (1744/45), in denen er an der Seite Frankreichs und einiger deutscher Territorialstaaten gegen die Erbin des Habsburgerreiches Maria Theresia um die Sicherung der für sein ressourcenarmes Staatswesen so wertvollen schlesischen Eroberung kämpfte, zeigte sich immer stärker das Feldherrntalent des Königs.

Zum einen hatte Friedrich durch das Studium der kriegsgeschichtlichen Literatur dafür die theoretischen Grundlagen gelegt. Zum anderen waren es Charaktereigenschaften wie die Fähigkeit, aus der Situation heraus operativ zu entscheiden, aber auch Durchhaltewillen und Furchtlosigkeit, die ihn prädestinierten, die nicht wenigen kritischen Situationen seines Feldherrnlebens zu meistern. Während Friedrich in den meisten Schlachten, wie zum Beispiel bei Hohenfriedberg im Juni 1745, einen klaren Erfolg verbuchen konnte, brachte ihn der fehlgeschlagene Feldzug in Böhmen im Herbst 1744 wegen ungenügender Logistik, ausbrechenden Epidemien unter seinen Truppen und den ständigen Attacken der österreichischen und sächsischen Armee in eine bedrohliche Lage. Eine wichtige Folgerung hatten seine Niederlagen aber stets gezeitigt: Sie wurden zum Anlass genommen, die eigene Strategie und Taktik zu überdenken. Seine Erfahrungen brachte er stets zu Papier; in der »Geschichte meiner Zeit« – ein Dokument, das auch die schriftstellerische Begabung des Königs zeigt – wertete er die ersten beiden Schlesischen Kriege kritisch aus.

Bei alledem darf natürlich nicht außer Acht gelassen werden, dass vor allem der während des Dritten Schlesischen, des so genannten Siebenjährigen Krieges (1756–1763), erscheinende Eindruck der Unbesiegbarkeit in nicht unbeträchtlichem Maße auf die Schwäche der Gegner zurückzuführen war. Auch Friedrich selbst hat dies so gesehen: »Wieviele günstige Gelegenheiten haben sie ungenutzt verstreichen lassen, wieviele gute Gelegenheiten verpaßt?« Demnach darf auch die Wirkung des in diesem Zusammenhang oft erzählten und für die spätere Mythenbildung so folgenreichen »Mirakels des Hauses Brandenburg« auf den für Preußen insgesamt noch glimpflichen Kriegsausgang nicht überschätzt werden. Das Ausscheiden Russlands aus der antipreußischen Koalition nach dem Tode der Zarin Elisabeth im Januar 1762 hatte gewiss eine Erleichterung der Situation für die preußische Kriegsführung gebracht, schließlich gehörten außer dem Zarenreich auch Frankreich, Österreich und Schweden sowie der größte Teil der deutschen Reichsterritorien zum gegnerischen Bündnis. Doch war es seinerzeit normal, den Tod eines Herrschers und die sich daraus ergebenden Weiterungen für Diplomatie und Kriegsführung ins Kalkül zu ziehen. Zum anderen darf nicht übersehen werden, dass auch unter den gegen Preußen kämpfenden Mächten die Unstimmigkeiten stärker geworden waren. Kriegsmüdigkeit hatte sich im sechsten Kriegsjahr allenthalben bemerkbar gemacht. Der König selbst umschrieb diese Wendung des Krieges in seinem unnachahmlichen Sarkasmus mit der Frage, ob es wirklich ein »Mirakel« oder vielmehr »die göttliche Eselei meiner Feinde« gewesen sei, die ihn vor Schlimmerem bewahrt hatte.

Friedrich war ein Meister in der Beherrschung der Kriegskunst seiner Zeit und in diesem Rahmen auch bereit zu experimentieren, aber er ging grundsätzlich keine neuen Wege. Wohl aber reizte er die Grenzen des Möglichen aus. Die Nutzung der viel gepriesenen »schiefen Schlachtordnung« mag dafür als Präzedenzfall gelten. Bekannt war diese aus der antiken Kriegsgeschichte überlieferte Taktik auch den anderen europäischen Armeen, doch Friedrich ging das Wagnis ein, sie geschickt den Gegebenheiten anpassend im Dezember 1757 bei Leuthen gegen die Österreicher in fast perfekter Ausführung anzuwenden. Zugute kam ihm bei alledem, dass er als König zugleich auch den Oberbefehl über die Truppen gerade in den kriegsentscheidenden Konstellationen ausüben und ohne Zeitverzug die nötigen strategischen Konzeptionen umsetzen konnte. Dem so oft dem Preußenkönig in Schlachten gegenüberstehenden österreichischen Feldmarschall Daun tat man deshalb Unrecht, ihn mit dem wenig schmeichelhaften Beinamen »der Zauderer« zu versehen. Schließlich hatte er jede militärische Entscheidung vor Maria Theresia oder dem Hofkriegsrat zu verantworten und sah sich schon aus diesem Grunde veranlasst, sich abzusichern. Aber die Kuriere nach bzw. von Wien benötigten Tage und Wochen!

Der preußische König hatte derlei Rücksichten nicht zu nehmen. Somit konnte er sich über Warnungen hinwegsetzen, riskante Entschlüsse fassen und – im schlimmsten Fall – auch Fehlentscheidungen treffen, die einen seiner Generale vor das Kriegsgericht gebracht hätten. Gerade angesichts katastrophaler Niederlagen wie bei der Schlacht von Kunersdorf am 12. August 1759 wurde dies in aller Schärfe deutlich. Hier, wo die österreichischen Truppen bereits in vorbereiteten Stellungen warteten und Friedrich die Situation falsch beurteilt hatte, zeigte sich zugleich, dass die bei Leuthen in Idealform praktizierte »schiefe Schlachtordnung« nicht immer zum Erfolg führte. Auch die Gegner Preußens hatten gelernt, und unangenehme Überraschungen, die ihn mitunter auch zu bewundernden Äußerungen gegenüber den Österreichern veranlassten, sollte Friedrich im Verlaufe des Krieges noch öfter erleben.

Doch letztlich zählte der Ruhm. Die Entschlossenheit und die manchmal einem Hazardspieler nicht unähnliche Neigung, unerwartete, überraschende Wendungen in das Schlachtgeschehen zu bringen und konventionelle Bahnen zu verlassen, kamen ihm bei anderen Gelegenheiten zunutze. Viel wurde über die Gründe geschrieben, warum Preußen trotz der zahlenmäßigen Unterlegenheit seiner Armee und diplomatischen Isolierung überleben konnte. Die persönliche Rolle des Königs stellt dabei nur einen, wenn auch sehr wichtigen Erklärungsansatz dar. Die preußischen Siege hatten viele Väter. Vor allem musste die fehlende Quantität durch eine höhere Qualität der Truppen kompensiert werden. Preußen hatte zwar – so einer der bekanntesten Friedrich-Biografen, Thomas Carlyle – »ein kürzeres Schwert als Österreich, Frankreich und Rußland, aber es brachte es schneller aus der Scheide«. Dies schloss einen höheren Ausbildungsstand, ein höheres Feuertempo, aber eben auch das für die Kriegsführung des 18. Jahrhunderts eher untypische Suchen nach einer schnellen Schlachtenentscheidung ein, um den Nachteil geringerer innerer Ressourcen durch eine rasche Beendigung des Krieges auszugleichen. In den ersten beiden Schlesischen Kriegen ging dieses Kalkül auf, im letzten, dem Siebenjährigen Krieg, musste der preußische Staat allerdings bis an seine äußersten Grenzen gehen.

Preußen – der Militärstaat par excellence?

Natürlich waren und sind die militärischen Erfolge Preußens während des Siebenjährigen Krieges, als die Hohenzollernmonarchie sich gegen eine gewaltige Übermacht behaupten musste, dazu angetan, unkritisch die Genialität des Königs und die Kampfkraft seiner Armee zu beschwören. Und es konnte nicht ausbleiben, dass solche Glorifizierungen zum Widerspruch verleiteten. Jedoch waren jene, die mit dem Anspruch angetreten sind, der in ihren Augen unzulässigen Heroisierung des Königs und der Mythenbildung zu begegnen, nicht davor gefeit, wiederum neue Mythen zu konstruieren.

Um stellvertretend eine das Preußenbild bis heute besonders prägende Legende aufzugreifen: War das friderizianische Preußen wirklich der »militaristische« Staat par excellence? Die angeblich lebenslange Rekrutierung eines großen Teils der Untertanen in der Armee, der hohe Anteil der Staatsausgaben für militärische Zwecke sowie der unbarmherzige Drill und die unmenschliche Behandlung der Soldaten durch ein grausames Bestrafungssystem bildeten eine wesentliche Argumentationsgrundlage für diese Annahme. Die Härten des Soldatenlebens, das tausendfach zerstörte Lebensglück sollen keineswegs in Abrede gestellt werden, doch war dies wirklich eine preußische Eigentümlichkeit? Man lese nur Berichte über Soldatenschicksale in den anderen bedeutenden europäischen Monarchien. Zum anderen darf nie vergessen werden, dass auch für die der frühneuzeitlichen »Zivilgesellschaft« angehörenden Untertanen Demütigungen, Prügel und – im Unterschied zum Soldaten – oftmals auch wirtschaftliche Not ständige Begleiter waren.

Natürlich gab es in der friderizianischen Armee einzelne sadistische Offiziere, deren Wüten aber gerade deshalb so aufhorchen ließ, weil es eben nicht die Regel darstellte. Nicht absolute Präzision stand in der Ausbildung im Vordergrund, sondern das Einüben wesentlicher Elemente der Taktik, die in der Schlacht vom einfachen Soldaten erwartet wurden. Und nicht nur strenger Dienst bestimmte das Leben eines Soldaten. In Friedenszeiten war der aus einem preußischen »Kanton« – einem dem jeweiligen Regiment zugewiesenen Rekrutierungsbezirk – stammende Soldat im Höchstfalle zwei bis drei Monate in seiner Garnison; den Rest des Jahres verbrachte er in seiner Heimat. Eine dauerhafte Freistellung von Arbeitskräften konnte sich ein so dünn besiedelter Staat wie Preußen gar nicht leisten. Wer sich mit dem Alltag in preußischen Garnisonstädten beschäftigt, wird die überraschende Entdeckung machen, dass den in den Bürgerhäusern einquartierten Soldaten – Kasernen bildeten im 18. Jahrhundert die Ausnahme – genügend Freiraum verblieb, am städtischen Leben teilzunehmen. In Friedenszeiten verbrachte der durchschnittliche Soldat mitunter mehr Zeit in seinem »Nebenberuf« als bei der Ausbildung im Regiment. So erscheint es auch plausibel, dass neue Forschungen die Erkenntnis vermitteln konnten, dass die Einquartierung der Soldaten in den Städten eher zu einer Verbürgerlichung der Soldaten führte als zu einer »Militarisierung« der städtischen Gesellschaft.

In das düstere Szenario eines »Kasernenhofes« Preußen ließe sich auch jenes wenig schmeichelhafte Stimmungsbild einordnen, das der im August 1786 in Berlin weilende Mirabeau anlässlich des Todes des großen Königs gezeichnet hatte: »Kein Gesicht, das nicht Aufatmen und Hoffnung verrät, kein Bedauern, kein Seufzer, kein Wort des Lobes. Damit also enden so viele gewonnene Schlachten, so viel Ruhm, eine Regierung von fast einem halben Jahrhundert, erfüllt von so vielen Großtaten!« Natürlich wird sich die Trauer in den durch die friderizianische Armee in Mitleidenschaft gezogenen deutschen Territorien in Grenzen gehalten haben, doch ein Blick in die in mehreren größeren preußischen Städten erscheinenden »Zeitungen« des Spätsommers 1786 belegt, dass innerhalb der Hohenzollernmonarchie doch auch Betroffenheit dominierte. Nach der langen Regierungszeit dieses Königs war es nur zu verständlich, dass auch Unsicherheiten artikuliert und bange Fragen gestellt wurden. Wie würde sich das Schicksal Preußens gestalten angesichts eines Wechsels von einem schon zu Lebzeiten eine Legende darstellenden Monarchen zu einem König, dessen staatsmännische und militärische Fähigkeiten zu Zweifeln berechtigten?

Sein Platz in der Geschichte war Friedrich indes sicher, obwohl er selbst schon in jungen Jahren ein eher nüchtern-distanziertes Verhältnis zum eigenen Nachruhm artikulierte. »Besonders von der Gunst der Geschichtsschreiber hängt der Ruf der Fürsten ab«, ließ er in einem Brief 1737 Voltaire wissen. Dass zeitgenössische und künftige Historiografen einst genügend Stoff haben würden, über ihn zu schreiben, dafür sorgte er während seiner ereignisreichen, langen Herrschaft selbst. Dass jedoch seine Regierungszeit – von Kant wurde gar das ganze Saeculum zum »Zeitalter Friedrichs des Großen« stilisiert – wie keine andere einen entscheidenden Mosaikstein zum janusköpfigen Mythos Preußen hinzufügen sollte, war das Verdienst vor allem der nachfolgenden Generationen, die ihre Sehnsüchte und politischen Entwürfe, aber auch Ängste und Obsessionen gern in ein historisches Gewand hüllten.

Friedrich II. als Kronprinz. *Gemälde von Antoine Pesne, 1739. Berlin, Staatliche Museen zu Berlin – Preußischer Kulturbesitz, Gemäldegalerie.* »Autorität in diesem Lande hat nur einer, und das bin ich.« Friedrich II. 1740 nach seiner Krönung zum König in Preußen.

Elisabeth Christine, Ehefrau Friedrichs des Großen. *Kopie eines Gemäldes von Antoine Pesne, Mitte 18. Jahrhundert. Coburg, Kunstsammlungen der Veste Coburg.* »Was die Prinzessin von Bevern angeht, so kann man darauf rechnen, dass ich sie, wenn man mich zwingt, sie zu nehmen, verstoßen werde, sobald ich Herr sein werde.« Friedrich II. in einem Brief an General von Grumkow aus dem Jahre 1732.

Schloss Rheinsberg. *Kupferstich von F. Conrad Krüger, 2. Hälfte 18. Jahrhundert.* Nach der Thronbesteigung überließ Friedrich II. das Schloss 1744 seinem Bruder Heinrich, der hier beinahe sechs Jahrzehnte lebte und zum eigentlichen Gestalter in Rheinsberg wurde.

»Sire, töten Sie mich, aber schonen Sie Ihres Sohnes!« Generalmajor von Mosel wirft sich zwischen Friedrich Wilhelm I. und dem Kronprinzen Friedrich. *Zeitgenössischer Kupferstich.*

»Mein Prinz, ich sterbe mit tausend Freuden für Sie.« Hinrichtung des Hans Hermann von Katte am 6. November 1730. *Kupferstich, um 1740.*

Ansprache Friedrichs II. an seine Generale vor der Schlacht bei Leuthen am 5. Dezember 1757. *Unvollendetes Gemälde von Adolph von Menzel, 1859–1861. Berlin, Staatliche Museen zu Berlin – Preußischer Kulturbesitz, Nationalgalerie.* Der angebliche Wortlaut der Rede: »Ich weiß und kenne die Schwierigkeiten, die diesem Vorhaben entgegenstehen, aber in meiner Lage gibt es nur Sieg oder Tod. Unterliegen wir, so ist alles verloren. Gedenken Sie, meine Herren, dass wir in dieser Schlacht für unseren Ruhm kämpfen werden, für Haus und Herd, Weib und Kind.«

»Die in der Schlacht bey Molwitz zweymal zurückgeworfene Preußische Cavallerie, führt Friedrich selbst zum dritten male gegen den Feind.« *Radierung von Daniel Nikolaus Chodowiecki, 1793.* Nach dem Einfall der preußischen Truppen in Schlesien Mitte Dezember 1740 kam es am 10. April 1741 zur ersten großen Schlacht. Die drohende preußische Niederlage konnte erst durch den Generalfeldmarschall Curt Christoph Graf von Schwerin abgewendet werden.

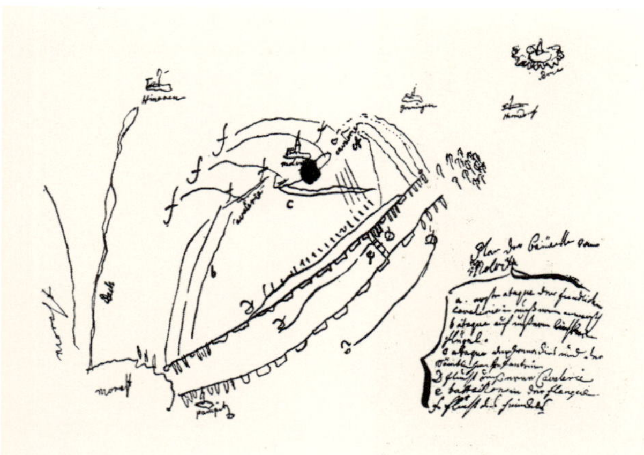

Skizze Friedrichs II. zur Schlachtordnung bei Mollwitz 1741., Anlage zu einem Brief an Fürst Leopold von Anhalt-Dessau vom 25. April 1741. »Ich habe den Rubikon überschritten mit fliegenden Fahnen und unter dem Schlag der Trommeln. Meine Truppen sind voll guten Willens, die Offiziere voll Ehrgeiz, und unsere Generale dürsten nach Ruhm … Ich werde nicht wieder in Berlin erscheinen, ohne mich des Blutes würdig gemacht zu haben, aus dem ich stamme …« *Brief Friedrich II. an den preußischen Etats- und Kabinettsminister Heinrich Graf von Podewils vom 16. Dezember 1740.*

Wachparade auf dem Schlossplatz. *Gemälde von Johann Friedrich Fechhelm, 1786. Berlin, Stadtmuseum Berlin.*

Wie ein ehrlicher Mann und wie ein Schurke Prügel empfingt. *Radierungen von Daniel Nikolaus Chodowiecki, 1776.*

Preußische Infanterie-Offiziere
auf dem Schlossplatz in Berlin.
Gouache auf Papier von August E. Niegelssohn, 1788.
Eichenzell bei Fulda, Museum Schloss Fasanerie.

Berliner Bürgerfamilie bei Tisch. *Radierung von Daniel Nikolaus Chodowiecki, um 1765.*

Der Blick fällt auf Danzig. *Zeichnung von Daniel Nikolaus Chodowiecki aus seiner Reise »Von Berlin nach Danzig« von 1773.*

EDICT
wegen
Abstellung einiger Mißbräuche
besonders
des sogenannten
Blauen Montages
bey
den Handwerkern.

De Dato Berlin, den 24. Martii 1783.

Cüstrin,
gedruckt bey Carl Gottlob Trowitzsch, Königl. Hofbuchdrucker.

Edikt zur »Abstellung einiger Missbräuche besonders des sogenannten Blauen Montages bey den Handwerkern« vom 24. März 1783.

Die Bittschrift (Der Spazierritt). *Gemälde von Adolph von Menzel, 1849. Hechingen, Burg Hohenzollern.* Im Sinne des aufgeklärten Absolutismus verstand sich König Friedrich II. als »erster Diener des Staates«, was die Legendenbildung um seine Person noch zu Lebzeiten förderte. Der «Alte Fritz«, der am Ende des Zweiten Schlesischen Krieges 1745 den Beinamen »der Große« erhalten hatte, wurde zum Mittelpunkt eines volkstümlichen Anekdotenkranzes stilisiert, in welchem sowohl sein persönliches Amtsverständnis als auch seine weite Popularität in der Bevölkerung miteinander verschmolzen.

»Das Flötenkonzert«. *Gemälde von Adolph von Menzel, 1850/1852. Berlin, Staatliche Museen zu Berlin – Preußischer Kulturbesitz, Nationalgalerie.*

1. Satz der Flötensonate in h-moll von Friedrich II. Faksimile. Der Komponist Friedrich II. hinterließ ein umfangreiches musikalisches Werk.

»Kronprinz Friedrich besucht den Maler Pesne auf dem Malgerüst in Rheinsberg«. Gemälde von Adolph von Menzel, 1861. *Berlin, Staatliche Museen zu Berlin – Preußischer Kulturbesitz, Nationalgalerie.*

»Die Barberina« (Barbara Campanini). *Gemälde von Antoine Pesne, um 1745. Berlin, Stiftung Preußische Schlösser und Gärten Berlin-Brandenburg, Schloss Charlottenburg.* Die italienische Primaballerina hatte zwischen 1743 und 1748 ein Engagement in Berlin und wurde vom König sehr geschätzt, was sich in einem üppigen Salär äußerte. Die zahllosen Gerüchte und Affären um ihre Person gehörten zum beliebten Gesprächsstoff in der preußischen Hauptstadt.

Voltaire. *Gemälde von Nicolas de Largilière, 1718. Versailles, Musée National des Chateaux de Versailles et de Trianon.* Der mehrjährige Aufenthalt Voltaires am preußischen Hof endete im tiefen Zerwürfnis mit dem König, das erst nach dem Siebenjährigen Krieg überwunden werden konnte. »... und man wird sehen, daß Ihre Werke es zwar verdienen, daß man Ihnen zu Ehren Statuen aufstellt, Ihr Verhalten es jedoch verdient, daß man Sie in Ketten legt.« Friedrich II. an Voltaire im Dezember 1752.

Moses Mendelssohn. *Gemälde von Johann Christoph Frisch, 1786. Berlin, Staatsbibliothek zu Berlin – Preußischer Kulturbesitz, Mendelssohn-Archiv.* Der jüdische Philosoph Moses Mendelssohn setzte sich im Zuge des Aufklärungsgedankens für die Emanzipation seiner Glaubensbrüder ein.

Immanuel Kant. *Gemälde von Hans Kurth, 1931. Berlin, Kant-Gymnasium. Kant in seiner Schrift »Was ist Aufklärung?« von 1784:* »Aufklärung ist der Ausgang des Menschen aus seiner selbst verschuldeten Unmündigkeit. Unmündigkeit ist das Unvermögen, sich seines Verstandes ohne Leitung eines andern zu bedienen. Selbstverschuldet ist diese Unmündigkeit, wenn die Ursache derselben nicht am Mangel des Verstandes, sondern der Entschließung und des Mutes liegt, sich seiner ohne Leitung eines andern zu bedienen. Sapere aude! Habe Mut dich deines eigenen Verstandes zu bedienen! Ist also der Wahlspruch der Aufklärung.«

»Kant und seine Tischgenossen« *Lithografie nach einem Gemälde von Emil Dörstling, 19. Jahrhundert.*

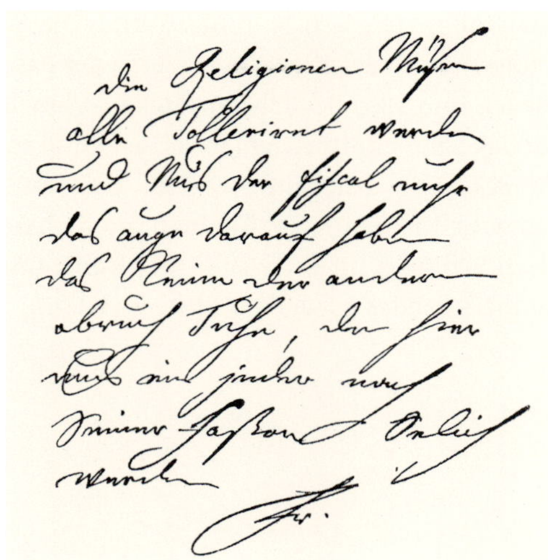

»die Religionen Müsen alle Tolleriret werden und mus der fiscal nuhr das auge darauf haben das keine der andern abruch Tuhe, den hier mus ein jeder nach Seiner Faßon Selich werden.« *Randbemerkung Friedrichs II. auf einer Beschwerdeschrift vom 22. Juni 1740.*

Irene Diekmann

Der Zerfall des alten Preußen

1786–1806

Zwanzig Jahre nachdem Friedrich II. zu Grabe getragen worden war, »wurde am 14. Oktober 1806 das alte Preußen begraben«, wie Theodor Fontane in seinen »Wanderungen durch die Mark Brandenburg« schrieb. Die Zeitspanne zwischen 1786 und 1806 umfasst die Regierungszeit Friedrich Wilhelms II. (1786–1797) und die ersten neun Regierungsjahre seines Sohnes Friedrich Wilhelm III. (1797–1806).

Während Friedrich Wilhelm II. als der »Vielgeliebte« oder der »Dicke« in die Annalen einging und seine Zeit gelegentlich als das »galante Preußen« bezeichnet wurde, nannte man Friedrich Wilhelm III. den »Melancholiker auf dem Thron«. »Untergang und Reformen« sind die Attribute, die seine Zeit charakterisieren.

Beide – Vater und Sohn – mussten verheerende Niederlagen hinnehmen: Friedrich Wilhelm II. 1792 in der Schlacht bei Valmy, Friedrich Wilhelm III. 1806 in der Doppelschlacht bei Jena und Auerstedt. Letztere wurde zum Synonym einer schmachvollen Niederlage schlechthin. Die jeweils folgenden Friedensschlüsse – 1795 der Baseler Frieden und 1807 der Tilsiter Frieden – brachten für das Land enorme Gebietsverluste und für die Bevölkerung drückende Lasten. Und doch trifft sowohl für Friedrich Wilhelm II. als auch für Friedrich Wilhelm III. zu, dass sie der Kunst und Kultur ihres Landes wieder zur Blüte verhalfen.

Friedrich Wilhelm II.

Friedrich Wilhelm II. wurde am 25. September 1744 als ältester Sohn des Prinzen August Wilhelm von Preußen in Berlin geboren. Er war der Enkel des Soldatenkönigs Friedrich Wilhelm I. und Neffe des seit vier Jahren regierenden Königs Friedrich II. 1751 erließ dieser, kinderlos, eigenhändige Instruktionen für die Erziehung seines Neffen und Thronfolgers. Friedrich Wilhelm erhielt sowohl eine umfassende militärische Ausbildung als auch Unterricht in Geschichte, Staatsrecht, Philosophie, Religion, Englisch, Französisch sowie Geometrie und Logik. Dennoch war der Onkel unzufrieden. Der Neffe dachte ihm nicht kühl genug und schien gerade in Finanzdingen nicht ausreichend vorbereitet zu sein. Friedrich II. verordnete eine weitere Ausbildung, denn nach seinen Vorstellungen waren geordnete Finanzen einer der Grundpfeiler des Staates. Das Geld musste vom künftigen König zusammengehalten werden, der 1758 mit der Verleihung des Titels »Prinz von Preußen« als Thronfolger designiert worden war. Friedrich II. zwang seinen Neffen 1765, die Ehe mit der Prinzessin Elisabeth von Braunschweig einzugehen. Ein Jahr zuvor hatte Friedrich Wilhelm II. die bis an sein Lebensende währende Bekanntschaft mit der 13-jährigen Wilhelmine Encke gemacht. Am 18. April 1769 wurde die Ehe des Thronfolgers mit Elisabeth geschieden, am 14. Juli des gleichen Jahres heiratete er die Prinzessin Friederike Luise von Hessen-Darmstadt. Auch diese Ehe war nicht gerade glücklich zu nennen. Es gingen aus ihr dennoch sechs Kinder hervor, so der am 3. August 1770 geborene spätere Thronfolger Friedrich Wilhelm III. Im gleichen Jahr kam es zu einem Treuegelöbnis zwischen dem Prinzen von Preußen und Wilhelmine Encke, die vermutlich 1770 eine früh verstorbene Tochter zur Welt gebracht hatte. Das hielt Friedrich Wilhelm II. jedoch nicht von weiteren Liebschaften und zwei morganatischen Ehen ab. Auf Grund dieser »schicksalhaft angeborene(n) überstarke(n) Triebhaftigkeit« (Gerd Heinrich) verlieh ihm das Volk den Beinamen der »Vielgeliebte«.

Neben der Liebe bestimmten Kabalen die Lebens- und Regierungszeit des Prinzen und späteren Königs von Preußen. Das Gerangel um den Einfluss auf ihn begann schon zu Lebzeiten Friedrichs des Großen; Namen wie Johann (Hans) Rudolph von Bischoffwerder und Johann Christoph von Woellner stehen als Synonyme dafür. Beide hatten religiös-spiritistische Neigungen und waren Mitglieder des Rosenkreuzerordens. Die Entstehungsgeschichte dieses Ordens reicht weit zurück und ist nicht vollständig rekonstruierbar. Im Verlaufe seiner etwa 500-jährigen wechselvollen Geschichte wurden zwar Schwerpunkte neu gesetzt, aber »gleichbleibend ist die Frage nach den Zusammenhängen zwischen Gott, Mensch und Kosmos« geblieben (Hans-Joachim Neumann). Der im 18. Jahrhundert entstandene Orden der Gold- und Rosenkreuzer erlebte zwischen 1756 und 1787 in Preußen seine Blütezeit. Seine Mitglieder hatten sich »der Mystik und Magie verschrieben, glaubten an geheime Naturkräfte und Geisterbeschwörungen und waren ausgesprochen elitär« (Hans-Joachim Neumann). Friedrich Wilhelm II. war durch Bischoffwerder und Woellner 1781 diesem Orden zugeführt worden, dessen Mitglied er bis zu seiner »Ernüchterung« 1792 blieb. Theodor Fontane, der in seinen »Wanderungen durch die Mark Brandenburg« auf die Rosenkreuzer näher einging, schrieb aus der Sicht der 1860er Jahre: »Ob Papismus und Jesuitismus dahintersteckten, war damals fraglich und ist fraglich geblieben, aber um Reaktion, um einen Kampf gegen die Neologen, gegen die Aufklärer und Freimaurer, gegen die Demokraten und Illuminaten handelte es sich allerdings, die alten Elemente in Staat und Kirche, ganz wie in unsern Tagen, nahmen einen organisierten Kampf gegen den Liberalismus in allen seinen Gestalten und Verzweigungen auf. Nur die Organisation war verschieden [...] damals geheim in Orden und Brüderschaften. Jede Zeit hat ihre Kampfesformen; der Kampf bleibt derselbe.«

Die Regierungszeit

Am 17. August 1786 starb Friedrich der Große. Noch am gleichen Tag bestieg der 42-jährige Prinz von Preußen als Friedrich Wilhelm II. den Thron und begab sich auf die übliche Huldigungsreise durch das Königreich. Der Zenit von Friedrichs Zeit, die als der aufgeklärte Absolutismus in die Geschichte einging, war längst überschritten; die letzten Jahre seiner Regierung wurden allgemein als bedrückend empfunden. Die Erwartungen an den Thronfolger waren groß. Sein Erbe bestand aus einem straff verwalteten, 195 000 Quadratkilometer umfassenden Staat mit einer Bevölkerung von 5,8 Millionen Einwohnern. Die Staatskasse war mit 51 Millionen Talern reichlich gefüllt; es stand eine ruhmreiche, fast 200 000 Mann starke Armee zur Verfügung – beste Voraussetzungen, das Werk des Onkels fortzusetzen.

Doch der Übergang war keineswegs nahtlos, er konnte sich gar nicht nahtlos vollziehen. Dies lag nicht nur darin begründet, dass der Neffe eine andere Persönlichkeitsstruktur aufwies. Die Zeiten hatten sich grundlegend verändert: neue Aufgaben standen zur Lösung an. Friedrich Wilhelm II. trat 1786 – drei Jahre vor dem Sturm auf die Bastille – das Erbe seines Onkels an. Im Gegensatz zu den Regierungsjahren seiner Vorgänger (so regierte der Große Kurfürst 48, Friedrich der Große 46 Jahre) bzw. an denen seines unmittelbaren Nachfolgers (die Regierungszeit Friedrich Wilhelms III. betrug 43 Jahre) blieben ihm nicht mehr als elf Jahre für eine mehr als schwierige Aufgabe, denn er übernahm die Macht in einem Staat, der, wie ganz Europa, reformbedürftig war.

Friedrich Wilhelm II. wurde »ein Herrscher des Nicht-mehr und des Noch-nicht« (Jobst Siedler), ein »Bürgerkönig in der Zeitenwende« (Gerd Heinrich). Kabale und Liebe – die Konstellation von Geheimbündlerei und offen ausgelebter Triebhaftigkeit schadeten seinem Ansehen und prägten vordergründig sein Bild für die Nachwelt. Er war »in der langen Kette der Hohenzollern-Dynastie ein schwaches Glied«, er verkörperte nicht das, was allgemein mit Preußen identifiziert wird. »Man kann König Friedrich Wilhelm II. getrost als ›preußische(n) Außenseiter‹ bezeichnen oder als den *anderen* Preußen, denn das ist er gewesen« (Hans-Joachim Neumann).

Anfangs schien es so, als würde der neue Monarch, der sofort mit der Rehabilitierung von Opfern seines Onkels begann, auch längst fällige Reformen in Angriff nehmen. Dazu gehörten u. a. die Modernisierung der Behörden des Staates, der Justiz und der Wirtschaftspolitik, aber auch im militärischen Bereich musste es Veränderungen geben. 1794 wurde dann zwar das Allgemeine Landrecht für die Preußischen Staaten veröffentlicht, mit dem der Boden für weitere Reformen bereitet worden war, doch allzu bald gewannen Hofintrigen, Vetternwirtschaft und Korruption die Oberhand. Zudem resultierten die ersten Maßnahmen wie die Aufhebung des staatlichen Monopols auf Kaffee und Tabak wohl auch aus dem Wunsche, sich beim Volk beliebt zu machen. In der Tat verhalfen sie dem König zu Popularität, verringerten aber die Einnahmen des Staates. Anfangs regierte auch der neue König wie der alte aus dem Persönlichen Kabinett heraus, das heißt, er bearbeitete die wichtigsten Staatsgeschäfte selbst und erließ entsprechende Anordnungen. Doch fehlten ihm im Vergleich zu seinem Vorgänger Ausdauer, Durchsetzungsfähigkeit, Konsequenz und Askese für diesen Regierungsstil. Schon bald wurden die Rosenkreuzer Woellner und Bischoffwerder die engsten Vertrauten und führenden Minister im Persönlichen Kabinett des Königs. Sie schirmten ihn vor den anderen Ministern zwecks Bewahrung ihrer eigenen Position ab. Unter dem Einfluss von Woellner betrieb der König eine antiaufklärerische Politik »im revolutionspräventiven Sinne« (Wolfgang Neugebauer). 1788 wurden das Religions- und das Zensuredikt erlassen – die Abkehr vom aufgeklärten Absolutismus war damit ein Jahr vor Ausbruch der Französischen Revolution vollzogen. »Das freigeistige Berlin wurde mit einem Mal auch Brutstätte des Rosenkreuzertums in Norddeutschland und der Hof des Mätressenkönigs Friedrich Wilhelm II. ein Tummelplatz der Geisterseher und Obskuranten« (Heinz Kathe).

Dominierte bereits seit dem Regierungsantritt Friedrich Wilhelms II. sein Logenbruder Woellner die Innenpolitik des Landes, so gewann mit seinem Generaladjutanten Bischoffwerder ab 1791 ebenfalls ein Rosenkreuzer entscheidenden Einfluss auf die Außenpolitik. Der von einer Intervention gegen das revolutionäre Frankreich abratende Außenminister Ewald Friedrich Graf von Hertzberg, der ein Misslingen befürchtete, wurde im Juli 1791 aus seinem Amt entfernt. Sein König wusste mit einer solchen kritischen Haltung nicht umzugehen. Noch im gleichen Jahr wurde die Pillnitzer Konvention zwischen Preußen und Österreich abgeschlossen. Beide Staaten proklamierten die monarchische Solidarität und erklärten sich zur Intervention gegen das revolutionäre Frankreich bereit. 1792 wurde die Konvention zu einem Freundschafts- und Schutzvertrag gegen Frankreich erweitert. Als Frankreich Österreich 1792 den Krieg erklärte, beteiligte sich Preußen als Österreichs Verbündeter an den Kampfhandlungen. Friedrich Wilhelm II. wurde als die am stärksten treibende Kraft beim Zustandekommen dieses Bündnisses bezeichnet. Tat er dies, um endlich auch militärisch glänzen zu können und sich Wünsche nach territorialen Gewinnen zu erfüllen? Beides war ihm seit seinem Regierungsantritt versagt geblieben. Seine Entscheidung für den Krieg endete 1792 in der Schlacht von Valmy. Von dieser hat Goethe später gesagt, dass von ihr eine neue Epoche der Weltgeschichte ausgegangen ist. Für Preußen und für Friedrich Wilhelm II. aber war sie ein Desaster und zugleich ein Menetekel. Der Rückzug der Verbündeten bedeutete für die sonst Sieg gewohnten Preußen, die zudem als im Besitz des besten Heeres der Welt galten, einen immensen Verlust an Ansehen als Militärmacht. Der Nimbus der Überlegenheit war zerstört. Preußen zählte von nun an zu den Mächten des »Ancien régime«, zu jenen also, die sich überlebt hatten. Das Kriegsabenteuer kostete Tausende das Leben und den Staat 13 Millionen Taler.

Doch nicht nur an der »Westgrenze« hatte Preußen sich mit einer veränderten Lage auseinanderzusetzen – dies galt ebenso für die »Ostgrenze«. Nach der 1772 erfolgten ersten polnischen Teilung drängte Russland in den folgenden Jahren auf die Eroberung weiterer polnischer Gebiete. 1791 schickten sich russische Truppen an, Polen zu besetzen, woraufhin auch preussische Truppen einrückten. In der Folge verständigten sich beide Staaten und beschlossen im Petersburger Vertrag vom 23. Januar 1793 die zweite Teilung Polens.

Während der Krieg an der »Westfront« aussichtslos schien, verließ Preußen 1794 diesen Kriegsschauplatz, um in die Ereignisse in Polen einzugreifen. Dort war es zu einem nationalpolnischen Aufstand gekommen, den die Preußen nur mit der Hilfe der russischen Armee niederschlagen konnten. Es folgte 1795 die dritte Teilung Polens, das damit bis zur Pariser Friedenskonferenz 1919 aufhörte, als Staat zu existieren. Durch die vielen Niederlagen war Friedrich Wilhelm II. kriegsmüde geworden und auch finanziell am Ende. Vor allem auf Anraten von Bischoffwerder entschloss er sich zu Friedensverhandlungen mit den französischen »Königsmördern«. Am 5. April 1795 wurde der Baseler Sonderfrieden vertraglich besiegelt. Statt territorialer Gewinne musste Preußen Frankreich seine linksrheinischen Gebiete überlassen und schied für zehn Jahre aus der Koalition gegen Frankreich aus. Friedrich Wilhelm II. wurde dafür als »Judas im Reiche« beschimpft.

Der Förderer der schönen Künste

Wirklich Neues entstand in der Regierungszeit Friedrich Wilhelm II. im Bereich der Künste, seine kurze Regierungszeit war für Kunst und Architektur in Preußen eine ausgesprochen wichtige Phase. Im Gegensatz zu seinem Onkel, der dem Französischen in jeder Beziehung den Vorrang gab, schätzte und förderte Friedrich Wilhelm II. deutsche Künstler. Dem Frühklassizismus verhalf er schnell zum Durchbruch und bewegte sich damit vollauf in den Zeittendenzen. Der König rief mit Friedrich Wilhelm von Erdmannsdorf 1786 einen Architekten nach Berlin, der in Dessau und Wörlitz seine außergewöhnliche Begabung bereits unter Beweis gestellt hatte. Als ersten Auftrag ließ er das Schlaf- und Arbeitszimmer Friedrichs II. in Sanssouci klassizistisch umgestalten. Aber Erdmannsdorfs Aufgabe bestand nicht so sehr in der des Baumeisters. Er sollte mit seinen Kenntnissen und Fähigkeiten sowie mit seinem Geschmack dazu beitragen, die in Berlin tätigen Architekten und Künstler anzuregen und zu bilden. Nach Berlin kamen auch die Baumeister Carl Gotthard Langhans aus Breslau und David Gilly aus Stettin sowie der Bildhauer Johann Gottfried Schadow. Der Maler Anton Graff aus Dresden malte zahlreiche Bilder der königlichen Familie. Auch Daniel Chodowiecki wurde mit seinen Kupferstichen ein weit über die Grenzen des Landes hinaus bekannter Künstler. Später kamen Friedrich Gilly und Karl

Friedrich Schinkel nach Potsdam bzw. Berlin. Diese Künstler und Architekten verwandelten mit ihren Werken Berlin in ein Zentrum der neuen Architektur. Für mehr als 5 Millionen Taler wurden Bauaufträge für öffentliche Gebäude vergeben. Langhans stellte 1793 das Brandenburger Tor fertig, Schadow schuf die Quadriga mit der Siegesgöttin darauf. In den Regierungsjahren Friedrich Wilhelms II. entstanden weitere Hauptwerke Schadows: das Grabmal des Grafen von der Mark (jenes Kindes des Königs mit der Gräfin Lichtenau, das er abgöttisch geliebt haben soll), das Marmorstandbild Friedrichs II. für Stettin und das Standbild des Generals Hans Joachim von Ziethen auf dem Berliner Wilhelmsplatz. Doch nicht nur in Berlin entstand Neues. In Potsdam rehabilitierte der König den Baumeister Carl von Gontard, der bei Friedrich II. in Ungnade gefallen war, und beauftragte ihn mit dem Bau des Marmorpalais, das sein neuer Wohnsitz und Rückzugsort wurde. Den Neuen Garten ließ er nach dem Vorbild der Anlage in Wörlitz gestalten. Zwischen Berlin und Potsdam wurde, seinem Auftrag entsprechend, 1790 die erste preußische Chaussee angelegt.

In Potsdam entstanden zudem die Alte Wache, ein persönliches Geschenk des Königs an sein ehemaliges Infanterie-Regiment, der Kutschstall am Neuen Markt, das Schauspielhaus sowie das Schauspielerwohnhaus und schließlich der Entwurf für die Nicolaikirche, der jedoch zu Lebzeiten Friedrich Wilhelms II. nicht mehr zur Ausführung kam. Nicht zu vergessen ist der Wiederaufbau Neuruppins – der sicherlich »reifste(n) Leistung des preußischen Provinzialstädtebaus im 18. Jahrhundert« (Ulrich Reinisch) –, das im Jahre 1787 durch einen Brand zu etwa zwei Dritteln zerstört worden war. 1829 ließ die Stadt ihrem Erbauer ein von Karl Friedrich Schinkel entworfenes und von Christian Fr. Tieck ausgeführtes Denkmal setzen, seit 1947 fehlt von der Bronzefigur jedoch jede Spur (1998 wurde ein Nachguss des Denkmals in Neuruppin aufgestellt). Auch das ländliche Bauen wurde durch den neuen, unaufwendigeren klassizistischen Baustil belebt. David Gilly gab 1798 ein »Handbuch der Landbaukunst« heraus. Sein Sohn, Friedrich Gilly, führte das Werk des Vaters fort und kann als einer der Wegbereiter der Denkmalpflege angesehen werden. Im Jahr des Regierungsantritts von Friedrich Wilhelm II. fand auch die erste Berliner Akademieausstellung statt, die danach regelmäßig im Ein- oder Zweijahresrhythmus über die künstlerische Entwicklung in Preußen informierte und die Kunst somit mehr denn je ins öffentliche Bewusstsein rückte.

Wie sein Flöte spielender und komponierender Onkel Friedrich II. war auch der Neffe musikalisch begabt und spielte Gambe und Cello. Überliefert ist, dass er das Cello wesentlich besser spielte als Friedrich II. die Flöte. So verwundert es nicht, dass er sich eine 70-köpfige Hofkapelle hielt und eine spektakuläre Aufführung von Händels Messias (190 Musiker und 100 Laiensänger, die den Chor verstärkten) organisieren ließ, womit er das Werk bekannt machte. Der König liebte die Musik Joseph Haydns, der ihm sechs Streichquartette gewidmet hat, und die Luigi Boccherinis, dem er 1787 eine Jahresrente aussetzte. Wolfgang Amadeus Mozart spielte dem König vor und erhielt den Auftrag zu Kompositionen. Nach Mozarts Tod hat Friedrich Wilhelm II. auch dessen Witwe finanziell unterstützt. Ebenso war Ludwig van Beethoven Gast am Hofe des Königs und gab im Marmorpalais auf einem Silbermann-Flügel ein beeindruckendes Konzert. Wie im Bereich der Architektur, so verhalf der König gerade auch deutschen Musikern und Dichtern wieder zu Ansehen. Schließlich berief er 1790 Carl Friedrich Zelter nach Berlin, unter dessen Leitung die Sing-Akademie große Popularität erlangte. 1796 konnte er August Wilhelm Iffland als Intendanten in die Residenzstadt verpflichten. An Stelle des zu klein gewordenen Theaters gab er Langhans den Auftrag, das Schauspielhaus am Gendarmenmarkt in Berlin zu bauen.

Seit 1794 hatte sich der Gesundheitszustand des Königs trotz mehrfacher Kuren in Bad Pyrmont ständig verschlechtert. Seine letzten Tage verbrachte er im Marmorpalais in Potsdam, wo ihn »seine« Wilhelmine – inzwischen geehelichte Madame Ritz bzw. in den Adelsstand erhobene Gräfin Lichtenau – hingebungsvoll pflegte. Der König litt unter Wassersucht, die ihm Atemnot verursachte. Am 15. November 1797 hatte er dem Sohn und Nachfolger seinen Segen gegeben und ihn ermahnt, dem Hause Brandenburg seinen Glanz zu erhalten. Der Gräfin Lichtenau deutlich seine Ablehnung zeigend, verließ der Thronfolger umgehend Potsdam, um am gleichen Abend in Berlin das Theater zu besuchen. Sein Biograf Thomas Stamm-Kuhlmann schreibt angesichts dieses Verhaltens Friedrich Wilhelms III.: »Sobald ihn großer Druck befiel, floh er in die Zerstreuung. Sein Hang, ins Theater zu gehen, hatte dieselbe Funktion wie seine später immer deutlicher hervortretende Neigung, während der Existenzkrisen seines Staates den Schnitt der preußischen Uniformen zu verbessern. Er wich auf Nebensächlichkeiten aus.«

In der Nacht rang Friedrich Wilhelm II. mit dem Tod. Am 16. November 1797 um 8.58 Uhr starb er im Alter von 53 Jahren.

Friedrich Wilhelm III.

Friedrich Wilhelm III. war noch unter den Instruktionen seines Großonkels Friedrich II. in Potsdam erzogen worden, in deren Mittelpunkt Sparsamkeit und militärische Ausbildung standen. Nach dem Tod Friedrichs, den er als 16-Jähriger erlebte, bestimmte sein Vater den sächsischen Reichsgrafen Karl Adolph von Brühl, Sohn des Grafen Heinrich von Brühl, eines Feindes Friedrichs II., zu seinem Erzieher. Der Kronprinz war ein nüchterner, dem Mystizismus seines Vaters ablehnend gegenüberstehender Mann. Ihm fehlte auch die Rücksichtslosigkeit und Verschlagenheit seines Großonkels. Seine Passion für das Militär allerdings wurde schon früh sichtbar, seine abgehackte Sprechweise schien dies noch zu unterstreichen. 1792 nahm er an den Kämpfen gegen die französische Revolutionsarmee teil und »wurde nicht nur gesprächsweise Zeuge der Unentschlossenheit seines Vaters« (Thomas Stamm-Kuhlmann). In diesen für Preußen turbulenten Zeiten war Friedrich Wilhelm II. bestrebt, den Thronfolger standesgemäß zu verheiraten. Im Dezember 1792 kam es in Frankfurt am Main zur ersten Begegnung zwischen dem Kronprinzen und den Schwestern Luise und Friedrike von Mecklenburg-Strelitz. Ein Jahr später, am 24. Dezember 1793, wurden Friedrich Wilhelm III. und Luise in Berlin vermählt.

Noch als Kronprinz erteilte er David Gilly den Auftrag, in Paretz ein Schloss im Stil eines märkischen Gutshauses zu errichten, das zum Lieblingsaufenthalt des Königspaares wurde. Es entsprach ganz dem bürgerlichen Anspruch Friedrich Wilhelm III., der jedoch nur bis zur Fassade reichte. Im Innern war das Schloss prachtvoll ausgestattet. Paretz und der nach dem frühen Tod seiner Frau einsetzende Luisenkult stehen nach wie vor als Synonyme für ländliche Idylle, Naturliebe sowie Einfachheit. Bis in unsere Tage zieht, nicht zuletzt auch durch die Beschreibungen Fontanes, dieser Ort viele Besucher an.

Friedrich Wilhelm III. begünstigte 1814 den Kult um die »mythisch überhöhte Monarchin« durch die Gründung des »Luisenordens für Verdienste preußischer Frauen besonders in Kriegszeiten« (Heinz Kathe). Ebenfalls 1797 war das wohl berühmteste Werk Johann Gottfried Schadows entstanden: das Doppelstandbild der Prinzessinnen Luise und Friederike von Preußen. Durch den frühen Tod Friedrich Wilhelms II. war aus der Prinzessin Luise die Königin Luise geworden. Ihr Gemahl kommentierte das ihm wohl zu freizügig gestaltete Standbild lapidar: »Ist mir fatal!« So wundert es nicht, dass es lange Zeit im

Abseits stand und erst 1918 im Parolesaal des Berliner Stadtschlosses aufgestellt wurde, für den es ursprünglich vorgesehen war.

Interessant ist, dass der sonst so den Gegensatz zu seinem Vater betonende König gerade die Pfaueninsel weiter pflegen ließ. Friedrich Wilhelm II. hatte sie 1793 erworben und zu einem gefälligen Park mit Gartenhaus und Meierei gestalten lassen. Die Vollendung des Lustschlosses, zu dessen Gestaltung die Gräfin Lichtenau beigetragen hatte, erlebte Friedrich Wilhelm II. nicht mehr. Für den Sohn wurde die Insel am Ende seines Lebens das, was Paretz ihm am Anfang war: ein Refugium, ein Ort der Stille, an den er sich oft zurückzog.

Künstlerisch wird die Regierungszeit dieses nüchtern denkenden und auf Sparsamkeit bedachten Königs als eine Zeit »höchster Blüte der Berliner Kunst« gesehen, vor allem ab 1820, als die wesentlichen kunsthistorischen Veränderungen stattfanden (Helmut Börsch-Supan).

Die Regierungsjahre

Friedrich Wilhelm III. übernahm 27-jährig am 16. November 1797 die Staatsgeschäfte. Kaum im Amt, ließ er die Gräfin Lichtenau noch im Marmorpalais verhaften, ihr Eigentum beschlagnahmen und sie aus Berlin nach Glogau ausweisen. Sie durfte auch die Leiche des Mannes nicht mehr sehen, den sie seit 33 Jahren kannte und mit dem sie sich im Geburtsjahr des neuen Königs ein Treuegelöbnis gegeben hatte. Später, im Jahre 1811, war dessen Groll abgeklungen und er gestand in einem Schreiben vom 28. Februar an den Geheimen Kabinettsrat Daniel Ludwig Albrecht ein: »Übereilt gehandelt damals, Sache übers Knie gebrochen.« Schon 1809 hatte Friedrich Wilhelm III. ihr die Rückkehr nach Berlin gestattet und sie für ihr 1797 konfisziertes Eigentum entschädigt. Die Gräfin Lichtenau überlebte ihren Geliebten um 23 Jahre. Der junge König, dem sein Vater Schulden in Millionenhöhe und keine »geordneten Verhältnisse« hinterlassen hatte, entfernte nicht nur die Mätresse vom Hof, sondern entließ ebenso die Minister Woellner und Bischoffwerder: »Die Mystiker gingen, die Nüchternen kamen« (Thomas Stamm-Kuhlmann). Die Frage, wie es mit Preußen weitergehen sollte, beherrschte das öffentliche Leben. Wie schon beim Regierungsantritt seines Vaters, so richteten sich nun alle Hoffnungen wieder auf den neuen König. Seine vorsichtigen Versuche, in Teilbereichen Reformen den Weg zu bahnen, reichten bei weitem nicht aus, den anstehenden grundsätzlichen Umbau des Staates zu bewirken, und scheiterten schon im Ansatz am Widerstand des Adels. Zwar wurde 1799 die Bauernbefreiung auf den Königlichen Domänen eingeleitet, der adlige Grundbesitz blieb aber unangetastet, so dass dort die erdrückende Abhängigkeit für die Bauern vorerst weiter bestand.

Dem Religions- und Zensuredikt von 1788 – formal nie aufgehoben – folgte 1798 das Vereinsedikt, das alle geheimen Gesellschaften und politischen Vereine verbot. Reformen waren auch am Heer vorbeigegangen. Schon lange war pedantischer Exerzierdienst wichtiger als Übungen unter kriegsmäßigen Bedingungen. Auch gab es kaum taktische Neuerungen. Weil überall gespart wurde, konnten, zugespitzt formuliert, die Kavalleristen nicht mehr richtig reiten und die Infanteristen nicht mehr richtig schießen, das vorrangig aus Adligen bestehende Offizierskorps glänzte vor allem durch Arroganz und Dünkelhaftigkeit – Lähmung allerorten. Friedrich Wilhelm III. hatte weder die Vision noch das Programm, mit dem es ihm durch entsprechende Reformen hätte gelingen können, die Ideen der Französischen Revolution für Preußen obsolet zu machen.

Auf dem Gebiet der Außenpolitik herrschte ebenfalls Perspektivlosigkeit. Friedrich Wilhelm III. hielt an der im Baseler Frieden von 1795 auferlegte Neutralität für Preußen fest. Das Land geriet dadurch immer mehr in die außenpolitische Isolierung. Die preußische »Schaukelpolitik« führte zu wechselnden Allianzen mal gegen, mal mit Frankreich. Nach der Schlacht bei Austerlitz mischte sich Napoleon immer stärker in die Angelegenheiten Preußens ein. Es gab in der preußischen Staats- und Militärführung unterschiedliche Auffassungen, wie man dem begegnen sollte – abwehren oder »zusammenarbeiten«, was auf eine freiwillige Unterwerfung hinausgelaufen wäre. Als man in Berlin vom Doppelspiel Napoleons erfuhr, der das Kurfürstentum Hannover sowohl Preußen als auch England in Aussicht gestellt hatte, reagierte Friedrich Wilhelm III. am 9. August 1806 mit der Mobilmachung. Er hoffte, mit dieser Drohgebärde Napoleon zum Einlenken zu bewegen. Als dieser jedoch Anlass zu der Vermutung hatte, dass es zwischen Russland und Preußen zu einem geheimen Bündnis gekommen sei, ordnete er seinerseits eine Truppenkonzentrierung an. Preußen stellte Frankreich ein auf den 8. Oktober 1806 befristetes Ultimatum, dass Frankreich seine Truppen auf das linke Rheinufer zurückziehen sollte. Als dies nicht geschah, erfolgte am 9. Oktober die überstürzte Kriegserklärung.

Schon fünf Tage später, am 14. Oktober 1806, brach das preußische Heer in der Doppelschlacht bei Jena und Auerstedt fast widerstandslos zusammen. Von den in der Schlacht bei Jena (eigentlich handelt es sich um eine zusammenfassende Bezeichnung für vier verschiedene Gefechte) auf preußischer Seite kämpfenden rund 53 000 Soldaten fielen etwa 10 000. Weitere 10 000 gerieten in Gefangenschaft. Napoleon verfügte in dieser Schlacht über insgesamt 95 600 Mann, von denen aber nur 54 000 unmittelbar eingesetzt wurden. Die Franzosen hatten etwa 7 500 Tote und Verwundete zu beklagen.

In Auerstedt war die preußische Seite mit 49 800 Soldaten der französischen Truppe mit 27 300 Mann weit überlegen. Doch die Unfähigkeit der preußischen militärischen Führung führte zur Niederlage. Es war der Tag, so Theodor Fontane in seinen »Wanderungen«, an dem das alte Preußen begraben wurde. 10 000 preußische Soldaten waren gefallen oder waren verwundet worden, 3 000 gerieten in Gefangenschaft. Die Franzosen verloren ein Viertel ihrer kämpfenden Truppe. Clausewitz bemerkte angesichts dieser katastrophalen Niederlage später, dass die preußische Armee wie nie eine Armee vor ihr auf dem Schlachtfeld durch eine unüberbietbare Einfallsarmut der Führung selbst zugrunde gerichtet worden ist.

Während Napoleon und die Franzosen in Berlin und Potsdam Einzug hielten, waren Friedrich Wilhelm III. und Königin Luise nach Königsberg geflüchtet. Was diese Niederlage für Preußen bedeutete, machen die Bestimmungen des Tilsiter Friedens vom 9. Juli 1807 ersichtlich, ganz abgesehen von den äußeren demütigenden Umständen der Vertragsverhandlungen für die ehemalige europäische Großmacht. Daran konnte auch das Treffen zwischen Napoleon und Luise am 6. Juli nichts mehr ändern. Etwa die Hälfte des Territoriums (158 008 von 314 448 Quadratkilometern) ging verlustig. Dementsprechend veränderte sich die Bevölkerungszahl von 9 977 470 im Jahre 1804 auf 4 559 306 im Jahre 1806. Die ungeheuren Natural- und Geldlieferungen, die nach Frankreich flossen, bluteten das Land weiter aus. Die Existenz des einst aufstrebenden und dann mächtig gewordenen preußischen Staates stand auf dem Spiel.

Das alte Preußen gab es nicht mehr, es war ausgeschieden aus dem System der europäischen Großmächte. Die großen Zeiten schienen vorbei. Doch es kündigte sich Neues an, Neues war nötig, damit Preußen wie ein Phönix aus der Asche steigen konnte. Friedrich Wilhelm III. sollte diese neuen Zeiten als König erleben: Er war kein großer König, aber ein König in Preußens großer Zeit.

Wilhelmine Encke, spätere Gräfin Lichtenau, Mätresse des Königs. *Gemälde von Anton Graff, 1788. Berlin, Berlin-Museum.* Die Anfänge der Liebesbeziehung zwischen Friedrich Wilhelm II. und der »schönen Wilhelmine« reichten zurück bis in die sechziger Jahre. Obwohl der König ein sehr unregelmäßiges Privatleben führte – zu den zwei standesgemäßen Verbindungen kamen zwei morganatische Ehen –, blieb die Liaison mit der Bürgerlichen Encke bis zum Tode Friedrich Wilhelms II. bestehen. Die 1794 in den Adelsstand erhobene Wilhelmine Encke, nun Fürstin Lichtenau, wurde nach 1797 von König Friedrich Wilhelm III. vom Hof verbannt und für zehn Jahre in Festungshaft genommen.

Friedrich Wilhelm II. als Prinz von Preußen. »Mein Neffe wird den Schatz verschwenden, die Armee ausarten lassen. Die Weiber werden regieren, und der Staat wird zugrunde gehen.« Friedrich II. über seinen Nachfolger, 1785. *Gemäldeskizze von Anna Dorothea Therbusch, um 1780. Berlin, Stiftung Preußische Schlösser und Gärten Berlin-Brandenburg, Schloss Charlottenburg.*

»Die Falle von Grandpré«. Französisches Spottblatt auf den Rückzug der preußischen Armee nach der Niederlage von Valmy am 20. 9. 1792. *Kolorierte Radierung, 1792.*

Paul Erdmann, Bauer auf dem Gut der Hochheims, feiert mit der Herrschaft sein Jubiläum. *Radierung von Daniel Nikolaus Chodowiecki, 1783.*

Gutsbesitzer hoch zu Ross. *Radierung von Daniel Nikolaus Chodowiecki, 1796.* Im agrarischen Preußen blieben bis ins frühe 20. Jahrhundert hinein die feudalen Strukturen erhalten.

Symbolische Darstellung der Stände im 18. Jahrhundert. *Holzstich, um 1795*

»Jobs als Schulmeister« aus: »Die Jobsiade« von Karl Arnold Kortun aus dem Jahre 1799. *Gemälde von Johann Peter Hasenclever, um 1846. Düsseldorf, Kunstmuseum Düsseldorf im Ehrenhof.*

Die Sing-Akademie am Festungsgraben. *Lithografie, um 1830.*

August Wilhelm Iffland in der Rolle des »Bittermann« in »Menschenhaß und Reue«. Der Schauspieler und Bühnenschriftsteller Iffland leitete seit 1796 das Königliche Nationaltheater in Berlin *Federlithografie, um 1810.*

Carl Friedrich Zelter. *Bleistiftzeichnung von Wilhelm Hensel, 1829.* Zelter, ein enger Freund Goethes, war an der Sing-Akademie in Berlin tätig und trug maßgeblich zur Herausbildung einer deutschsprachigen Musikkultur bei.

Henriette Sontag, deutsche Sopranistin. *Gemälde von Karl Christian Aubel, 1833.* Die »göttliche Jette« stieg zur gefeierten Koloratursängerin ihrer Zeit auf. 1825/26 hatte sie ein Engagement in Berlin.

Parade auf dem Opernplatz in Berlin (Detail). *Gemälde von Franz Krüger, 1824-1830.* In der Publikumsgruppe sind Johann Gottfried Schadow, Karl Friedrich Schinkel und Christian Rauch zu erkennen. *Berlin, Staatliche Museen zu Berlin – Preußischer Kulturbesitz, Nationalgalerie.* Die Werke der Bildhauer Schadow (Quadriga auf dem Brandenburger Tor) und Rauch (Reiterstandbild Friedrichs II. Unter den Linden) wurden zu Exponenten des klassizistischen Berlins, dessen Stadtbild durch den Baumeister Karl Friedrich Schinkel entscheidend geprägt wurde.

E. T. A. Hoffmann (links) mit dem Schauspieler Ludwig Devrient im Weinkeller von Lutter und Wegner in Berlin. *Nach einem Aquarell von Carl Themann, 1. Hälfte 19. Jahrhundert.*

E. T. A. Hoffmann. *Zeichnung von Wilhelm Hensel, um 1818.* Der Kammergerichtsrat Hoffmann betätigte sich als überaus produktiver Schriftsteller, Komponist und Zeichner.

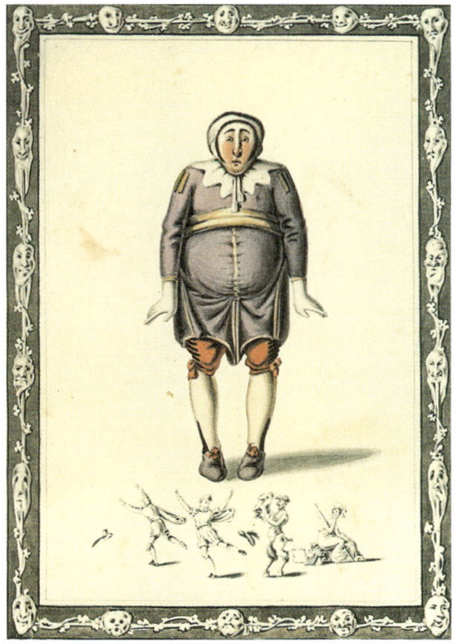

»Pasquin aus dem Singspiel Michel Angelo, nach Herrn Unzelmanns Darstellung.« *Zeichnung Hoffmanns aus »Sammlung grotesker Gestalten nach Darstellungen auf dem Königlichen National-Theater in Berlin« von 1808.*

Karl Wilhelm Unzelmann, Schauspieler am Königlichen Schauspielhaus zu Berlin. *Lithografie, um 1855.*

Achim von Arnim. *Gemälde von Peter Eduard Ströhling, 1804. Frankfurt am Main, Frankfurter Goethe-Museum mit Goethe-Haus.* Gemeinsam mit Clemens Brentano gab der Schriftsteller Arnim zwischen 1805 und 1808 die Volksliedersammlung »Des Knaben Wunderhorn« heraus.

Clemens Brentano. *Holzstich von Laufer, 1. Hälfte 19. Jahrhundert.*

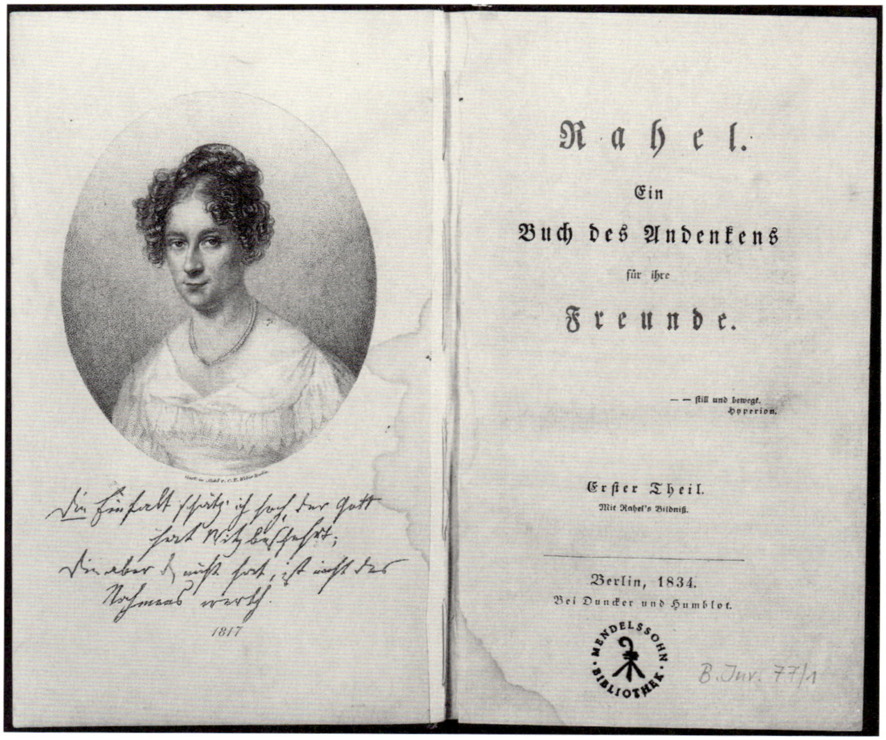

Rahel Varnhagen. *Frontispizporträt aus »Rahel. Ein Buch des Andenkens für ihre Freunde« von 1834.*

Bettina von Arnim. *Radierung von Ludwig Emil Grimm, um 1809.* Bettina von Arnim war die Schwester Brentanos und betätigte sich wie ihr Mann Achim literarisch.

»Geselligkeit bei Rahel Varnhagen«. *Radierung von Erich M. Simon, o. J.* Seit dem Ende des 18. Jahrhunderts wuchs Berlin zu einem Zentrum der Salonkultur heran. Der gesellschaftliche Zirkel um Rahel Varnhagen, der Frau des preußischen Diplomaten und Schriftstellers Karl August Varnhagen von Ense, gehörte zu den bekanntesten der Hauptstadt.

Heinrich Heine. *Federzeichnung von Franz Theodor Kugler mit einer Widmung Heines vom 6. April 1829.*

Friedrich Karl von Savigny. *Porträtzeichnung von Franz Krüger, um 1830.* Der Rechtsgelehrte Savigny war zwischen 1842 und 1848 preußischer Justizminister.

Ludwig Börne (eigentlich Löb Baruch). *Lithografie nach einem Gemälde von Moritz Daniel Oppenheim, 1830.* Als politisch engagierter Schriftsteller wurde Börne zu einem der Hauptvertreter des Jungen Deutschland.

Alexander von Humboldt. *Gemälde von Friedrich Georg Weitsch, 1800. Berlin, Staatliche Museen zu Berlin – Preußischer Kulturbesitz, Nationalgalerie.* Von 1799 bis 1804 durchquerte Humboldt den südamerikanischen Kontinent. Seine Untersuchungen zur Klimakunde und zur Pflanzenmorphologie gelten als Meilensteine der modernen Forschung.

»Das Innere des Palmenhauses«. *Gemälde von Karl Blechen, 1834. Berlin, Staatliche Museen zu Berlin – Preußischer Kulturbesitz, Nationalgalerie.* Das 1830/31 errichtete Palmenhaus beherbergte eine umfangreiche Palmensammlung, die Friedrich Wilhelm III. in Paris erstanden hatte. »Die tropischen Gewächse wurden mit manchem Ach des Entzückens bewundert. Man träumte, in Indien zu sein, und sah mit einer Mischung von Lust und Grauen die südliche Tierwelt, Alligatoren und Schlangen, ja das wunderbare Chamäleon, das opalisierend oft alle Farben der blühenden Umgebung widerzuspiegeln schien.« August Kopisch, Die Königlichen Schlösser und Gärten zu Potsdam, 1854.

Friedrich Wilhelm III. und Königin Luise im Park von Schloss Charlottenburg. *Gemälde von Friedrich Georg Weitsch, 1799. Berlin, Stiftung Preußische Schlösser und Gärten Berlin-Brandenburg, Schloss Pfaueninsel.*

Einzug Napoleons in Berlin am 27. Oktober 1806. *Gemälde von Charles Meynier, 1810. Musée National des Châteaux de Versailles et de Trianon.* »Das Unglück ist geschehen, die Opfer sind gefallen, meine einzige Hoffnung, daß der gute Mut und Sinn der unsern im Momente hoher Tätigkeit über die Altersschwäche unsrer Kriegseinrichtung und Kunst siegen könnte, sie in dem Moment verjüngen könnte, ist verschwunden ... Jetzt sehen wir kalt in die bodenlose Tiefe.« Achim von Arnim, 1806.

Napoleon I. in der Schlacht bei Jena und Auerstedt am 14. Oktober 1806. *Radierung nach einem Gemälde von Horace Vernet, 1. Hälfte 19. Jahrhundert.* »Die preußische Armee ist bereits abgeschnitten! Wie die des General Mack heute vor einem Jahr. Sie kämpft nur, um sich durchzuschlagen und ihre Verbindungen wiederzugewinnen. Fürchtet Euch nicht vor der berühmten Kavallerie des Feindes! Setzt ihr die Bajonette Eurer Karrees entgegen!« Aufruf Napoleons an seine Soldaten vor der Schlacht bei Jena und Auerstedt.

»Der Pferdedieb von Berlin«. Karikatur auf Napoleons Raub der Quadriga vom Brandenburger Tor 1806. *Radierung, um 1813.*

»Napoleon I. empfängt Königin Luise in Tilsit am 6. Juli 1807«. *Gemälde von Nicholas Gosse, 1837. Musée National des Châteaux de Versailles et de Trianon.* »Meine Freundin, die Königin von Preußen, hat gestern mit mir diniert. Ich mußte mich tüchtig wehren, da sie mich zwingen wollte, noch einige Zugeständnisse zugunsten ihres Mannes zu machen. Aber ich war galant und hielt mich an meine Politik!« Brief Napoleons an Kaiserin Josephine vom 7. Juli 1807.

Jürgen Luh

Die Zeit der Reformen

1806–1812

Der schmähliche Zusammenbruch der preußischen Armee und Beamtenschaft im Oktober 1806 nach der Doppelschlacht von Jena und Auerstedt rückte vorübergehend eine kleine Gruppe von Reformern in den Mittelpunkt des politischen Geschehens, die sich zum Ziel gesetzt hatten, den Hohenzollernstaat nachhaltig umzugestalten. Ihre Entwürfe zur künftigen gesellschaftlichen und administrativen Strukturierung waren maßgeblich beeinflusst von der französischen Besatzungszeit sowie der wachsenden Staatsverschuldung, die Preußen im folgenden Jahrzehnt bis an den Rand des Bankrotts führen sollte.

Die Reformvorhaben dieser hohen Amtsträger sind in einer ganzen Reihe bekannter Gesetze und Konzepte zur Verwaltung, zur Sozialverfassung wie auch zur Regierungsverfassung überliefert. Dazu gehören das Oktoberedikt und das Regulierungsedikt, die Städte- und Gesindeordnung, das Gendarmerie-Edikt, die Judenemanzipation sowie die Gedanken zur Verfassungs-, Verwaltungs-, Heeres- und Bildungsreform. Ein ganzes Bündel von Neuerungen – aber haben sie Preußen so modern gemacht, wie sein Mythos besagt?

Die Humboldtsche Bildungsreform

Sehr lange wirksam, bis in die Zeit nach dem Zweiten Weltkrieg nämlich, waren die Grundsätze der großen Bildungsreform, die Wilhelm von Humboldt, 1809/10 preußischer Unterrichtsminister, auf den Weg brachte. Das Bildungskonzept, das er vertrat, rückte, von Pestalozzi und Fichte beeinflusst, das unabhängig und frei denkende Individuum in den Mittelpunkt. Es ging um die allseitige Entwicklung der Persönlichkeit. Bildung und Wissenschaft in Humboldts Sinne waren deshalb vor allem Selbstzweck; Relevanz und praktischer Nutzen waren nebensächlich. Dadurch, dass man die Werke großer Geister las, sie auf der Theater- oder Opernbühne sah und sich anschließend damit gedanklich auseinandersetzte, sollte der Verstand geschärft und erzogen werden. Die Wissenschaft sollte völlig ungebunden nach Wahrheit suchen. Die Erkenntnisse, die auf diese Weise der Einzelne gewann, kamen nach Überzeugung der damaligen Bildungspolitiker auch der Gesellschaft zugute.

Das antike Griechenland stand am Beginn der abendländischen Zivilisation, es verkörperte das »Ideal der entfalteten Allseitigkeit« und wurde den Reformern um Humboldt zum wertvollen Leitbild. Vor allem die griechische Sprache galt es zu erlernen. Denn diese zu beherrschen, so kompliziert und klar wie sie war, befähigte zu logisch-analytischem Denken. Deshalb konnte Humboldt sagen: »Dem Tischler kann auch Griechisch gelernt zu haben ebensowenig unnützlich seyn, als Tische zu machen dem Gelehrten.« Dieses Bildungsideal, das bald auf das Studium der lateinischen Sprache und die Sprachen des alten Orients ausgedehnt wurde, nahm hier seinen Ursprung. Aufgrund dieser intensiven Beschäftigung mit der Antike muss, wer sich in der Welt mit den alten

Kulturen Vorderasiens und des Nahen und Mittleren Ostens beschäftigt, noch heute weiterhin Deutsch lesen, manchmal sogar sprechen können.

Humboldts Aussage über die griechische Sprache machte aber auch die Reichweite der Reformidee deutlich. Jeder sollte daraus Nutzen ziehen. Wollte ein Tischler Griechisch lernen, musste er die Freiheit besitzen, dies zu tun. Die aber konnte damals nur der Staat geben und gewährleisten. Alle anderen Reformunternehmen – Bauernbefreiung, Heeresreform, Verfassungsreform – durchzuführen, zumindest aber zu beginnen, war für die Reform des Bildungswesens also Voraussetzung. Der Staat, so das Ansinnen des Kreises um Humboldt, sollte deshalb Freiheit und Bildung für alle zu seinem Anliegen erheben, weil es in seinem ureigensten Interesse liege.

Zunächst ordnete man das Schulsystem neu. Die Lateinschulen verschwanden nach und nach. An ihre Stelle trat das neue Gymnasium mit neuem Lehrpersonal. Ab 1810 mussten Gymnasiallehrer erstmals einen Eignungstest ablegen: das Staatsexamen. Zur gleichen Zeit führte man Modelllehrpläne ein und 1812 die Abiturprüfung. Der Staat sicherte diese Umgestaltung finanziell, ebenso die Verbesserung der Volksschulen, die im ganzen Land neu entstanden. Sie sollten die geistigen Grundlagen schaffen, die für einen eventuellen Übertritt ins Gymnasium nötig waren; aber mehr noch ein solides, in sich abgeschlossenes Grundwissen vermitteln. Jedoch war vorerst auch hier die Ausbildung der Lehrer wesentlich, nicht die der Schüler. Aus den bislang ungeschulten, häufig ungebildeten Volksschullehrern sollte »ein systematisch ausgebildeter Stand von Fachleuten werden«. Man kann sich leicht vorstellen, dass dies einige Zeit dauerte. Zwischen 1807 und 1813 waren praktische Veränderungen kaum feststellbar. Nur bei der Schulverwaltung und Schulaufsicht gab es messbare Fortschritte: Beim Innenministerium wurde eine eigene Sektion für Unterricht und Kultus eingerichtet. 1810 wurde die Berliner Universität gegründet, trotz leerer Staatskassen und der hohen Kriegskontributionen, die Preußen an Frankreich zahlen musste. Der Staat leistete sich diese Universität, weil sie, wie Humboldt schrieb, »eines der vorzüglichsten Mittel [war], durch welches Preußen die Aufmerksamkeit und Achtung Deutschlands für sich gewinnen« konnte. Die Anfänge waren allerdings bescheiden: Es gab drei theologische und drei juristische Professuren, sechs medizinische, zwölf philosophische und 250 Studenten. »Aber es war ein neuer Typ von Universität, der die institutionellen Konsequenzen aus den neuen Ideen zog und der für das ganze Jahrhundert dann exemplarisch wurde« (Thomas Nipperdey).

Die Heeresreform

Eine andere Idee der Reformzeit ist – von einer knapp zwanzigjährigen Unterbrechung nach dem Ersten Weltkrieg abgesehen – beispielhaft bis heute geblieben: die Idee der allgemeinen Wehrpflicht. Sie gilt als ein Grundpfeiler der Demokratie, denn sie bindet den Bürger in die Verteidigung seines Staates ein und verhindert dadurch, dass sich das Militär zu einem Staat im Staate auswachsen kann. Doch eine demokratische Gesellschaft zu entwickeln, war vorderhand nicht das Ziel der Militärreformer um Scharnhorst, Gneisenau, Grolmann, Clausewitz und Boyen. Sie wollten etwas anderes erreichen: Die alte Armee Friedrichs des Großen sollte den modernen Entwicklungen des Kriegswesens angepasst werden. In den Koalitionskriegen, den Feldzügen Englands, Russlands, Österreichs und Preußens gegen das revolutionäre Frankreich, war offenbar geworden, dass das stehende Heer des Absolutismus gegen das Aufgebot der »Levée en masse« kaum noch Erfolg versprach. Verantwortlich dafür waren vorrangig zwei Gründe. Die französischen Heere waren ihren Feinden fast immer zahlenmäßig überlegen, und der innere Zusammenhalt und die

Motivation der Franzosen, bei denen der Gedanke von Freiheit und Gleichheit enorme Triebkräfte entfaltete, übertraf den Korpsgeist der Koalitionsarmeen bei weitem. Die französischen Soldaten waren jetzt Bürger, keine Untertanen mehr, und kämpften deshalb aus freien Stücken und mit Enthusiasmus. Ihre erfolgreiche Schützen- oder Tirailleurtaktik setzte auf Selbstständigkeit und Gleichrangigkeit des Individuums, nicht auf das alte System von privilegierten Offizieren und seelenlosen Soldaten, wie es seit Friedrich Wilhelm I. in der preußischen Armee gang und gäbe war.

Schon lange vor der Demütigung bei Jena und Auerstedt hatte Scharnhorst einen Plan zur vollständigen Umgestaltung der inneren Struktur der Armee entworfen. Nur noch preußische Untertanen sollten Soldaten werden, die Werbung fremder Söldner sollte man aufgeben. Auf diese Weise wollte Scharnhorst ein patriotisches Volksheer schaffen; in der Armee sollten alle unterschiedslos dienen, mit denselben Rechten und Pflichten. Offizierskorps wie Beamtenschaft jedoch lehnten dieses moderne, gleichmacherische Ansinnen ab.

Erst nach der fatalen Niederlage 1806 erhielt Scharnhorst seine Chance. In der Militärkommission, die Preußens Armee reorganisieren sollte, setzte er sich gemeinsam mit Gneisenau erneut für eine Umgestaltung der Armee ein. Unter dem Druck der äußeren Verhältnisse konnten beide Reformer dieses Mal die Zustimmung des Königs zu ernsthaften Neuerungen erhalten. Durch die Kabinettsordern vom 3. und 6. August 1808 wurden die Veränderungen eingeführt. So wurde die Kompagniewirtschaft, Ursache so vieler Ungerechtigkeiten, kassiert; der Staat zahlte jetzt Offizieren feste Gehälter und den Mannschaften die Löhnung. Außerdem wurde das alleinige Anrecht des Adels auf Offiziersstellen abgeschafft. Auch Bürgerliche konnten und sollten von nun an die Offizierslaufbahn einschlagen. Denn, so Gneisenau, »die neue Zeit braucht mehr als nur alte Titel und Pergamente, sie braucht frische Tat und Kraft«. Unwürdige Zwangsmaßnahmen wie Prügelstrafe und Spießrutenlauf wurden dementsprechend aus dem Strafkatalog der Armee gestrichen, der Fahneneid nunmehr auf »König und Vaterland« geleistet. In der Kabinettsorder Friedrich Wilhelms III. vom 3. August 1808 hieß es sogar, dass gemäß der französischen Militärverfassung von 1793 zukünftig die ausnahmslose und allgemeine Wehrpflicht eingeführt werden sollte. Der erste Schritt in diese Richtung sollte das so genannte »Krümpersystem« sein. Danach sollte in einem regelmäßigen Turnus eine Anzahl von Soldaten beurlaubt und dieselbe Menge für kurze Zeit eingezogen und ausgebildet werden. Damit konnte man einen Großteil der wehrfähigen Bevölkerung militärisch schulen, ohne dass die preußische Heeresstärke die von Napoleon zugestandenen 42 000 Mann überstieg.

Widerstand gegen die Reformmaßnahmen blieb natürlich nicht aus. Gegen die Verbürgerlichung des Offizierskorps polemisierte der konservative Adel postwendend. General Yorck, der durch die Konvention von Tauroggen berühmt werden sollte, fragte Prinz Wilhelm süffisant: »Wenn Eure Königliche Hoheit mir und meinen Kindern unsere Rechte nehmen, worauf ruhen dann die Euren?« Da dieser offene Protest aber erfolglos blieb, untergrub man den Geist des Gesetzes auf »demokratische« Weise. Das Offizierskorps besaß jetzt das Recht, aus geprüften Fähnrichen einen geeigneten auszuwählen, und es suchte meist den von Adel aus. Bürgerliche Offiziere waren im preußischen Heer noch viele Jahre die Ausnahme.

Auch mit der allgemeinen Wehrpflicht ging es nicht so schnell voran, wie die königliche Order von 1808 vermuten ließ. Friedrich Wilhelm III. war der allgemeine Dienst an der Waffe kein dringliches Anliegen. Dass die Wehrpflicht 1813 bzw. 1814 dennoch eingeführt wurde, geht einmal mehr auf einen Anstoß von außen zurück. Im Zuge der »preußischen Erhebung« gegen die französische Fremdherrschaft schien es dem König am 9. Februar 1813 opportun, die Ausnahmen vom Wehrdienst abzuschaffen. Preußen brauchte jetzt jeden Mann unter Waffen. Ungediente sowie alle diejenigen, die man bislang nicht einberufen hatte, teilte man der »Landwehr« zu, die Heimatarmee und Reserve fürs Feldheer zugleich war. In ihr konnten tatsächlich gebildete Bürger zu Offizieren werden. »Das war die Truppe, in der sich die Philosophie der Reformer, Volk und Armee zu verbinden, am stärksten realisierte« (Thomas Nipperdey). Vielleicht kamen Friedrich Wilhelm gerade deswegen Bedenken. Im Mai 1814 jedenfalls wurde die allgemeine Wehrpflicht zurückgenommen, aber nur, um im September desselben Jahres dank der Hartnäckigkeit des Kriegsministers Boyen dann doch zum Gesetz zu werden. Boyen hatte den Moment gut gewählt, denn der König wollte Preußens Forderungen bei den Wiener Friedensverhandlungen Nachdruck verleihen. Eine große, kostengünstige Armee war dazu gerade richtig. Die Landwehr allerdings, das Milizsystem, auf dem die Reformer die preußische Militärverfassung eigentlich gründen wollten, fiel nach 1815 der Reaktion zum Opfer. Das Heer blieb noch bis zum Ersten Weltkrieg von König und Adel bestimmt.

Dass dies der Fall war, dass sich das Bürgertum gegen den Adel nicht durchsetzen konnte, hing eng mit den übrigen Reformen zusammen, die in jener Zeit in Preußen durchgeführt wurden. Deren Wirkung war weitaus geringer, als häufig angenommen. Die Diskrepanz zwischen beabsichtigten Neuerungen und tatsächlichen Veränderungen war gewaltig. Nur wenige Ideen konnten verwirklicht werden.

Die Bauernbefreiung

Die einzige größere Reform, die Bauernbefreiung auf den staatlichen Domänen, ist schon vor 1806 durchgeführt worden. Allerdings hatte man nicht gewagt, die auf den Domänen erfolgten Dienstaufhebungen und teilweisen Eigentumsverleihungen der Öffentlichkeit bekannt zu machen. Über 50 000 Domänenbauern erhielten damals freies Eigentum. Ein relativer Erfolg, den die Reform der Agrarverfassung, die eigentliche »Bauernbefreiung«, nicht für sich verbuchen konnte.

Am Freiherrn von und zum Stein, dem bedeutendsten aller preußischen Reformer, hat das sicher nicht gelegen. Seine Ideen und Gedanken waren weitreichend, aber er bekam nicht genug Zeit und hatte auch nicht die Macht, sie vollständig zu verwurzeln. Im Oktober 1807 zum Ministerpräsidenten des preußischen Staates erhoben, wurde er schon im November 1808 von seinen innenpolitischen Gegnern, darunter Königin Luise, gestürzt. Wie Clausewitz und andere Reformer ging er resigniert nach Russland.

Dass Stein überhaupt Gelegenheit erhielt, seine Pläne umzusetzen, verdankte er nicht dem König. Der hatte ihn für einen »Jakobiner« gehalten und bereits Anfang 1807 einmal aus dem Staatsdienst entlassen – weil Stein sich damals geweigert hatte, einem Ministerrat beizutreten, dessen Protokollführer und mächtigster Mann des Königs Liebling war, der Kabinettsrat Beyme. Nach einer Äußerung Friedrich Wilhelms aus dem Jahr 1810 ging die Ernennung Steins auf eine Intervention Napoleons zurück. Der Kaiser der Franzosen habe Stein als allgemein geschätzte Persönlichkeit empfohlen, das sei ausschlaggebend gewesen. Jetzt musste Beyme gehen – er wurde zum Präsidenten des Kammergerichts befördert –, das Ministerium nach Steins Vorstellungen in ein kollegiales Organ, ohne Premier, umgewandelt. De facto aber stand Stein an dessen Spitze. Zehn Tage, nachdem er die Regierung übernommen hatte, erging am 9. Oktober 1807 das Edikt »den erleichterten Besitz und den freien Gebrauch des Grundeigentums sowie die persönlichen Verhältnisse der Landbewohner betreffend«. Seine Bestimmungen legten fest, dass mit dem Martinitage 1810 alle Gutsuntertänigkeit in sämtlichen Staaten Preußens aufhörte. »Nach dem Martinitage 1810«, so hieß es wörtlich, »gibt es nur noch freie Leute.« Außerdem wurde die Freiheit des Güterverkehrs propagiert – alle, Adlige, Bürger und Bauern, durften nun Grund und Boden erwerben bzw. verkaufen. Zu guter Letzt gewährte das Edikt noch die freie Berufswahl.

Das hörte sich gut und fortschrittlich an und war auch so gedacht. Das neue Gesetz hob in der Tat die Schollenpflicht der Bauern ein für allemal auf. Für deren Kinder gab es nun keinen Gesindezwangsdienst mehr und die Zustimmungspflicht der Herrschaft bei Veräußerung oder Verpfändung bäuerlichen Bodens entfiel, ebenso die zur Heirat. Doch das Edikt ließ die Frage offen, wie man mit den vielen Abstufungen der ländlichen Eigentumsverhältnisse umgehen sollte. »Die Verbindlichkeiten, die den Befreiten vermöge des Besitzes eines Grundstücks oder eines besonderen Vertrages obliegen«, blieben bestehen. Das bedeutete jedoch in der Realität oftmals nichts anderes als die Fortdauer des Frondienstes. Und auch die vielfach willkürlich gehandhabte gutsherrliche Gerichtsbarkeit wurde durch das Gesetz nicht angetastet.

Dagegen entfiel der »Bauernschutz«, wie er dreizehn Jahre zuvor durch das Allgemeine Landrecht noch einmal kodifiziert worden war. Der Adel durfte nun Bauerngüter kaufen und »ohne Nachteil seines Standes« ein bürgerliches Gewerbe treiben. Dass umgekehrt der Erwerb von Adelsgut auch Bauern möglich war, blieb bei den vorherrschenden Vermögensverhältnissen ohne Belang. In der Realität wechselte nur Bauernland, wenn auch an staatliche Zustimmung gebunden, seinen Besitzer. Den Intentionen Steins entgegen führte die Möglichkeit, Bauern auszukaufen, langfristig zu einer erheblichen Ausweitung des adligen Großgrundbesitzes.

Trotzdem formierte sich zunächst die Adelsopposition gegen das Oktoberedikt. Der Aristokratie galt die Aufhebung des gutsherrlichen Obereigentums sowie die nominelle Abschaffung der Frondienste als Eingriff in seine Eigentumsrechte, der einer Enteignung gleichkam. Der Adel verlangte Entschädigung, die jedoch bei den Belastungen des Staates und seiner Untertanen durch die französischen Forderungen kaum zu leisten war. Hardenberg, die große Reformer-Persönlichkeit in der Nachfolge des Freiherrn zum Stein, »reformierte« deshalb dessen Ideen und Vorstellungen. Er bewahrte die aufgrund des Agrarpreisverfalls überschuldeten Adelsgüter vor dem Bankrott und erließ 1810 eine Gesindeordnung, die dem Dienstherren wieder das Recht auf körperliche Züchtigung einräumte und Widerstand gegen die Obrigkeit unter schwere Strafe stellte. Durch das Regulierungsedikt von 1811, Hardenbergs eigentlicher Reformleistung, sollten immerhin Frondienst und Obereigentum der Herren nun auch für die »Lassiten«, Gutsbauern mit schlechtem Besitzrecht, abgeschafft werden. Doch mussten die Bauern ihre Herren dafür mit Land entschädigen, Bauern mit besserem Besitzrecht ein Drittel, die mit schlechterem Besitzrecht die Hälfte ihres Grund und Bodens als Ablösung geben. Innerhalb von vier Jahren sollte dieser Prozess abgeschlossen sein; der Befreiungskrieg verhinderte das. 1816 dann, nachdem die napoleonische Bedrohung beseitigt war, erläuterte Hardenberg sein Edikt in einer Deklaration, die bestimmte, dass der Bauernschutz bereits in der Regulierungsphase wegfiel und Kleinbauern ohne Zugvieh von der Regulierung ausgeschlossen seien.

Im Oktoberedikt wie auch im Regulierungsedikt lassen sich nur mit Mühe Anfänge der modernen, egalitären Leistungs- und Berufsgesellschaft erkennen. Was folgte war die Klassengesellschaft, die ihren Ursprung in den ungleichen ökonomischen Chancen hatte. Und selbst in ihr blieben ständische Merkmale, wie eine große Zahl adliger Privilegien bezeugt, bis hin zum Ersten Weltkrieg erhalten.

Die Verwaltungsreformen

Das galt ebenso für die unterste Verwaltungsebene: die Kreise. Auch deren Neuordnung scheiterte am alten Ständestaat, sprich am Widerstand der adligen Gutsbesitzer. Mit dem Gendarmerie-Edikt vom 30. Juli 1812 hatte Hardenberg die Staatsmacht nun endlich auch auf das »platte Land« ausdehnen wollen. An die Stelle des vom Adel gewählten Landrats wurde in den neuen Kreisen ein staatlicher Direktor gesetzt, ausgestattet mit weitreichenden Befugnissen gegenüber sämtlichen lokalen Autoritäten. Diesem an die Seite gab man sechs Kreisdeputierte, je zu einem Drittel von Bauern, Stadtbewohnern und Gutsherren gewählt. Die Gendarmerie übernahm die Polizeiaufgaben, die gutsherrlichen Patrimonialgerichte wurden von staatlichen Gerichten abgelöst. Diese Kreisreform war gegen die Obstruktion des Adels nicht durchzuführen. 1814 wurde sie ausgesetzt, ab 1816 der Landrat aus drei von den Kreisständen vorgeschlagenen Gutsbesitzern bestimmt. Das Korps der Gendarmen, das unter Hardenberg auf 9 000 Mann angewachsen war, wurde durch die Neuordnung von 1820 drastisch reduziert. »Die Zahl der Gendarmen betrug im ganzen Staat nur mehr 96 Wachtmeister und 1 240 Gemeine, von denen 1 080 beritten waren. Dazu kamen noch 306 Grenzgendarmen für die Zoll- und Steuerkontrolle, die dem Finanzministerium unterstanden. Auf weniger als anderthalbtausend Mann waren also Regierungen und Landräte angewiesen, wenn sie ihren Anordnungen ohne Hilfe ständischer oder städtischer Gewalten Nachdruck verleihen wollten« (Reinhard Koselleck). Dementsprechend verblieb die Polizeigewalt – vor allem in den östlichen Provinzen – in den Händen der Rittergutbesitzer. Und auch von ihrer Gerichtshoheit hatten diese nur einen Teil an dem Staat abtreten müssen. »Was von adliger Seite an Kompetenz abgegeben wurde, gewann der Landrat hinzu, der weiterhin als ein Sachverwalter der Interessen der Großgrundbesitzer zu betrachten war« (Peter-Michael Hahn). Die notwendige Kreisordnung erhielt Preußen erst 1872.

Auch die Steinsche Städteordnung vom 19. November 1808 konnte der adligen Opposition wegen nicht auf das Land ausgedehnt werden, wie das mit den betreffenden, als Vorbild dienenden französischen Gesetzen geschehen war. Nicht nur einzelne Paragraphen jener Gesetze von 1789, 1791 und 1793 finden sich in der Städteordnung fast wörtlich wieder. Übereinstimmung herrschte auch darin, dass das Wahlrecht zur Stadtverordnetenversammlung all jene ausschloss, die weniger als 200 Taler Jahreseinkommen hatten, außerdem die als Schutzverwandte Eingestuften: Arbeiter, Gesellen, Tagelöhner, Gesinde, Soldaten und Juden. Abgesehen davon gab es jedoch die »Gleichheit unter den Wählern«. Allerdings war nun nicht jeder Einwohner auch Bürger und durfte wählen. Bürgerrecht musste beantragt werden. Das war einfacher als früher. Das Bürgerrecht war nicht mehr an Geburt oder Zunftzugehörigkeit gebunden, sondern an Hausbesitz, daran, wie lange man in der Stadt ansässig war, oder daran, dass man ein Gewerbe betrieb. Gewählt wurde jetzt in Distrikten und nicht mehr unterteilt nach Geburtsständen. Die Gewählten besaßen nun ein weisungsunabhängiges, freies Mandat; Magistrate und Bürgermeister mussten jedoch von der Regierung bestätigt werden. All dies war sicherlich ein Fortschritt, dennoch ist nicht zu übersehen, dass auch hier der Weg zur Klassengesellschaft beschritten wurde. Denn die Mitbestimmung war an Eigentum oder, wie es ausdrücklich hieß, an die »gebildeten Klassen« gebunden.

Andererseits aber gewährte die Städteordnung kommunale Autonomie, befreite die Städte aus der Bevormundung der Steuerräte und übertrug ihnen wichtige Verwaltungsaufgaben. Die Städte erhielten das Recht, über Steuern und Ausgaben zu entscheiden, und wurden in die Lage versetzt, selbstständig staatliche Polizeiaufgaben wahrzunehmen. Dadurch wollte Stein das Interesse der Bürger an den öffentlichen Angelegenheiten und damit am Staat wecken: kommunale Selbstverwaltung als Mitbestimmung. »Man muß die Nation daran gewöhnen, die Geschäfte selbst zu führen, und aus [dem] Zustand der Kindheit herauszukommen«, so Steins Mitarbeiter Johann Gottfried Frey, der eigentliche Autor der »Ordnung für sämtliche Städte der preußischen Monarchie«. Von der Einführung der Selbstverwaltung in den Städten erhofften sich die Reformer einen wirtschaftlichen Aufschwung, der über den engeren städtischen Rahmen hinausreichen sollte. Aber außer in Berlin stieß die verordnete Umgestaltung der städtischen Verhältnisse häufig auf große Skepsis. »So waren Handwerker und Réfugies durch den Verlust ihrer Privilegien stark verunsichert. [Und] in den kleineren Bürgergemeinden mangelte es an Personen, die nach Jahrhunderten obrigkeitlicher Lenkung bereit gewesen wären, Verantwortung im Interesse der Gemeinschaft zu übernehmen« (Peter-Michael Hahn).

Die Verfassungsreform

Obgleich viele Reformgedanken Steins sehr weit gingen, suchte er zu keinem Zeitpunkt demokratische Veränderungen im modernen Sinne zu erreichen. Allerdings wollte er – neben einer Regierung, die sich nach französischem Vorbild aus fünf Fachministern für Inneres, Äußeres, Justiz, Finanzen und Kriegswesen zusammensetzen sollte – eine Nationalversammlung oder, wie er es nannte, »Reichsstände« errichten. Die Regierten sollten durch Repräsentanten an der politischen Willensbildung beteiligt werden, wobei übrigens auch ein persönliches Motiv eine Rolle spielte. Stein waren Bürokratie und Zentralismus ein Dorn im Auge. Er drängte darauf, den Bürgern gegenüber Beamtenschaft und Aristokratie größere Freiheiten zu gewähren. »Teilnahme der Nation an Gesetzgebung und Verwaltung bildet die Liebe zur Verfassung, eine öffentliche richtige Meinung über Nationalangelegenheiten und die Fähigkeit bei vielen Bürgern, die Geschäfte zu verwalten. Die Geschichte lehrt, daß es viel mehr große Feldherren und Staatsmänner in freien als in despotischen Verfassungen gibt.« Der Staat sollte auf diese Weise gestärkt werden. Auch Reformer, die weniger der ständischen Tradition verhaftet waren, dachten ähnlich, wollten durch ein »System von Repräsentativorganen, das sich von den unteren Ebenen bis zu einer Nationalpräsentation aufbauen sollte«, die Nation an der Gesetzgebung teilhaben lassen. Doch keines dieser Vorhaben ist ausgeführt worden. Es dauerte noch 40 Jahre, ehe Preußen eine Nationalversammlung erhielt.

Hardenberg hat schließlich im Gegensatz zu Stein und den anderen nicht wirklich daran gedacht, eine irgendwie geartete Volksvertretung zu etablieren. Von den Männern um den ehemaligen Ersten Minister, die eine Erneuerung des Staates auf der Grundlage der alten ständischen Mitbestimmung erstrebten, unterschied er sich wesentlich. Seine Verfassungsvorstellung spiegelt sich in einer seiner Reden deutlich wider: »Wie ein guter Vater von seinen lieben Kindern, so fordert der König von seinen getreuen Untertanen«, heißt es darin. »Demokratische Grundsätze in einer monarchischen Regierung« erschienen ihm »die angemessene Form für den gegenwärtigen Zeitgeist.« In diesen Zusammenhang gehört auch, dass er sich die Position des Staatskanzlers verschaffte und somit allein bestimmte, wer Zugang zum König hatte. Eine Mitsprachemöglichkeit sollte nach Hardenberg allenfalls am Ende einer Entwicklung stehen, die »wenige einsichtsvolle Männer« voranzutreiben und »mit starker Hand« zu lenken hatten. Hardenberg wollte die höheren und mittleren Schichten der Bevölkerung zwar irgendwie an der Regierung mitwirken lassen – in repräsentativer oder beratender Funktion, aber nicht an entscheidender Stelle. Die ständische Hierarchie wurde unter seiner Ägide nicht weiter verändert. Im Gegenteil – obwohl er zwei prominente Vertreter der Adelsopposition, von der Marwitz und von Finckenstein, fünf Wochen in Festungshaft schickte, machte er der alten Aristokratie weitgehende Zugeständnisse. Ihre Privilegien tastete er nicht an. Eine neue, liberale Verfassung wurde nicht eingeführt. »Staatsbürger« wurden in Preußen aufgrund des Emanzipationsedikts vom 11. März 1812 nur Juden. Aber dieses Staatsbürgerrecht begründete keinen Anspruch auf Mitarbeit im Staatsdienst, noch gewährte es ständische Rechte. »Das den Juden zugestandene Staatsbürgerrecht war de facto ein erweitertes und generell ausgesprochenes Privileg, das sie nur privatrechtlich den preußischen ›Einwohnern‹ anglich« (Reinhard Koselleck).

Stein zog dann auch eine eher ernüchternde Bilanz der Reformpolitik: »Ein Regent ohne Willenskraft, ein Ministerium ohne Einfluss, eine Nation ohne gesetzliches Organ ihrer Meinung, was soll das alles für Resultate liefern? Alles löst sich in ein leeres Geschwätz auf, in kleine Schwingungen, die aus dem Wollen und Nichtwollen entstehen, und weiter nichts hat Preußen [...] hervorgebracht.« Aus diesen Worten lässt sich die große Enttäuschung lesen, vielleicht auch verletzter Stolz. Aber oft treffen sie einen wahren Kern.

Friedrich Wilhelm III. im Gespräch mit Stein und Hans David Ludwig Graf Yorck von Wartenburg. *Entwurf zu einem Gemälde von Karl Christian Steffeck, 1888. Berlin, Staatliche Museen zu Berlin – Preußischer Kulturbesitz, Nationalgalerie.*

Sitzung der Militär-Reorganisations-Kommission zur Heeresreform am 18. Oktober 1807 in Königsberg. Vorn links Friedrich Wilhelm III. von Preußen (sitzend), in der Mitte August Neithardt von Gneisenau, Gerhard Johann David von Scharnhorst (stehend) und der Freiherr vom und zum Stein (sitzend). *Aquarellierte Zeichnung von Carl Röchling, um 1900.*

Karl August Fürst von Hardenberg. *Gemälde von Johann Heinrich Tischbein d. J., um 1800. Privatbesitz.* Der im Juni 1810 zum Staatskanzler ernannte Karl August von Hardenberg setzte die begonnenen Reformen seines Vorgängers Stein fort.

Das Universitätsgebäude Unter den Linden. *Aquarell von Friedrich August Calau, um 1825.*

Wilhelm von Humboldt in seinem Arbeitszimmer im Schloss Tegel. *Gemälde eines unbekannten Künstlers, o. J. Frankfurt am Main, Frankfurter Goethe-Museum mit Goethe-Haus.* Die Bildungsreform in Preußen von 1809/1810 war das Werk Wilhelm von Humboldts, dem älteren Bruder Alexander von Humboldts. Auf seine Initiative hin wurde 1810 die Berliner Universität im einstigen Palais des Prinzen Heinrich eingerichtet.

David Friedländer, Kaufmann, Schriftsteller und Vorkämpfer der Judenemanzipation. *Radierung, Anfang 19. Jahrhundert.*

Edikt

betreffend

die bürgerlichen Verhältnisse

der Juden

in dem Preußischen Staate.

De Dato Berlin den 11ten März 1812.

Breslau,
gedruckt bei Wilhelm Gottlieb Korn.

Edikt zur rechtlichen und wirtschaftlichen Gleichstellung der Juden vom 11. März 1812.

Die erste Tagung der Berliner Stadtverordnetenversammlung am 6. Juli 1809 in der Nikolaikirche. *Aquarell von Friedrich August Calau, 1809.*

»Das Neue Goldene Zeitalter«. Karikatur auf die gesellschaftlich-politische Situation im Berlin der Jahrhundertwende. *Kupferstich, 1801/1802.* Hinter den Tierköpfen verbergen sich Persönlichkeiten der Berliner Gesellschaft: Im rechten Drittel finden sich preußische Offiziere mit ihren Ehefrauen, daneben im Vordergrund ist Heinrich von Kleist als Gestiefelter Kater zu erkennen. Mittelpunkt des Kupferstichs ist Königin Luise, die als Löwin dargestellt ist. Dass sich kein männlicher Gegenpart für sie findet, spielt auf den mangelnden Entscheidungswillen König Friedrich Wilhelms III. an. Der Bruder der Königin, August Karl von Mecklenburg-Strelitz, ist dicht links neben der Königin in Anlehnung an das mecklenburgische Wappen mit einem Ochsenkopf zu sehen. Vor ihm eilt im dunklen Mantel mit Stock Prinz Louis Ferdinand heran. Im Hintergrund ist, mit einem Instrumentenkoffer auf dem Rücken, der Komponist Johann Friedrich Reichardt zu erkennen: Da er aufgrund seiner offenen Sympathiebezeugungen für die Französische Revolution bei König Friedrich Wilhelm II. in Ungnade gefallen war, unter Friedrich Wilhelm III. jedoch rehabilitiert wurde, ist ihm, als Bedingung für den Erfolg, der Mund verbunden.

Theaterzettel zur Erstaufführung von Kleists Dra
»Prinz Friedrich von Homburg« 1828 in Ber

Königliche Schauspiele.

Sonnabend, den 26. Juli 1828.

Im Schauspielhause.

Zum Erstenmale:

rinz Friedrich von Homburg.

auspiel in 5 Abtheilungen, von H. v. Kleist. Die Ouvertüre, so wie die
ik zu den Zwischen-Akten, und die zur Handlung gehörige Musik, ist vom
önigl. Concertmeister Henning. In Scene gesetzt vom Regisseur Stawinsky.

Personen:

Friedrich Wilhelm, Churfürst von Brandenburg	Hr. Stawinsky.
Die Churfürstin	Mad. Crelinger.
Prinzessin Natalie von Oranien, Nichte des Churfürsten	Mad. Unzelmann.
Feldmarschall Dörfling	Hr. Hartmann.
Prinz Friedrich Arthur von Homburg	Hr. Krüger.
Obrist Kottwitz, Kommandeur vom Regiment Prinzessin Natalie	Hr. Lemm.
Hennings, } Obristen der Infanterie	Hr. Gödcke.
Truchs, } Obristen der Infanterie	Hr. Unzelmann.
Graf Hohenzollern, von der Suite des Churfürsten	Hr. Rebenstein.
Rittmeister von der Golz	Hr. Freund.
Ramin	Hr. Lombard.
Graf Georg von Sparren	Hr. Franz.
Stranz	Hr. Rüthling.
Siegfried von Mörner	Hr. Wauer.
Graf Reuß	Hr. Müller.
Wachtmeister	Hr. Michaelis.
Hofkavaliere	Hr. Rehfeldt. Hr. Neufeldt.
Fräulein v. Borck, Hofdame	Mlle. Aug. Lange.
Erster, } Officier	Hr. Becker.
Zweiter, } Officier	Hr. Behrend.
Dritter, } Officier	Hr. Heinrich a. d. Chor.
Ein Reuter	Hr. Reinicke a. d. Chor.
Ein Page	Mlle. Wilh. Werner.
Ein Laufer	Hr. Kühlstedt a. d. Chor.
Ein Reitknecht	Hr. Stürmer a. d. Chor.
Erster, } Lakaie	Hr. Bittmann a. d. Chor.
Zweiter, } Lakaie	Hr. Mückler a. d. Chor.
Erster, } Bedienter	Hr. Börner a. d. Chor.
Zweiter, } Bedienter	Hr. Hoppe a. d. Chor.
Bedienter des Prinzen von Homburg	Hr. Irmer a. d. Chor.

Officiere, Corporale und Reuter.
Hofdamen, Pagen, Bediente und Volk jedes Alters und Geschlechts.

Die freien Entreen sind Heute nicht gültig.

Anzeige.

Sonntag, den 27. Juli. Im Opernhause: Don Juan, Oper in 2 Abtheil.,
t Tanz. Musik von Mozart. (Herr Sedlmayr, vom Königl. Hoftheater zu
nnover: Leporello, als Gastrolle.)

In Potsdam. Auf vieles Begehren: Emilia Galotti, Trauerspiel in
Abtheil., von G. E. Lessing. (Mlle. Müller: Emilia, als Gastrolle. Mad.
linger: Gräfin Orsina.)

In Charlottenburg: Der Mann im Feuer, oder: Der Bräutigam
der Probe, Original-Lustspiel in 3 Abtheilungen, von Schmidt. (Mlle.
uer wird hierin als Agnes wieder auftreten.) Hierauf: Das zugemauerte
nster, Lustspiel in 1 Aufzug, von Kotzebue.

Anfang der Vorstellung zu Charlottenburg ist halb 7 Uhr.

Montag, den 26. Im Schauspielhause. Zum Erstenmale wiederholt: Prinz
iedrich von Homburg, Schauspiel in 5 Abtheilungen, von H. v. Kleist.
Ouvertüre, so wie die Musik zu den Zwischen-Akten und die zur Handlung
rige Musik, ist von dem Königl. Concertmeister C. W. Henning.

Anfang 6 Uhr; Ende 9 Uhr.

Die Kasse wird um 5 Uhr geöffnet.

Heinrich von Kleist. *Miniatur von Peter Friedel, 1801.* Das Leben des Offiziers und Schriftstellers Kleist war von tragischen Zügen überschattet: Von seiner Umwelt im Künstlerischen als auch in seinen patriotischen Bestrebungen unverstanden, wählte er zusammen mit seiner Geliebten Henriette Vogel im November 1811 den Freitod.

Das Stammwappen der Familie von Kleist. *Kolorierte Lithografie von Ludwig August Clericus, um 1850.*

Jürgen Angelow

Befreiung, Restauration und Revolution

1813–1850

Zu Beginn des 19. Jahrhunderts war die innere Geschichte Preußens in besonderer Weise mit seiner europäischen Machtstellung verknüpft. Nachdem die Niederlage gegen Napoleon 1806 und der demütigende Frieden von Tilsit Gebiete und Bevölkerung um mehr als die Hälfte hatten schrumpfen lassen, war Preußen in einen Staat zweiter Größenordnung verwandelt worden. Doch hatte es sich durch die nun endlich ernsthaft betriebenen Reformen gleichzeitig die Chance zu einem inneren Neubeginn gewahrt, wodurch auch seine äußere Stellung wieder reaktiviert werden konnte.

Dieser Wandel sollte allerdings von außen beschleunigt werden: Noch zu Beginn des Jahres 1812 hatte Napoleon Berlin ein Bündnis aufgenötigt, um preußische Truppen seinem Russlandfeldzug zuzuführen. Als seine »Große Armee« im Spätherbst 1812 der Katastrophe entgegenging, wurde sie im Baltikum von einem preußischen Korps unter General Ludwig Graf York von Wartenburg flankiert. Der freilich wollte die Niederlage des verhassten Franzosenkaisers keineswegs teilen, weshalb ihm das Verhandlungsangebot des russischen Generals Diebitsch gerade recht war. Doch den von Diebitsch verlangten Bündniswechsel zugunsten der Russen konnte York schlechterdings selbst entscheiden. So handelte er denn wenigstens die militärische Neutralisierung seines Korps aus und setzte damit ein Zeichen, den Gehorsam gegenüber Napoleon endlich zu beenden. Die endgültige Entscheidung aber musste in Berlin fallen. Sie war mit großen Risiken behaftet; der Erfolg des Unternehmens lag keineswegs so klar auf der Hand, wie es in den Geschichtsbüchern späteren Generationen suggeriert wurde. König Friedrich Wilhelm III. hatte nicht nur schlechte Erfahrungen mit einem russischen Bündnis – schließlich war er von den Russen einige Jahre zuvor während der Friedensverhandlungen von Tilsit fallen gelassen worden, die sich dort mit Napoleon verständigt hatten –, er fürchtete auch das noch immer gewaltige Militärpotenzial der Franzosen und musste zudem die Tatsache in Rechnung stellen, dass Österreich zumindest formell noch immer im französischen Bündnis stand. Eine ungeschickte Bündnisoption und ein nochmaliges militärisches Scheitern hätten unweigerlich, ungeachtet der eingeleiteten inneren Modernisierungsschritte, das Ende Preußens bedeutet. Eine Überlegung, die sich nach Aufnahme der Kampfhandlungen angesichts des ungünstigen Kräfteverhältnisses und der zahlreichen Niederlagen sogar im Frühjahr 1813 noch immer als realistisch erwies. Dazu trat der Umstand, dass Napoleon dem österreichischen Unterhändler Klemens Fürst Metternich einen Frieden auf Kosten der Hohenzollernmonarchie angeboten hatte, der deren totale Aufteilung vorsah. Und obwohl Österreich dabei Schlesien hätte zurückgewinnen können, war Metternich klug genug, sich nicht zum Vasallen Frankreichs zu machen, was einmal mehr die Abhängigkeit Preußens von den europäischen Konjunktionen eindrucksvoll unterstrich. Stattdessen standen die Österreicher ab August 1813 im Lager der Verbündeten, so dass deren militärische Leistungsfähigkeit im Befreiungskrieg beträchtlich gestärkt wurde. In elastischen Operationen gelang es den drei Koalitionsheeren, bestehend aus Russen und Preußen, Österreichern sowie Schweden, trotz französischer Teilerfolge die napoleonische Armee im Oktober in der Völkerschlacht bei Leipzig zu besiegen.

Endlich brach das französische Herrschaftssystem in Europa zusammen. Nach und nach fielen die letzten Verbündeten von Napoleon ab. Der verteidigte sich zwar noch einige Zeit bravourös in Frankreich, wurde aber schließlich von den nachdrängenden Alliierten doch besiegt und zur Abdankung gezwungen. Ende März 1814 zogen die Verbündeten – und kurz nach ihnen die Bourbonen, die in der Revolution ihren Thron verloren hatten und nun in ihre alten Rechte eingesetzt wurden – in Paris ein. Ein jahrzehntelanger, weltweit geführter Konflikt neigte sich damit seinem Ende zu.

Die Entscheidung über das Schicksal Europas und damit auch Preußens wurde nunmehr von den Schlachtfeldern in die Ballsäle und Separees des Wiener Kongresses verlegt. Immerhin gelang es den gekrönten Häuptern des Kontinents und ihren maßgebenden Ministern – trotz fundamentaler Zwistigkeiten und diverser Ablenkungen aller Art –, eine stabile Nachkriegsordnung ins Leben zu rufen, die viele Jahrzehnte Bestand haben sollte und sicher besser war als ihr Ruf. Doch hatte dazu nicht nur das gemeinsame Festhalten am göttlichen Herrschaftsrecht der Monarchen beigetragen, ihre Einsicht, solidarisch miteinander verbunden zu sein und Europa zu einem Gleichgewicht der Mächte zurückkehren zu lassen, sondern auch jener verzweifelte Ausbruchsversuch Napoleons, der den Gazetten noch einmal für dramatische 100 Tage reichlich Nahrung gab, bis die Heere Wellingtons und Blüchers dem Spuk bei Waterloo ein Ende bereiteten. Preußen jedenfalls bekam seine alten, im Frieden von Tilsit verloren gegangenen Gebiete zurück, hatte sich aber darüber hinaus mit der Teilannexion Sachsens zu begnügen. Nebenbei erhielt es noch die Rheinprovinz und Westfalen als Danaergeschenk. Denn nun war die Hohenzollernmonarchie wie kaum ein anderer Staat, wie kaum eine andere Gesellschaft in Europa zerrissen.

Zwischen politischer Restauration und innerer Modernisierung

Die Bruchlinien Preußens waren die Bruchlinien Europas. Sie verliefen zwischen dem industriell entwickelten und traditionell liberal eingestellten Westen sowie dem konservativen und agrarisch geprägten Osten. Konservative Beharrung hier, liberales Freiheitsstreben da, wie konnte das gutgehen? Es funktionierte zumindest für einige Zeit. Der erhoffte Wandel erfolgte tatsächlich, wenn auch auf leisen Sohlen. Es war ein bedächtiges Voranschreiten, Zug um Zug. Ohne Eile wurden jene Reformen mit mattem Leben erfüllt, die unter Stein und Hardenberg initiiert worden waren und nun die endgültige Ablösung der Feudallasten und die Verwandlung des Bodens in eine käufliche Ware brachten, ohne freilich die adlige Gerichtsbarkeit anzutasten oder gesellschaftliche Hierarchien zu revidieren. Auf dem Lande, wo sich immerhin mit einiger Verzögerung die Junker in bürgerliche Agrarunternehmer und die Leibeigenen in freie Bauern und Tagelöhner wandelten, vor allem aber in den Städten, begann nun die Macht des Geldes feudale Abhängigkeiten, traditionelle Bindungen und Zwänge zu zerstören und durch neue zu ersetzen. David Hansemann, ein rheinischer Kaufmann und Finanzier hat die »Ungemütlichkeit des Geldes« im Preußischen Vereinigten Landtag im Mai 1847 sprichwörtlich werden lassen.

Der Ruf nach Einheit und Freiheit aber, der im antinapoleonischen Befreiungskampf laut geworden war, blieb zunächst ungehört. 1815 hatten sich die deutschen Fürsten zu einem lockeren Staatenbund zusammengeschlossen, dem Deutschen Bund, der ihrem Verhältnis untereinander und der Stellung der deutschen Staaten in Europa bis 1866 einen verträglichen Rahmen bieten sollte und folglich nur wenig in Erscheinung getreten ist, jedenfalls solange, bis er nach 1819 als Instrument der Reaktion mehr Befugnisse bekam. Nach außen bildete der Bund eine Sicherheitsvorsorge, die auf der europäischen Stellung und militärischen Geltung seiner beiden Vormächte, Preußen und Österreich, basierte. Im Innern dieses Bundes aber blieb die Souveränität der Einzelstaaten gewahrt. Auch gab es zunächst noch einigen Spielraum für Wandel und innere Modernisierungsschritte.

Auch der preußische Staat trug den neuen bürgerlichen Verhältnissen mehr und mehr Rechnung. Nicht in dem Sinne, dass er dem liberalen Bürgertum politische Mitsprache erlaubt oder sich gar konstitutionell umgestaltet hätte. Dies gewiss nicht, gaben doch nun andere Männer den Ton an: keine Reformer mehr wie Stein, Hardenberg und Scharnhorst, sondern Parteigänger der Restauration wie Fürst Sayn-Wittgenstein und Christian Graf von Bernstorff, aber auch Anhänger gebremster Modernisierung wie Friedrich von Motz, Christian von Rother und Johann Albrecht Eichhorn. Kein Wunder also, dass alle königlichen Verfassungsversprechen bald vergessen waren, weiter uneingelöst blieben und nach den Karlsbader Beschlüssen vom September 1819 Pressezensur und Überwachung der Universitäten zur Eindämmung »revolutionärer Umtriebe und demagogischer Verbindungen« um sich griffen. »Geist und Macht« standen merkwürdig abgelöst nebeneinander. Während Georg Wilhelm Friedrich Hegel und Friedrich Wilhelm Schelling, Friedrich Karl von Savigny und Leopold von Ranke an der Berliner Universität ihre Vorlesungen hielten, verschwanden aufsässige Studenten hinter Gefängnismauern.

Weithin dominierte nun konservatives Gedankengut: Den revolutionären Prinzipien und Ideen von 1789, dem Bewusstsein von »Freiheit, Gleichheit und Brüderlichkeit«, der »englischen Krankheit« des Verfassungsstaates stellten sich Tradition und romantisches Bewusstsein in den Weg. Konservative Denker und Staatsrechtler bemühten sich um zweckrationale Begründungen des monarchischen Prinzips und hoben das »organische Wachstum« von Staaten und Gesellschaften hervor. Man las und diskutierte Edmund Burke, Joseph de Maistre und Louis de Bonald, Adam Müller, Franz von Baader, Friedrich Schlegel und den »Conservateur« des Franzosen René de Chateaubriand. Nach den Jahren von Unsicherheit und Veränderungsdrang erhielten Ordnung und Autorität ihren alten Rang zurück. Stabilität und Bewahrung alter Prinzipien erlangten wieder Geltung. In Preußen breitete sich ein neuer Familiensinn aus. Überall griff pietistische Frömmigkeit um sich. Insgesamt fanden diese geistigen Dispositionen ihr Pendant in den romantischen Versen Joseph von Eichendorffs, der auch politisierend hervortrat, den skurrilen Traumgestalten E.T.A. Hoffmanns und der Ritterromantik Friedrich de la Motte-Fouqués, erst recht aber in den anrührenden Bildern des pommerschen Malers Caspar David Friedrich. Doch waren seine mittelalterlichen Klosterruinen und verschneiten Friedhöfe, die seltsam beseelten Landschaften und symbolbeladenen Gewitterstimmungen nur eine Folie, hinter der sich längst eine andere Welt abzuzeichnen begann: das Maschinenzeitalter – unüberhörbar und unübersehbar durch Dampfhämmer, Eisengießereien, rauchende Fabrikschlote und Eisenbahnen. Letztere galten als technische Wunderwerke. Es waren riesige Ungetüme, die rauchend und stampfend der Hand ihres Lenkers folgten. Mit ihnen verloren Raum und Zeit ihr ursprüngliches Maß. In den entstehenden urbanen Ballungszentren regte sich bald das frühe Proletariat, unter den städtischen Unterschichten machte sich Pauperismus breit. Existenzangst und Verzweiflung ließen in der ersten Hälfte des 19. Jahrhunderts über eine Million Deutsche nach Amerika auswandern. Allein Preußen kehrten zwischen 1844 und 1848 beinahe 50 000 Menschen den Rücken. Miserable Wohnverhältnisse, Unterernährung, Krankheiten und Überarbeitung bildeten die Kehrseite der frühen Industrialisierung. Die Versatzstücke der Moderne waren bald überall gegenwärtig und bestimmten den Lebensrhythmus und das Zeitgefühl der Städtebewohner. Karl Friedrich Schinkel prägte auf unvergleichliche Weise das moderne Antlitz von Berlin. Bildhauer wie Ludwig und Karl Friedrich Wichmann, Christian Friedrich Tieck sowie Christian Daniel Rauch schufen klassische Skulpturen und Figurengruppen von einzigartigem Zauber. In den Wohnzimmern dominierte längst die bürgerliche Schlichtheit des Biedermeier.

Obrigkeits- oder Verfassungsstaat – Friedrich Wilhelm IV.

Und auch die politische Dumpfheit der Restaurationsära – ihr Bestreben, die Uhrzeiger in die Ära vor 1789 zurückzudrehen – kontrastierte zunehmend mit den beachtlichen Erfolgen der inneren Verwaltungs-, Heeres- und Kirchenreform und den Fortschritten bei der Entwicklung von Wirtschaft und Handel. Bereits 1818 fielen die Binnenzölle, alsbald wurde Preußen, dessen Staatsfinanzen übrigens in einem vorbildlichen Zustand waren, zum Motor der deutschen Zolleinigung und damit zum natürlichen, zunächst wirtschaftlichen, später auch politischen Orientierungspunkt der kleinen und mittleren Staaten des Deutschen Bundes. Diese Politik der »moralischen Eroberungen« in Deutschland bildete eine wichtige Voraussetzung für die spätere Reichseinigung unter preußischer Führung. Sachkompetenz, Sparsamkeit, Rationalität und Augenmaß einerseits, Unfreiheit der Gedanken und politische Entmündigung andererseits zeichneten das Janusgesicht des preußischen Staates, der sich damals in einem »vorkonstitutionellen« Zustand befand (Hans-Joachim Schoeps) und bereits jenes fatale Missverhältnis zwischen außenpolitischer Machtpolitik und eingeschränkter innenpolitischer Emanzipation, zwischen wirtschaftlicher Modernisierung und sozialem Beharren, zwischen bürokratischem Obrigkeitsstaat und verdrängtem Freiheitsbewusstsein erkennen ließ, das sich später zu einem »deutschen Dilemma« (Karl Dietrich Bracher) auswachsen sollte.

Schon im Jahre 1830 brachen alle mühsam aufgerichteten Dämme gegen politische Veränderungen und den Durchbruch des Freiheitsbewusstseins infolge der französischen Julirevolution. Auch in Polen, Belgien und Italien gab es revolutionäre Aufstände. Sogar im Deutschen Bund begannen sich die liberalen und freiheitlichen Kräfte neu zu formieren. Preußen blieb davon nicht unberührt, wenngleich König Friedrich Wilhelm III. bis zum Ende seiner Regierung an altständisch-konservativen Prinzipien festhielt und auch seinen Nachfolger, Friedrich Wilhelm IV., in seinem Politischen Testament von 1835 auf diesen Kurs festlegte. Der Kronprinz hatte sich zudem verpflichten müssen, nach dem Tode des Königs alle vorliegenden vollzogenen und nicht vollzogenen Anordnungen desselben zu akzeptieren. Dennoch begleiteten den Thronwechsel von 1840 viele Hoffnungen. Im Gegensatz zu seinem nüchternen, in Infinitiven sprechenden Vater gab sich der neue Monarch volksnah und redselig. Er war vielseitig begabt und interessiert, was Heinrich Heine formulieren ließ: »Ich habe ein Faible für diesen König;/Ich glaube, wir sind uns ähnlich ein wenig./Ein vornehmer Geist, hat viel Talent –/ Auch ich, ich wäre ein schlechter Regent.«

Indes begann die Regierung Friedrich Wilhelms IV. mit Paukenschlägen: Der König amnestierte die Demagogen und rehabilitierte verfolgte

Professoren und Publizisten. Gewinnen konnte er sie allein mit Liebenswürdigkeit nicht, da seinen Worten nur wenige Taten folgten. Entschlossene Schritte in Richtung auf einen modernen Verfassungsstaat, wie ihn die liberale Opposition immer energischer einforderte, unterblieben auch weiter. Entsprechend dem Politischen Testament seines Vaters, der die Landstände lediglich als Mittel der staatlichen Kreditaufnahme angesehen hatte, weigerte sich Friedrich Wilhelm IV. im Oktober 1840 zunächst, eine Volksrepräsentation zu gewähren. Angesichts nicht enden wollender Kritik entschloss er sich zwei Jahre später allerdings, die 1823 berufene Ständevertretung Ausschüsse bilden und regelmäßig über Gegenstände verhandeln zu lassen, deren Inhalt er selbst bestimmte. Erst im Frühjahr 1847 – die Anzeichen der Revolution waren bereits unübersehbar – gewährte er in Fortentwicklung der altständischen Verfassungstradition eine Versammlung sämtlicher Provinziallandstände. Allerdings nur für kurze Zeit, da diese Einrichtung wegen Unbotmäßigkeit im Herbst ungnädig wieder aufgelöst wurde. Der König blieb bei seiner konservativ-romantischen Gesinnung, es »nimmermehr zugeben (zu wollen), daß sich zwischen unsern Herrgott im Himmel und dieses Land ein beschriebenes Blatt Papier gleichsam als zweite Vorsehung eindränge, um uns mit seinen Paragraphen zu regieren und die alte heilige Treue zu ersetzen«. Er trachtete noch immer danach, einen harmonischen Ausgleich von Krongewalt und Ständen zu erreichen, der die Sonderstellung des Monarchen unberührt ließ. Denn ihm als Monarch sei eine Gabe der göttlichen Erleuchtung zugefallen, die ihn von gewöhnlichen Menschen unterscheiden würde: »Es gibt Dinge, die man nur als König weiß, die ich selbst als Kronprinz nicht gewußt und nun erst als König erfahren habe«, schrieb Friedrich Wilhelm IV. 1844 an seinen Freund Freiherr von Bunsen.

Preußen in der Revolution 1848/49

Obwohl der König den Gedanken der Volkssouveränität und des Parlamentarismus auch weiter entschieden ablehnte, sah er sich doch im Frühjahr 1848 angesichts bedrohlicher Nachrichten vom Ausbruch der Revolution in Italien, Paris und schließlich sogar in Wien gezwungen, dem Drängen des liberalen Bürgertums in Preußen nach »Einheit und Freiheit« ein Stück weit entgegenzukommen und am 18. März die Zensur aufzuheben, einen ständigen Vereinigten Landtag zu gewähren und energische Schritte in Richtung auf die nationale Einheit in Aussicht zu stellen. Freilich war auf diesem Wege die Berliner Revolution nicht mehr aufzuhalten. Noch am selben Tag entglitt ihm das Ruder, als die Säuberung des Berliner Schlossplatzes von Demonstranten zu blutigen Ausschreitungen führte. Überall entstanden nun Barrikaden, vor denen sich die königlichen Truppen – unter ihnen sollen die pommerschen Bauern besonders wütend gekämpft haben – abnutzten, so dass sie einen Tag später aus der Schusslinie genommen werden mussten.

Damit hatte die Revolution in Berlin gesiegt – vorläufig jedenfalls, denn das Gefühl der neu errungenen Freiheit barg noch keinen abschließenden Erfolg. Immerhin war der König gezwungen worden, ein bürgerliches Ministerium einzusetzen, die Volksbewaffnung zu bewilligen, sich unter den »Schutz« einer Volkswache zu stellen und in einer plump-vertraulichen Proklamation seine »lieben Berliner« um Ruhe und Ordnung zu bitten. Man sah ihn hoch zu Ross mit schwarzrotgoldener Armbinde auf den Straßen Berlins und bei der Aufbahrung der Märzgefallenen, wo er durch gellende Zurufe gezwungen wurde, sich zu verbeugen und seine Militärmütze abzunehmen. Offenbar hatte er die Kontrolle über das Geschehen verloren. Doch dank seiner geschmeidigen inneren Veranlagung gelang es ihm bald besser, der

Lage durch Eingehen auf revolutionäre Forderung bei gleichzeitiger Duldung gegenrevolutionärer Aktivitäten Herr zu werden. Zunächst schob er seinen als militanten Einpeitscher diskreditierten Bruder Wilhelm von Preußen, den späteren Wilhelm I., für einige Wochen ins Londoner Exil ab. Ende März entzog er sich dem Zugriff seiner »lieben Berliner« durch Übersiedlung nach Potsdam, wo er sich im ausgesprochen konservativen Milieu sicherer fühlte. Bald hielt ihn eine geheime, hochkonservative Nebenregierung über ihre finanziellen, personellen und psychologischen Aktivitäten zur Wiederherstellung seiner ungeteilten Autorität auf dem Laufenden. Und obwohl Friedrich Wilhelm IV. schon im März die Ansicht geäußert hatte, dass die »Berliner Eiterbeule« dereinst werde operiert werden müssen, konnte dem »revolutionären Spuk« erst am 10. November 1848 – gestützt auf das Militär unter General Wrangel, dem greisen Schimmelreiter – ein Ende bereitet werden. Neben der protestantischen Kirche und der nach wie vor loyalen Beamtenschaft hatte sich der militärische Faktor als ausschlaggebend für die Wiedererlangung der königlichen Macht erwiesen.

Jahre später hat Otto von Bismarck als preußischer Ministerpräsident im Heeres- und Verfassungskonflikt zwischen Krone und Parlament die Vernachlässigung der Machtfrage durch den deutschen Liberalismus mit den Worten beanstandet, dass nicht »durch Reden und Majoritätsbeschlüsse« die großen Fragen der Zeit entschieden würden, sondern durch Eisen und Blut. Die Berliner Bürgerwehr, die noch im Spätsommer Berliner Arbeiter niedergeknüppelt hatte, trat am 10. November 1848 dem diesmal unblutigen Einsatz der Militärgewalt nicht entgegen. Offensichtlich hatte sie abgewirtschaftet. Einen Tag später durfte sie unter den Bedingungen des Belagerungszustandes ihre Waffen abgeben. Damit war die Revolution, die vor allem die europäischen Metropolen erfasst hatte, in Berlin beendet.

Auf dem Lande hatte sie ohnehin kaum stattgefunden. Stadt und Land trennte eine tiefe soziale und mentale Kluft, denn in den Dörfern herrschten trotz der inzwischen weit vorangekommenen Ablösung der Feudallasten nach wie vor paternalistische Verhältnisse, dort war man königstreu geblieben und hatte immer wieder gegenrevolutionäre Aktivitäten initiiert. Unter dem Symbol der Befreiungskriege, dem schwarzen Kreuz auf weißem Grund, stellten brandenburgische Adlige – unter ihnen Männer wie der »tolle Arnstedt« aus Groß Kreutz, ein Veteran des Befreiungskrieges – sogar bäuerliche Hilfstruppen bereit, die den König aus der Hand des »Berliner Pöbels« befreien sollten. Zwar hatte man diese Angebote nicht benötigt, doch nach dem Ende der Revolution wählten die »Dörfler« natürlich vor allem konservative Abgeordnete in den preußischen Landtag.

Die Folgen der Revolution und die preußische Unionspolitik

In Wien war die Revolution bereits Ende Oktober niedergekämpft worden, anders als in Berlin in blutigem Ringen. Und auch auf der Ebene der provisorischen Zentralgewalt wurden nun die Weichen im Sinne der Gegenrevolution gestellt. So scheiterte der nach monatelangen Debatten endlich verabschiedete Verfassungsentwurf der deutschen Nationalversammlung in der Frankfurter Paulskirche vom März 1849 mit seinem kleindeutsch-preußischen Lösungsmodell für die nationale Frage an der Weigerung Friedrich Wilhelms IV., die ihm angebotene Kaiserkrone anzunehmen, die nach seiner Auffassung mit dem »Ludergeruch der Revolution« behaftet war. Und auch der Versuch, eine Anerkennung der Reichsverfassung militärisch zu erzwingen, misslang durch die Intervention preußischer und anderer deutscher Kontingente in der Reichsverfassungskampagne vom Sommer 1849.

Doch der Sieg der Gegenrevolution in Preußen, in Deutschland und Europa konnte über bedeutende Veränderungen der politischen Landschaft nicht mehr hinwegtäuschen. Trotz der Auflösung des Berliner Abgeordnetenhauses im November hatte Preußen mit der oktroyierten Verfassung vom 5. Dezember 1848 endgültig und unwiderruflich den konstitutionellen Weg beschritten. Dieses Grundgesetz – es sollte mit kleineren Abweichungen bis 1918 Gültigkeit besitzen – entsprach durchaus den liberalen Wünschen seiner Zeit, garantierte es doch wesentliche Grundrechte und bürgerliche Freiheiten. Gewiss folgte das nunmehr eingeführte Dreiklassenwahlrecht nicht gerade demokratischen Spielregeln, doch war diese Regelung damals keineswegs ungewöhnlich.

Angesichts der sozialen und politischen Zerrissenheit Preußens konnte das Erreichte nur auf einen Ausgleich zielen, überwog das Kompromisshafte: So erschien der von König Friedrich Wilhelm IV. am 6. Februar 1850 geleistete Verfassungseid den Konservativen als Verrat, den Liberalen dagegen wie der Anbeginn einer neuen Epoche. In der Bevölkerung wuchs die Erwartung, Preußen sei auf dem Weg, ein wahrhaft konstitutioneller Staat zu werden. Zwar enthielt die am 31. Januar 1850 in Kraft getretene Verfassung eine Reihe von Neuerungen, die in der Bevölkerung Hoffnungen weckten, gründete aber nach wie vor auf dem monarchischen Prinzip und auf dem alten Wahlspruch »a deo rex, a rege lex«. Damit schrieb sie eine Staatsform zwischen Absolutismus und Parlamentarismus fest.

Immerhin waren in ihr als Grundrechte der preußischen Bürger Gleichheit vor dem Gesetz, Freiheit des religiösen Bekenntnisses, Freiheit der Presse und das Versammlungsrecht zugesichert. Doch waren die Bestimmungen der Verfassung so gehalten, dass der König nach wie vor über fast uneingeschränkte Macht verfügte. Das zeigte sich unter anderem daran, dass ihm die vollziehende Gewalt, das Kommando über das Heer sowie die auswärtige Gewalt oblagen. Die Gesetzgebungsgewalt übten der König und die Kammern des preußischen Landtags gemeinsam aus. Eine gewisse Einschränkung war, dass alle Anordnungen des Königs der Gegenzeichnung durch den jeweiligen Ressortminister bedurften. Auf diese Weise glaubte man, die Verfassungsmäßigkeit königlicher Akte sicherstellen zu können.

Für Friedrich Wilhelm IV. bestand kein Zweifel, dass in Preußen der Monarch und nicht das Volk zu regieren habe. Andererseits, so räumte er nun ein, sollte auch auf die konstitutionelle Komponente stärker Rücksicht genommen und die »Lebensbedingungen Preußens immer entsprechender« gestaltet werden. An diese Maxime hielt er sich zunächst auch. Am 2. März 1850 erließ er ein Ablösungs- und Regulierungsedikt, das zum Ziel hatte, die Bauernbefreiung zu vollenden. Dem folgte am 11. März 1850 die Aufhebung der Patrimonialgerichtsbarkeit und die Einführung einer neuen Gemeinde-, Kreis- und Provinzialordnung mit ausgesprochen liberalen Zügen.

Nur in der Frage der Einheit war man keinen Schritt weitergekommen. Deshalb unternahm die preußische Krone im Ausklang der Revolution, inspiriert durch den königlichen Berater Joseph Maria von Radowitz, den Versuch, die offen gebliebenen nationalen Wünsche zu kanalisieren, um den Deutschen Bund in einen zeitgemäßeren Staatenbund zu verwandeln und gleichzeitig aus der Rolle des »ewigen Zweiten« gegenüber Österreich (Sebastian Haffner) herauszutreten. Doch die Vorstellung, der nationalen Einheit mit Hilfe der deutschen Fürsten und auf freiwilliger Basis näherzukommen, war eine Illusion.

Bekanntlich hat sich der preußische Staat durch diese Unionspolitik der Jahre 1849/50, die im Übrigen dilettantisch durchgeführt wurde, vollkommen ins Abseits manövriert. Schließlich musste Berlin gegenüber dem tatkräftigen österreichischen Ministerpräsidenten Fürst Schwarzenberg, der die deutschen Fürsten nach und nach auf seine Seite gezogen hatte, zum Rückzug blasen, da weitere Konflikte um Kurhessen und Schleswig-Holstein auch zu einer Entfremdung zwischen Berlin und St. Petersburg führten, die sich nun in eine maßgebliche russische Unterstützung für Wien verwandelte.

Im November 1850 wurde Preußen im Vertrag von Olmütz gezwungen, seine Armee einseitig zu demobilisieren und allen Unionsplänen abzuschwören. Wien triumphierte, doch der Plan Schwarzenbergs, alle Länder der österreichischen Monarchie in den Deutschen Bund zu ziehen, erwies sich ebenfalls als undurchführbar, da die anderen Großmächte ein österreichisch geführtes Mitteleuropa nicht hinnehmen wollten. Da am Ende keine der beiden deutschen Vormächte imstande war, seine Position durchzusetzen, geschah das, was 1848 kaum jemand für möglich gehalten hatte: Man kehrte in der deutschen Frage – als ob nichts geschehen wäre – zum vorrevolutionären Zustand zurück.

Das Problem wurde vertagt. Preußen war noch einmal mit einem blauen Auge davongekommen, ähnlich wie zum Jahrhundertbeginn im Krieg gegen Napoleon.

Doch gleichzeitig stand fest, dass Preußens Aufgabe in Deutschland nicht darin lag, »überall ... den Don Quichotte zu spielen«, wie Bismarck bei der parlamentarischen Nachlese der gescheiterten Unionspolitik trocken bemerkte.

»Das Volk steht auf, der Sturm bricht los!« *Federlithografie, um 1840.* »Die Begeisterung ist unbeschreiblich, der Zulauf zu den Waffen überaus groß, die Niedergeschlagenheit der Franzosen steht damit in Verhältnis. Unsre Sache steht gut und kann nicht mißlingen.« *Karl August Varnhagen von Ense an Karoline von Humboldt, 17. April 1813.*

»Schleiermacher, Iffland und Fichte als Vaterlandsvertheidiger.« *Holzstich von Johann Carl Aarland, 1. Hälfte 19. Jahrhundert.*

Johann Gottlieb Fichte. *Zeichnung von Johann Gottfried Schadow, 1814.* Der Philosoph und Universitätsprofessor Fichte gehörte zu den Wegbereitern des deutschen Nationalbewusstseins und eines entsprechenden Kulturbegriffs, die sich erst aufgrund der napoleonischen Fremdherrschaft in den deutschen Staaten entwickeln konnten.

Die Völkerschlacht bei Leipzig: Der letzte Tag (19. Oktober 1813). *Zeitgenössisches Aquatintablatt von M. Dubourg nach einer Zeichnung von W. Heath.*

Einsegnung der Lützowschen Freiwilligen in der Kirche zu Rogau in Schlesien im Jahre 1813. *Gemälde von Arthur Kampf, 1891. Karlsruhe, Staatliche Kunsthalle Karlsruhe.* »Er weckt uns jetzt mit Siegeslust/Für die gerechte Sache; / Er rief es selbst in unsre Brust: / Auf, deutsches Volk, erwache! / Und führt uns, wär's auch durch den Tod, / Zu seiner Freiheit Morgenrot. / Dem Herrn allein die Ehre!« *Lied zur feierlichen Einsegnung der Lützowschen Freiwilligen von Theodor Körner, 1813.*

Kaiser Franz I. von Österreich begrüßt am 25. September 1814 Zar Alexander I. und König Friedrich Wilhelm III. von Preußen in Wien. *Lithografie von F. Wolf nach einer Zeichnung von Johann Nepomuk Höchle, 1. Hälfte 19. Jahrhundert.*

Der Wiener Kongress 1814/15unter der Leitung Metternichs (links stehend). *Lavierte Zeichnung als Vorstudie zu einem Gemälde von Jean Baptiste Isabey, 1. Hälfte 19. Jahrhundert.*

Die Heilige Allianz zwischen Kaiser Franz I. von Österreich, König Friedrich Wilhelm III. von Preußen und Zar Alexander I. *Gemälde eines unbekannten Künstlers, 1815. Berlin, Stiftung Preußische Schlösser und Gärten Berlin-Brandenburg, Schloss Charlottenburg.*

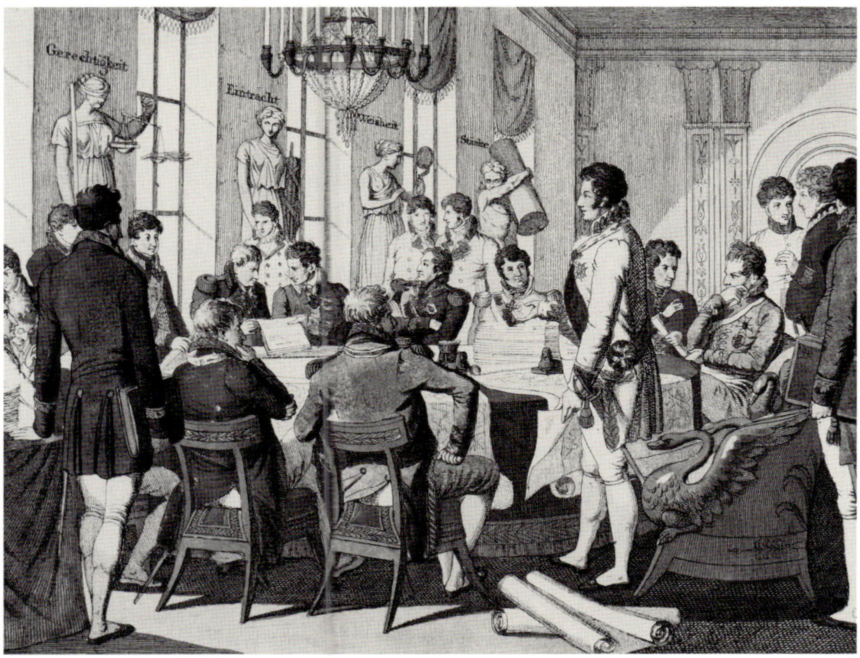

Sitzung des Bundestages in Frankfurt am Main im Thurn und Taxisschen Palais 1816. *Zeitgenössische Radierung.*

Zug der Turner auf die Wartburg am 18. Oktober 1817, dem vierten Jahrestag des Sieges bei Leipzig. *Zeitgenössischer Holzstich.* In dem Zeitalter der preußischen Reformen bildete sich das »Turnerwesen«, dessen Begründer Friedrich Ludwig Jahn gewesen war. Er sah die körperliche Ertüchtigung als Voraussetzung für den Befreiungskampf gegen Frankreich an, wodurch auch der Gedanke nach nationaler Einigung in der Turnerbewegung große Bedeutung erlangte. In der Restaurationsphase ging nun die preußische Staatsregierung konsequent gegen diese Bestrebungen vor: Jahn wurde verhaftet und in Küstrin gefangen gesetzt.

»Turner-Treiben«.
Kreidelithografie, um 1850.

»Wie lange möchte uns das Denken wohl noch erlaubt bleiben?« Karikatur auf die Karlsbader Beschlüsse. *Zeitgenössische Federzeichnung.*

»Der journalistische Eiertanz«. Karikatur auf die Beschränkung der Pressefreiheit. *Kupferstich von Andreas Geiger, um 1840.*

Mode um 1840. Zeitgenössische *Federlithografie von Johann Evangelist Ling.* »Die türk'sche Straf ist auch in Deutschland Mode: Denn Fraun und Männer schnüren sich zu Tode.«

Obsthändlerin am Brandenburger Tor. *Lithografie von Franz Burchard Dörbeck, um 1830.*

Ein »Eil-Postwagen« aus dem Jahre 1826. *Zeitgenössischer Kupferstich.*

Borsigs »Machinenbau-Anstalt« und Eisengießerei in der Berliner Chaussestraße. *Gemälde von Karl Eduard Biermann, 1847. Berlin, Deutsches Technikmuseum Berlin.*

»Ansicht der Eisenbahn von Berlin nach Potsdam.« *Kreidelithografie, um 1838.* Die erste Eisenbahnverbindung Berlin – Potsdam wurde am 22. September 1838 in Betrieb genommen. Während der Kronprinz dem neuen Verkehrsmittel eine große Zukunft prophezeite – »Diesen Karren, der durch die Welt rollt, hält kein Menschenarm auf« –, war es dem König gleichgültig, »ob man eine Stunde früher in Potsdam ankommt oder nicht.«

Die Klosterstraße in Berlin.
Gemälde von Eduard Gaertner, 1830.
Berlin, Staatliche Museen zu Berlin – Preußischer Kulturbesitz, Nationalgalerie.
Mit dem Aufstieg Preußens im 19. Jahrhundert musste in der Hauptstadt ein Teil des mittelalterlichen Stadtkerns neuen klassizistischen Bauten weichen.

Karl Friedrich Schinkel. *Zeitgenössische Lithografie.* Der aus Neuruppin stammende Baumeister Schinkel wurde der berühmteste Architekt Preußens im 19. Jahrhundert. Seine rund 50 im Klassizismus ausgeführten Bauprojekte, darunter die Neue Wache (1816–1818), das Schauspielhaus (1818–1821), das Alte Museum (1823–1830) und die Bauakademie (1831–1836) in Berlin sowie die Nikolaikirche (1826–1837) und Schloss Charlottenhof (1826) in Potsdam, prägten die brandenburgisch-preußische Landschaft nachhaltig.

Das Königliche Museum zwischen Zeughaus und Schlossbrücke. *Lithografie von Johann Daniel Laurens nach einer Zeichnung von Schinkel, 1831.*

»Ach zittre nicht, mein lieber Sohn.« Schinkels Bühnenbildentwurf für den Auftritt der Königin der Nacht im ersten Akt der »Zauberflöte« von Mozart. *Gouache, 1815.*

Die Bauakademie in Berlin. *Gemälde von Eduard Gaertner, 1868. Berlin, Staatliche Museen zu Berlin – Preußischer Kulturbesitz, Nationalgalerie.*

»Klosterruine Eldena bei Greifswald«, Gemälde von Caspar David Friedrich 1824/1825. *Berlin, Staatliche Museen zu Berlin – Preußischer Kulturbesitz, Nationalgalerie.*

Caspar David Friedrich.
Selbstbildnis, Kreide, 1810.

Die Blumengärten vor dem Schloss von Muskau. Tafel XII aus dem »Atlas zur Landschaftsgärtnerei« von Pückler-Muskau. *Lithografie von Heinrich Mützel, 1834.*

»Meine Haupteigenschaft ist der Geschmack, der in allem das möglichst Vollkommenste zu erreichen versucht und es zu finden versteht.« Hermann Fürst Pückler-Muskau. *Stahlstich von George François Jaquemot, um 1840.*

Friedrich Wilhelm IV.
Gemälde von Franz Krüger, um 1845. Berlin, Stiftung Preußische Schlösser und Gärten Berlin-Brandenburg, Schinkel-Pavillon.

»König Friedrich Wilhelm IV. von Preußen zwischen Demokratie und Militär.« In der Revolution 1848/49 wurde das Militär zu einem wichtigen Machtfaktor zugunsten der gegenrevolutionären Kräfte. *Karikatur, 1848.*

Reichsverweser Erzherzog Johann von Österreich begrüßt König Friedrich Wilhelm IV. von Preußen zum Dombaufest in Köln am 14. August 1848. *Zeitgenössische Lithografie von J. C. Schall.* Die Initiative Friedrich Wilhelms IV. zur Vollendung des Kölner Doms hatte sowohl nationale Symbolkraft im Streben nach dem deutschen Gesamtstaat, als auch religiöse Tragweite im Ausgleich zwischen der protestantischen Staatsführung und der katholischen Bevölkerung in den rheinisch-westfälischen Besitzungen.

Georg Wilhelm Friedrich Hegel. *Bleistiftzeichnung von Wilhelm Hensel, 1829.*

Ferdinand Freiligrath. *Stahlstich von Carl August Schwerdgeburth nach einer Zeichnung von Johann Heinrich Schramm, um 1840.* Freiligrath gehörte zu den politisch engagierten Dichtern des Vormärzes und der Revolution von 1848/49 und unterhielt zudem Kontakte zu Karl Marx.

August Heinrich Hoffmann von Fallersleben. *Lithografie von J. O'Stückenberg nach einem Gemälde von Ernst Resch, um 1832.* Seit 1830 hatte der Dichter und Germanist Hoffmann von Fallersleben den Lehrstuhl für deutsche Sprache und Literatur in Breslau inne. 1842 wurde er aufgrund politischer Veröffentlichungen entlassen und des Landes verwiesen. Sein »Deutschlandlied«, das er 1841 auf Helgoland verfasst hatte, erfreute sich bald großer Beliebtheit.

Das Palais des Prinzen von Preußen wird am 19. März 1848 vom Volk zum »National-Eigenthum« erklärt. *Zeitgenössischer Holzstich.*

Barrikadenkämpfe am Alexanderplatz in Berlin in der Nacht vom 18. auf den 19. März 1848. *Zeitgenössische Lithografie.* »Gegen 4 Uhr plötzlicher Lärm, in den Straßen der Ruf: ›Waffen! Waffen! Man haut und schießt die Schutzbürger vor dem Schlosse zusammen!‹ … Gleich wurden nach allen Seiten bei uns Barrikaden errichtet, langsam, behaglich, feine Leute die Anführer, Jungen und Gesellen aller Art. Steine ausgerissen, auf die Dächer gebracht, die Häuser nach Waffen durchsucht, die Häuser mußten offen bleiben. Noch bei Tage, dann aber heftiger bei Nacht (im hellen Mondschein) von allen Seiten Kampf, Gewehr- und Geschützfeuer, eingedrungene Truppen mußten unter Steinhagel nach der Behrenstrasse zurück … Der Kampf dauerte die ganze Nacht, bis nach fünf Uhr. Auf den Dächern die jungen Leute mit Steinen. Nicht schlafen gegangen.« Karl August Varnhagen von Ense, Tagebucheintrag zum 18. März 1848.

Gewaltsame Entfernung der Nationalversammlung aus dem Schauspielhause zu Berlin am 15. November 1848. *Kreidelithografie, 1848.*

Die Bürgerwehr. *Zeitgenössische Lithographie.*

Die Berliner Bürgerwehr kämpft gegen aufbegehrende Arbeiter in der Nähe des Krankenhauses Bethanien am 16. Oktober 1848. Elf Menschen verloren ihr Leben. *Zeitgenössischer Holzstich.*

Eine Deputation der Frankfurter Nationalversammlung unter Eduard Simson trägt am 3. April 1849 in Berlin König Friedrich Wilhelm IV. die Krone eines Kaisers der Deutschen an. *Kolorierter Holzstich, 1849.* »... Man nähme aber nur das an und schlüge nur das aus, was angeboten werden könne. Die Paulskirche aber habe keine Krone anzubieten und ich folglich keine auszuschlagen und anzunehmen. Diese sogenannte Krone sei aber schon an sich keine Krone, wohl aber ein Hundehalsband, mit dem man mich an die Revolution von 48 ketten wolle. Und dazu wäre ich zu gut.« Brief Friedrich Wilhelms IV. vom 5. April 1849 an König Ernst August von Hannover.

Julius H. Schoeps

Der Weg ins Kaiserreich

1850–1871

Was Friedrich Wilhelm IV. unter der Veränderung der Lebensbedingungen in Preußen tatsächlich verstand, war etwas anderes, als die Liberalen im Lande sich erhofften und die verfassungspolitischen und Gesetzesinitiativen vermuten ließen. In den folgenden Jahren bis 1858, der Zeit der Reaktion also, wurde das deutlich sichtbar.

Das Reaktionsjahrzehnt

Die preußische Verfassungswirklichkeit wurde zunehmend zur Vorherrschaft preußisch-konservativer Staatsraison: Veränderung des allgemeinen, gleichen und direkten Wahlrechts zum indirekten Dreiklassenwahlrecht; Aufhebung der Gemeinde-, Kreis- und Provinzialordnung von 1850; Umwandlung der ersten Kammer des Preußischen Landtags in das »Herrenhaus«; Einschränkung der Pressefreiheit, Wiederherstellung der gutsherrlichen Polizeigewalt und der Fideikommisse und Einschränkung des in der Verfassung verankerten Vereins- und Versammlungsrechts durch ein reaktionäres Vereinsgesetz.

Die Reaktionszeit wurde weitgehend durch weltanschauliche Machtkämpfe der entstehenden konservativen und liberalen Parteien und Gruppierungen bestimmt. Die von dem Magdeburger Gerichtspräsidenten Ernst Ludwig von Gerlach gegründete »hochkonservative« Kreuzzeitungspartei, zu deren führenden Köpfen der Staatsrechtler Friedrich Julius Stahl und der Hallenser Historiker Heinrich Leo zählten, hatte sich zwischen 1850 und 1857 am königlichen Hofe als so genannte »Kamarilla« etabliert. Von Friedrich Wilhelm IV. als beratendes Gremium zur Kontrolle des konstitutionellen Kabinetts Manteuffel benutzt, fühlten sich die Mitglieder der »Kamarilla« altpreußischen Traditionen verpflichtet und träumten von ständisch organisierten Strukturen, die sie in einem »christlichen Staat« verwirklicht wissen wollten.

Da ein bedeutender Teil der Liberalen nach dem Scheitern der Revolution von 1848 auf der politischen Bühne nicht mehr präsent war, galt in den fünfziger Jahren die von liberalkonservativen Bildungsbürgerlichen wie dem Bonner Juristen M. A. von Bethmann Hollweg gebildete »Wochenblattpartei«, der auch Prinz Wilhelm und seine Gemahlin Augusta nahe standen, als indirektes Sprachrohr liberaler und nationaler Ideen. Die Anhänger dieser Gruppierung sahen für Preußen den »sittlichen Beruf zur Lösung der deutschen Frage« (Hans-Joachim Schoeps). Im Klartext bedeutete das, ein deutscher Nationalstaat könne nur durch die Machtentfaltung Preußens erreicht werden. Preußens Zukunft sahen die Liberalkonservativen im Gegensatz zur Kreuzzeitungspartei keineswegs im Erhalt der Heiligen Allianz mit Österreich und Russland, sondern in der Befolgung einer dezidiert preußischen Interessenpolitik, die sich nicht am Osten, sondern am Westen Europas zu orientieren habe.

Sichtbarer Ausdruck der zunehmenden Repressionspolitik in Preußen war der Aufbau einer Sicherheitspolizei unter Carl Ludwig von Hinckeldey, seit 18. November 1850 Berliner Polizeipräsident und seit 4. August 1854 Generalpolizeidirektor für die höheren Sicherheitspolizeiangelegenheiten in Preußen. Hinckeldeys Polizei wurde für massive Hausdurchsuchungen, Passkontrollen, Bespitzelungen und Ausweisungen berüchtigt. Theodor Fontane warnte schon im Dezember 1849 vor der Wiedergeburt des Polizeistaates. Die repressiven Maßnahmen des Hinckeldeyschen Polizeiregiments wirkten lange nach; gerade auch sie haben das Bild Preußens negativ geprägt.

Verstärkt wurde das Klima der einsetzenden Reaktion noch dadurch, dass sich besonders das Heer, eine der wesentlichsten Machtstützen der preußischen Monarchie, infolge der Revolutions- und Kriegserfahrungen sowie durch den deutsch-österreichischen Dualismus, zu einer eigenständigen und einflussreichen Ordnungsmacht wandelte. Insgesamt fand nach 1850 durch Entlassungen und Pensionierungen eine Entliberalisierung und eine »Vernachlässigung der ethischen, rechtlichen und bildungsmäßigen Bindungen« (Gerd Heinrich) des Militärs statt. Damit waren bereits hier die Anfänge der Verselbständigung, aber auch der Dominanz des Militärs im künftigen Wilhelminischen Kaiserreich vorgezeichnet.

Doch die Jahre der Reaktion waren auch von Modernitätsideen, besonders auf wirtschaftlichem Gebiet, bestimmt. Im Zuge der fortschreitenden Industrialisierung waren es vor allem preußische Unternehmen wie Krupp, Siemens und Borsig, die eine Rolle zu spielen begannen und Mitte des 19. Jahrhunderts in den deutschen Staaten diesen Prozess weiter vorantrieben. Auftrieb erhielten insbesondere der Kohlenbergbau, die Schwer- und Elektroindustrie sowie der Lokomotivbau.

Die rasanten wirtschaftlichen Entwicklungen und das sprunghafte Bevölkerungswachstum verursachten tiefgreifende soziale Veränderungen. Für Preußen lässt sich das mit Stichworten wie zunehmende Mobilität, Städtewachstum, aber auch sozialer Verelendung kennzeichnen. Letztere führte zu einer Reihe von Privatinitiativen wie der Gründung ländlicher Darlehenskassen und gewerblicher Kreditgenossenschaften durch Raiffeisen und Schulze-Delitzsch. Dem »Pauperismus« war man bemüht durch staatliche Maßnahmen wie das Arbeitsaufsichtsgesetz von 1853 entgegenzutreten. Diese Initiativen und Maßnahmen sind Belege für eine fortschrittlich-sozial gesinnte Fürsorgepolitik, die bei der Erörterung des Mythos Preußen zumeist kaum oder gar nicht beachtet wird.

Die Annäherung an Russland

Die Auseinandersetzungen zwischen Preußen und Österreich um die Vorherrschaft in Deutschland kreisten auch nach der Olmützer Punktation 1850 vor allem um die Frage, welches Modell bei der zukünftigen Einigung zum Zuge kommen sollte, die großdeutsche oder die kleindeutsche Lösung. Im Verlauf der 1850er Jahre spitzte sich dieser Streit zu, obwohl Preußen durch die außenpolitischen Niederlagen an Machteinfluss in Europa eingebüßt hatte. Aber auch Österreich hatte seine Großmachtpläne im Deutschen Bund nicht durchsetzen können, wie Ministerpräsident Fürst Felix Schwarzenberg auf den Dresdener Konferenzen erfahren musste.

Auf wirtschaftspolitischem Gebiet konnte Preußen dennoch eine Reihe von Vorteilen für sich verbuchen. Zunächst wurde die von Österreich geplante mitteleuropäische Zollunion und später die Einbeziehung Österreichs in den kleindeutschen und von Preußen beherrschten Deutschen Zollverein verhindert. Somit konnte Preußen seinen industriellen Entwicklungsvorsprung nutzen, um seine wirtschaftliche Vormachtstellung im Deutschen Bund auszubauen.

Die preußische Außenpolitik beschränkte sich aufgrund seiner geschwächten Machtstellung auf eine defensive Interessenwahrung. Im Krimkrieg

(1853–1856) zwischen Russland, der Türkei, England und Frankreich bewahrte Preußen eine Position der Neutralität, einerseits aus wirtschaftlichen Gründen – mehrere Kriegsparteien wurden mit militärischer Ausrüstung beliefert – und andererseits wegen der aus unterschiedlichen Motiven erfolgenden innenpolitischen Parteinahme der Konservativen und Liberalen für Russland.

Im Ergebnis hatte die Neutralität Preußens im Krimkrieg zum einen eine Annäherung an das ohnehin durch Familienbeziehungen der Herrscherhäuser eng verbundene Russland und zum anderen ein Zurückdrängen des österreichischen Einflusses im Deutschen Bund zur Folge. Die Neutralität Preußens und die gleichzeitige Entfremdung Österreichs gegenüber Russland waren entscheidende Voraussetzungen für die spätere russische Rückendeckung bei den Reichseinigungskriegen und der Bismarckschen Politik, die zur Gründung des Deutschen Reiches führte.

König Wilhelm, die »Neue Ära« und der Verfassungskonflikt

Friedrich Wilhelm IV., der letzte ausschließlich preußische König, war nach 1852 seinem Amt nur noch bedingt gewachsen. Für die Zeitgenossen deutlich erkennbar, nahm seit 1854/55 der körperliche Verfall des Königs zu. Sein Bruder Wilhelm übernahm deshalb 1857 zunächst die Funktion des Stellvertreters, wobei er größere politische und personelle Veränderungen vermied. Zu diesen kam es erst mit der Übernahme der Regentschaft im Oktober 1858, als das liberale Staatsministerium unter dem Fürsten K. A. von Hohenzollern-Sigmaringen berufen wurde. Mit den Namen Auerswald, Bethmann Hollweg, Bonin und Patow, die in dem neuen Kabinett Ministerposten übernahmen, verbanden sich große Erwartungen.

Die Erklärung Wilhelms, Preußen wolle in Deutschland künftig »moralische Eroberungen« machen, schien tatsächlich eine »Neue Ära« einzuleiten. Wilhelm, der sich im Gegensatz zu seinem Bruder durch einen steten und festen Willen, Entschlussfreudigkeit und Sorgfalt auszeichnete, galt als »Muster von Pflichtgefühl und Gewissenhaftigkeit« (Otto Hintze). In der Bevölkerung brachte man ihm Bewunderung und Verehrung entgegen; nach der Reichsgründung stilisierte man ihn vielfach zum wieder auferstandenen Barbarossa. In einem Schulgeschichtsbuch des Kaiserreichs wurde der Bezug zur Kyffhäusersage direkt hergestellt, wenn es hieß: »Als Friedrich ging er schlafen/als Wilhelm stand er auf/und führt die deutschen Waffen/zu neuem Siegeslauf«.

Mit der Übernahme der Regentschaft begann zwar eine neue liberalere, im Kern nüchterne und zugleich energische Politik. Deutlich wurde aber auch, dass Wilhelm keineswegs ein Gegner der konservativen Staatsordnung war, sondern dass es ihm nur darum ging, ein anderes Regierungssystem zu praktizieren. Die Forderung der Gründer des 1859 gebildeten »Deutschen Nationalvereins«, die eine monarchisch-preußische Einigung Deutschlands durch innerliche Liberalisierung und ein Aufgehen Preußens im Reich zu erreichen suchten, entsprach keineswegs den Vorstellungen des Prinzregenten. Hinzu kam, dass er seinem Selbstverständnis nach Schwierigkeiten damit hatte, sich durch eine Verfassung kontrollieren zu lassen. Zunächst jedenfalls.

Besonders eindrucksvoll zeigte sich das in den Auseinandersetzungen zwischen Krone, Altkonservativen und Liberalen im 1860 beginnenden Heereskonflikt. Im Kern ging es bei diesem Streit um einige von allen Seiten als berechtigt angesehene praktische Reformmaßnahmen im Heer. Wilhelm und sein Kriegsminister Roon strebten die Auflösung der Landwehr an und damit die Abschaffung der freien Offizierswahl sowie die Entfernung des bürgerlichen Wahlrechts aus dem Militär. Wilhelm, am 18. Oktober 1861 in Königsberg zum preußischen König gekrönt, sah die Durchführung der Heeresreform durch die Forderung nach parlamentarischer Kontrolle der Ausgabenpolitik gefährdet und damit sein Recht auf den uneingeschränkten Oberbefehl über das Heer in Frage gestellt.

Die auf diesen Konflikt folgende Auflösung des Abgeordnetenhauses, der erneute Regierungswechsel mit der Einsetzung einer neuen konservativen Regierung unter Adolf Prinz zu Hohenlohe-Ingelfingen im März 1862, der Sieg der Liberalen in den Neuwahlen und die Ablehnung des Heeresetats durch das Abgeordnetenhaus am 23. September 1862 ließen den Heeres- zu einem Verfassungskonflikt werden. Das Ende der »Neuen Ära« begann sich abzuzeichnen. Die Auseinandersetzungen zeigten, dass es sich um einen Kampf um die Vorherrschaft in Preußen handelte, um einen Kampf zwischen dem konstitutionellen und monarchischen Prinzip.

Als mit Otto von Bismarck ein Mann die politische Bühne betrat, der ähnlich wie Friedrich II. die Entwicklung Preußens maßgeblich beeinflusste, begann die Ära einer so genannten »Realpolitik«. Auf Empfehlung des Kriegsministers Roon war Bismarck vom König ausgerechnet am 23. September 1862 zum neuen preußischen Ministerpräsidenten und Minister des Auswärtigen berufen worden, an dem Tag also, an dem das Parlament die Kraftprobe mit der Regierung suchte und die Mehrausgaben für die Armee aus dem Staatshaushalt strich. In seiner ersten Unterredung mit dem König machte Bismarck keinen Hehl aus seiner Absicht, den Verfassungskonflikt im Sinne des monarchischen Prinzips zu lösen: »Ich will lieber mit dem König untergehen, als Ew. Majestät im Kampf mit der Parlamentsherrschaft im Stich lassen.«

In seiner berühmt gewordenen Rede im preußischen Abgeordnetenhaus am 30. September 1862 verkündete Bismarck sein bekanntes und oft zitiertes Programm: »Nicht durch Reden und Majoritätsbeschlüsse werden die großen Fragen der Zeit entschieden – das ist der große Fehler von 1848 und 1849 gewesen – sondern durch Eisen und Blut.« Diese Äußerung, die wegen ihrer Missdeutigkeit von Bismarck später bereut wurde, gehört zweifellos zu den Posten, die man der Negativbilanz Preußens zurechnet. Kritiker haben diese Formulierung immer wieder zitiert, wenn es galt, Preußen des Militarismus und Säbelrasselns zu bezichtigen.

Bismarck verlor mit der Umsetzung seiner Pläne nicht viel Zeit und verschärfte nach der Ablehnung eines Vermittlungsangebots – er hatte liberalen Führern den Eintritt in sein Kabinett angeboten – den Verfassungskonflikt, indem er seine Bereitschaft erklärte, auch ohne Zustimmung des Parlaments zum Staatshaushalt weiter zu regieren und die Reorganisation des Heeres fortzuführen.

Gestützt auf die Auffassung, dass in der Verfassung eine Lücke bestehe (»Lückentheorie«) und darum das volle Königsrecht wieder in Kraft treten müsse, sollten die Steuern auch ohne Zustimmung des Parlaments durch die Regierung erhoben werden können. Im Kampf zwischen Fortschrittspartei und Regierung, der im Kern bestimmt wurde durch die Alternative parlamentarisches Regierungssystem oder monarchische Prärogative, zeigte sich Bismarck fest entschlossen, in der Machtfrage nicht nachzugeben.

Der Verfassungskonflikt hatte weitgehende Auswirkungen. Es schien, als hätte das konstitutionelle Prinzip im Gegensatz zu den westeuropäischen Staaten in Preußen keine Chance auf eine Verwirklichung. Eine Demokratisierung, damit also auch die Gewaltenteilung, war nach dem vorhergehenden Willkürakt des Verfassungsbruchs nicht zu erwarten. Nach wie vor war das preußische Königtum fest in der Bevölkerung verwurzelt und Bismarck konnte sich in seiner Politik auf die unbedingte Loyalität des Heeres und des Beamtentums verlassen. Mit Veränderungen der innenpolitischen Verhältnisse, das heißt also mit einer Demokratisierung der Gesellschaft, schien in absehbarer Zeit nicht zu rechnen zu sein.

Von Düppel nach Königgrätz

Im Januar 1863 schlug Russland den Aufstand für einen polnischen Nationalstaat nieder. Bismarck, der die preußischen Staatsinteressen bedroht sah, hatte durch General Gustav von Alvensleben die Bereitschaft zur Unterstützung Russlands bei der Verfolgung der Aufständischen zugesagt. Damit gewann Preußen neue Sympathien am Zarenhof, was die Beziehungen zur größten Festlandsmacht vertiefte und den Grundstein zur russischen Duldung bzw. Rückendeckung der anstehenden Auseinandersetzungen mit Österreich und Frankreich legte.

Der österreichisch-preußische Dualismus im Kampf um die Vorherrschaft im Deutschen Bund trat nunmehr in seine »aggressive Periode« (Gerd Heinrich). Unter dem österreichischen Staatsminister Anton von Schmerling, einem eher liberal gesinnten Politiker, der mehr Sympathien in den mittel- und süddeutschen Kleinstaaten besaß als Bismarck, wollte Österreich den Deutschen Bund zu seinen Gunsten reformieren. Wilhelm I. blieb auf Anraten Bismarcks jedoch dem auf Einladung Kaiser Franz Josephs zusammengetretenen deutschen Fürstentag in Frankfurt am Main vom 16. August bis 1. September 1863 fern. Er entschied sich dazu, obwohl König Johann von Sachsen eine erneute persönliche Einladung überbrachte hatte, die von allen in Frankfurt anwesenden 31 Königen, Herzögen und Fürsten unterschrieben worden war.

Die mitteldeutschen Kleinstaaten zeigten sich nicht bereit, ohne Preußen bindende Beschlüsse zu fassen. Sie zogen ihre schon zugesicherte Unterstützung der Reformpläne Österreichs zurück und erklärten, nur dann zustimmen zu wollen, wenn auch Preußen mit diesen Plänen einverstanden wäre. Preußen lehnte die Pläne jedoch am 22. September offiziell ab. Damit war sowohl die Neuorganisation des Deutschen Bundes gescheitert wie auch dem österreichischen Vormachtstreben klare Grenzen aufgezeigt. Die Möglichkeit eines grundlegenden Ausgleichs der Interessen zwischen Preußen und Österreich war gescheitert.

Vom Schauplatz des Konflikts um eine Neuorganisation des Deutschen Bundes und der damit zusammenhängenden preußisch-österreichischen Interessengegensätze lenkte zunächst die Schleswig-Holstein-Frage ab, die sich nach dem Thronwechsel in Dänemark 1863 akut zugespitzt hatte. Im Londoner Protokoll von 1852 hatte der dänische König Frederik VII. feierlich versprochen, dass die kommende Gesamtstaatsverfassung die Autonomie der in Personalunion mit der Krone Dänemarks verbundenen Herzogtümer Schleswig und Holstein sicherstellen werde. Gleichzeitig gingen aber die Versuche weiter, Schleswig von Holstein abzutrennen und Dänemark anzugliedern.

Für Preußen hingegen ging es um die Einverleibung der Herzogtümer Schleswig und Holstein in das preußische Staatsgebiet. »Die up ewig Ungedeelten müssen ein Preussen werden«, ein Ausspruch Bismarcks, den dieser in der Silvesternacht 1863/64 gegenüber seinem Schwager geäußert hatte, wurde zum geflügelten Wort. Im Januar 1864 verlangten Preußen und Österreich in ultimativen Noten die Zurücknahme der dänischen Forderungen. Dänemark, auf englische Unterstützung hoffend, lehnte jedoch ab. Am 1. Februar begannen die Kriegshandlungen, in deren Folge 40 000 preußische und 20 000 österreichische Soldaten die Eider überschritten und Schleswig besetzten.

Zahlreiche Mythen ranken sich um den legendären Sturm der preußischen Truppen auf die Düppeler Schanzen. Dieses Kriegsereignis vom 18. April 1864 ist in der patriotischen Geschichtsschreibung und in der zeitgenössischen Malerei weit über die tatsächliche Bedeutung hinaus verklärt worden. Zu der Mythenbildung, die unmittelbar nach dem Ereignis einsetzte, hat insbesondere Bismarck beigetragen, der einen militärischen Erfolg deshalb für notwendig gehalten hatte, weil er davon überzeugt war, nur mit einem spektakulären Sieg würde eine zufriedenstellende politische Regelung der verwickelten deutsch-dänischen Beziehungen zu erreichen sein.

Der Krieg war mit dem Sturm auf die zwischen Flensburg und Sonderburg an der Küste gelegenen Schanzen von Düppel aber noch nicht entschieden. Lediglich ein Waffenstillstand wurde vereinbart, aber die dänische Flotte blockierte weiterhin die deutschen Küsten. Im Sommer 1864 besetzten preußische und österreichische Truppen ganz Jütland bis zum Skagerrak. Die Dänen waren dadurch zum Einlenken gezwungen. Am 30. Oktober wurde in Wien ein Friedensvertrag unterzeichnet, der nach dem Verzicht des Dänenkönigs auf die Landeshoheit die Herzogtümer nebst Lauenburg zum »Kondominat« (Gemeinschaftsbesitz) von Preußen und Österreich machte.

Die unterschiedlichen Interessen beider Mächte waren dadurch aber nicht ausgeglichen. Bis 1865 wurde zäh um die Durchsetzung der eigenen Vorstellungen gerungen. Im Gegensatz zu der von Preußen beabsichtigten Angliederung der Herzogtümer an Preußen gegen einen finanziellen Ausgleich wollte Österreich die Herzogtümer als neuen Mittelstaat in den Deutschen Bund aufnehmen. Erst im Vertrag von Gastein vom 14. August 1865 wurden die Interessensphären zwischen beiden Staaten zum preußischen Vorteil aufgeteilt: Österreich verwaltete – für sich selbst kaum nutzbringend – Holstein, Preußen bekam die Verwaltung Schleswigs und gegen eine Geldabfindung Lauenburg.

Der dänische Krieg und seine Folgen hat die Auseinandersetzung zwischen Preußen und Österreich 1866 fast automatisch herbeigeführt. Es zeigte sich, dass die gemeinsame Verwaltung der Herzogtümer zum Hauptanlass für die Spannungen zwischen beiden Staaten wurde. Österreich, das sich durch Bismarcks Außenpolitik auf das Äußerste brüskiert fühlte, rief am 1. Juni 1866 den Bundestag um Hilfe sowie um Entscheidung über das Schleswig-Holstein-Problem an. Bismarck wiederum sah das als einen Bruch der Gasteiner Konvention und ließ preußische Truppen in Holstein einrücken. Die diplomatischen Beziehungen zwischen Preußen und Österreich wurden am 12. Juni 1866 abgebrochen.

Der Antrag Österreichs, das Heer des Deutschen Bundes gegen Preußen zu mobilisieren, führte zum Austritt Preußens aus dem Bündnis und zur Kriegserklärung Preußens und Italiens an Österreich. Die Entscheidung fiel wenig später auf dem Schlachtfeld. Die preußische Armee errang unter dem Oberbefehl des Königs und der Beratung des Generalstabschefs Helmuth von Moltke den Sieg über die Österreicher in der Schlacht bei Königgrätz am 3. Juli 1866. Den Ausschlag für den Sieg gaben ein kühner Aufmarschplan und die preußische Infanterie, die in Taktik und Bewaffnung (mit »Zündnadelgewehr«) den österreichischen Streitkräften (mit »Voderlader«) bei weitem überlegen war.

Mit dem Sieg von Königgrätz war nach den Niederlagen bei Jena und Auerstedt der verloren gegangene Mythos der unbesiegbaren preußischen Armee wiederhergestellt. Vielen Zeitgenossen erschien der preußisch-österreichische Krieg wie eine »große deutsche Revolution« (Jakob Burckhardt), wie ein »Erdbeben«, das »die Geschichte nach jahrelanger Stockung ins Rollen« (Friedrich Nietzsche) gebracht habe. In Gedichten und Gemälden wie der »Apotheose König Wilhelm I.« von Hermann Julius Schlösser wurde die »Sendung« Wilhelms I. künstlerisch zum Mythos stilisiert. Zunehmend mehr Menschen begannen sich für die Vision eines vereinten Deutschland mit Preußen an der Spitze zu begeistern.

Im Vorfrieden von Nikolsburg am 26. Juli 1866 erhielt Preußen das gesamte Schleswig-Holstein sowie Österreichs Zustimmung zur Bildung eines Staatenbundes nördlich der Mainlinie. Im Frieden von Prag am 23. August 1866 wurde die endgültige

Auflösung des Deutschen Bundes festgelegt. Gleichzeitig schloss Preußen mit den süddeutschen Staaten, die vorher an der Seite Österreichs gekämpft hatten, Schutz- und Trutzbündnisse ab. Die Vorherrschaft war nunmehr zugunsten Preußens entschieden. Der Weg zur Reichseinigung schien frei, nicht zuletzt auch deshalb, weil der Sieg Preußens über Österreich mit der Annexion der Staaten Hannover, Kurhessen, Nassau und der Stadt Frankfurt am Main einhergegangen und dadurch ein in sich zusammenhängendes Staatsgebiet entstanden war. Das preußische Territorium wuchs um 72 000 Quadratkilometer mit 4,9 Millionen Einwohnern. Es umfasste nun 350 000 Quadratkilometer mit 24 Millionen Einwohnern.

Sowohl bei den Liberalen wie auch bei den Konservativen kam es unter dem Eindruck der außenpolitischen Erfolge Bismarcks zu Erosionstendenzen und zu Abspaltungen von Gruppen, die einen realpolitischen Kompromiss mit der Regierung für angebracht hielten. Die einen organisierten sich in der »Nationalliberalen Partei«, die anderen in der Freikonservativen Fraktion, die das Erbe der Wochenblattpartei aufnahm und sich später »Freikonservative Partei« nannte. Bismarck wusste diese Entwicklung durch eine kluge Politik zu nutzen.

Mit der Annahme der so genannten Idemnitätsvorlage (»Entlastung«) der Regierung, mit der für die budgetlose Zeit die nachträgliche Genehmigung eingeholt wurde, war der Verfassungskonflikt beendet. Es war eine Geste, die als »tätige Reue« angesehen wurde, den größten Teil der Liberalen aussöhnte und die Voraussetzung schuf, Bismarcks nationale Politik zu akzeptieren. Die Nationalliberalen begannen jetzt zunehmend den Machtstandpunkt über alle verfassungsrechtlichen Bedenken zu stellen. So wurden sie zur eigentlichen Partei der Reichsgründung.

Norddeutscher Bund und Reichsgründung

Nachdem Preußen »auf den Schlachtfeldern Böhmens das Recht zur Neuordnung Deutschlands« (Hans-Joachim Schoeps) errungen hatte, ging Bismarck zielstrebig die Reichseinigung an. Der Norddeutsche Bund, gegründet am 18. August 1866, vereinte Ende des Jahres 1866 bereits alle Staaten nördlich des Mains und Sachsen. Die Verfassung, die am 1. Juli 1867 in Kraft trat und maßgeblich von Bismarck ausgearbeitet worden war, zielte in der Hervorhebung der Hegemonialstellung Preußens und seiner Krone schon auf die zukünftige Reichsverfassung ab.

Der König von Preußen übernahm die Funktion des Bundespräsidenten und des Bundesfeldherrn, also des Oberbefehlshabers der Bundestruppen, die bis auf die sächsischen in die preußische Armee eingegliedert wurden. Der preußische Ministerpräsident war zugleich Bundeskanzler, und im Bundesrat besaß Preußen mit 17 von 43 Stimmen eindeutig das Übergewicht. In den ersten Wahlen am 12. Februar 1867 – die als Zugeständnis Bismarcks an die Liberalen nach allgemeinem, gleichem und direktem Wahlrecht durchgeführt wurden – konnten die Nationalliberalen und die Freikonservativen eine zahlenmäßige Mehrheit erringen, die Parteien also, die die Reichseinigungspläne Bismarcks am entschiedensten unterstützten. Die Verfassung des Norddeutschen Bundes wurde mit etlichen Abänderungen am 17. April 1867 vom Norddeutschen Reichstag angenommen und Otto von Bismarck zum Bundeskanzler ernannt.

Im Zug der Überarbeitung der alten Verträge mit den süddeutschen Staaten über den deutschen Binnenhandel wurde an Stelle des schwerfällig gewordenen Zollvereins ein jährlich tagendes Zollparlament eingerichtet, das den moderneren wirtschaftlichen Bedürfnissen angepasst war. Bismarck hatte sich nicht nur für den Abschluss von

Schutz- und Trutzbündnissen mit jedem Einzelnen der süddeutschen Staaten, sondern auch für eine freihändlerische Wirtschaftspolitik entschieden, Maßnahmen also, die den Reichseinigungsprozess beschleunigten.

In der Außenpolitik erwies sich Frankreich mit Napoleon III. in seiner Furcht vor einem mächtigen deutschen Nationalstaat als ernstes Hindernis für die deutsche Reichseinigung. Eine Auseinandersetzung mit Frankreich war unvermeidlich. Den offiziellen Anlass bot die spanische Thronfolgefrage, die eigentlich mit dem Verzicht des Hohenzollernprinzen Leopold schon gelöst schien, als Bismarck mit seiner bewusst gekürzten Veröffentlichung der Emser Depesche, einer Wiedergabe der Unterredung zwischen dem französischen Botschafter Benedetti und Wilhelm I. in Bad Ems, die Kriegserklärung Frankreichs am 19. Juli 1870 provozierte. Der deutsch-französische Krieg, der erste moderne nationale Volkskrieg Europas, an dem die süddeutschen Staaten unter preußischem Oberbefehl teilnahmen, wurde durch die Schlacht bei Sedan am 2. September 1870 und der anschließenden Kapitulation Napoleon III. entschieden.

Im Oktober und November 1870 führte Bismarck in Versailles erfolgreich die Verhandlungen mit den süddeutschen Staaten über die Bildung eines deutschen Nationalstaates auf der Grundlage des Norddeutschen Bundes. Die Reichseinigung erfolgte von oben, durch die Kabinettspolitik der Fürsten und auf der Woge der Begeisterung über die militärischen Erfolge, unterstützt durch die Rückendeckung Russlands als Gegenleistung zum preußischen Verhalten im Krimkrieg und beim Polenaufstand im Jahre 1863.

Nach längerem Zögern ließ sich Wilhelm I. zur Annahme der deutschen Kaiserkrone und des Titels »Deutscher Kaiser« bewegen, obwohl er die »glänzende preußische Krone« weitaus mehr schätzte. Der Reichsgründungsakt, die Kaiserproklamation am 18. Januar 1871 – dem 170. Gedenktag der Gründung des preußischen Königreiches –, die unter großem militärischem Pomp im Spiegelsaal von Versailles stattfand, war eine eindrucksvolle Demonstration preußischer Machtpolitik.

Allen in Versailles versammelten Fürsten, Ministern und Feldherren dürfte klar gewesen sein, von wem der Anstoß zur Gründung des Deutschen Reiches ausgegangen und welcher Staat in diesem Reich künftig das Sagen haben würde.

Die vollzogene Reichseinigung beendete gewissermaßen die Geschichte des alten preußischen Königreiches. Deutlich wird das in den Worten des frisch gekürten Kaisers, der gegenüber seiner Gemahlin, Kaiserin Augusta, noch am Tage der Proklamation seinem »Schmerz« Ausdruck verlieh, den »preußischen Titel verdrängt zu sehen«. Die Bewertung dieser Vorgänge hing jedoch vom jeweiligen Standpunkt ab. Für die Altkonservativen hatte sich mit Bismarcks Politik das »Prinzip der Revolution« durchgesetzt. Für die Mehrzahl der Liberalen jedoch war mit der Reichseinigung ein Traum in Erfüllung gegangen. Preußen war in Deutschland aufgegangen.

König Friedrich Wilhelm IV. leistet im Rittersaal des Berliner Stadtschlosses den Eid auf die revidierte Verfassung vom 6. Februar 1850, die aus der »oktroyierten« Verfassung vom 5. Dezember 1848 hervorgegangen ist. Sie begründete in Preußen die Staatsform der konstitutionellen Monarchie und blieb bis 1918 in Kraft. *Zeitgenössischer Holzstich.*

Carl Ludwig von Hinckeldey. *Lithografie von Carl Wildt nach einem Gemälde von Franz Krüger, Mitte 19. Jahrhundert.* Hinckeldey war seit 1848 Berliner Polizeipräsident. Durch den Ausbau der geheimen Polizei wurde er zum maßgeblichen Mitgestalter des Reaktionsjahrzehnts nach 1848/49.

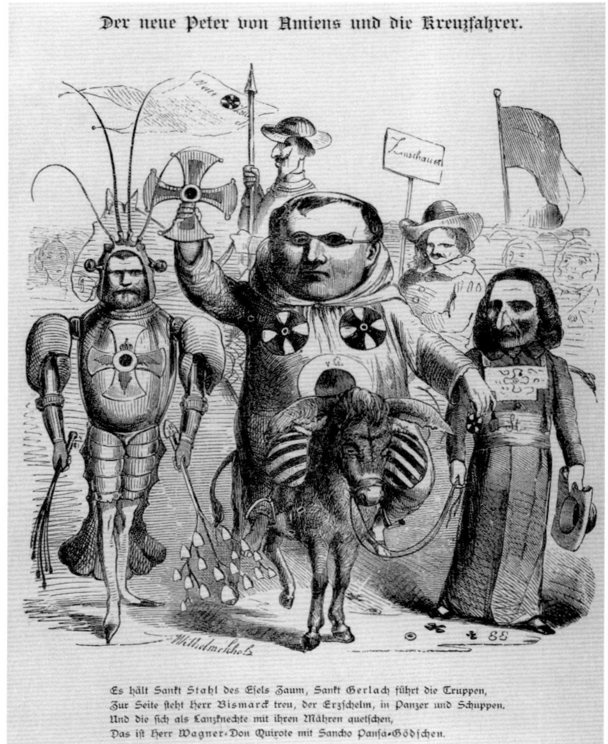

Karikatur auf die Gründung der konservativen »Neuen Preußischen Zeitung«, der so genannten »Kreuzzeitung«. *Karikatur von Wilhelm Scholz aus dem »Kladderadatsch«, 1849.* In »missionarischer« Funktion sind Ernst Ludwig von Gerlach (Mitte), Friedrich Julius Stahl (rechts) und Otto von Bismarck (links) zu erkennen.

»Die Krönung König Wilhelms I. von Preußen zu Königsberg, am 18. Oktober 1861.« *Lichtdruck nach einem Gemälde von Adolph von Menzel.*

Die Rückkehr Wilhelms I. von der Krönung in Königsberg nach Berlin am 22. Oktober 1861. *Gemälde von Eduard Gaertner, 1861. Berlin, Stiftung Preußische Schlösser und Gärten Berlin-Brandenburg, Schloss Charlottenburg.*

HOTEL

Der Sturm preußischer Truppen auf die Düppeler Schanzen am 18. April 1864. *Zeitgenössische Lithografie.*
Der Konflikt um die beiden »up ewig ungedeelten« Herzogtümer Schleswig und Holstein, welche Mitgliedsstaaten des Deutschen Bundes waren, loderte 1863/64 erneut auf, als König Christian IX. von Dänemark, in Personalunion Herzog von Schleswig, Holstein und Lauenburg, mittels einer verfassungsrechtlichen Änderung Schleswig dem Königreich anzugliedern versuchte. Der Krieg von 1864 brachte daraufhin die Entscheidung zugunsten Preußens und Österreichs: im Frieden zu Wien vom 30. Oktober 1864 musste Christian IX. die umstrittenen Gebiete an die Sieger abtreten.

Auf den Düppeler Schanzen erbeutete dänische Geschütze. *Reportagefoto, April 1864.*

»König Wilhelm I. in der Schlacht bei Königgrätz am 3. Juli 1866.« *Gemälde von Christian Sell, o. J. Rastatt, Wehrgeschichtliches Museum.* Der Krieg von 1866 zwischen Preußen und Österreich und ihren Verbündeten führte zum Ende des 1815 gegründeten Deutschen Bundes und entschied den Dualismus der beiden Großmächte zugunsten Preußens.

»Bismarck und Napoleon III. am Morgen nach der Schlacht bei Sedan.« *Entwurf zu einem Gemälde von Wilhelm Camphausen, 1874. Berlin, Staatliche Museen zu Berlin – Preußischer Kulturbesitz, Nationalgalerie.* Der Sieg des preußisch-deutschen Heeres bei Sedan am 1. September 1870 wirkte sich entscheidend auf den weiteren Verlauf des Deutsch-Französischen Krieges aus.

»Die Kapitulationsverhandlungen in Donchery« in der Nacht vom 1. zum 2. September 1870. *Farbskizze zu dem Diorama von Anton von Werner, 1885. Privatbesitz.* Infolge der Kapitulation der französischen Armee unter Mac Mahon geriet Napoleon III. in Gefangenschaft und wurde bis zum Ende des Krieges auf Schloss Wilhelmshöhe in Kassel arretiert. Die am 4. September 1870 in Paris ausgerufene Dritte Republik führte den Krieg weiter.

»Abreise König Wilhelms I. zur preußischen Armee am 31. Juli 1870.« *Gemälde von Adolph von Menzel, 1871. Berlin, Staatliche Museen zu Berlin – Preußischer Kulturbesitz, Nationalgalerie.*

»Die Proklamierung des Deutschen Kaiserreiches am 18. Januar 1871 im Spiegelsaal von Versailles.« *Gemälde von Anton von Werner (Friedrichsruher Fassung), 1885. Friedrichsruh, Bismarck-Museum.* Um Bismarck in der Versammlung der Fürsten und Offiziere hervorzuheben, hielt von Werner ihn in einer weißen Uniform fest.

Marko Leps

Preußen im Deutschen Kaiserreich

1871–1918

Mit der Kaiserproklamation am 18. Januar 1871 war die Gründung eines deutschen Nationalstaates, des Deutschen Reiches, erreicht. Die lang ersehnte Vereinigung vollzog sich jedoch nicht auf dem Wege von Verhandlungen oder durch einen parlamentarischen Beschluss, sondern als Folge preußischer Macht- und Kabinettspolitik, durch eine Vereinbarung der monarchischen Obrigkeiten.

Der konservative Ordnungsstaat der Bismarck-Ära

Im Reich selbst besaß Preußen als einzige deutsche Großmacht schon allein aufgrund seines Flächen- und Bevölkerungsanteils (über 65 Prozent der Fläche und fast 60 Prozent der Bevölkerung: 24,7 Millionen Einwohner) eine klare Hegemonialstellung, die auch in der Verfassung fest verankert war. Die politische Macht lag trotz konstitutioneller Zugeständnisse an den Reichstag eindeutig in den Händen des preußischen Monarchen und seiner Beamtenschaft. Der preußische König Wilhelm I. war, wenn auch widerwillig, nunmehr Deutscher Kaiser und führte den Vorsitz im von Preußen dominierten Bundesrat. Er vertrat das Deutsche Reich nach außen, bestimmte über Kriegserklärungen und Friedensschlüsse, überwachte Bundesbeschlüsse, war Oberbefehlshaber über Heer und Flotte und besaß ein Vetorecht gegen jede Verfassungsänderung.

Das Amt des preußischen Ministerpräsidenten war in Personalunion mit dem des Reichskanzlers verbunden. Als dieser trug er durch seine Autonomie gegenüber dem Reichstag und durch die Gegenzeichnung kaiserlicher Verordnungen und Erlasse die alleinige Verantwortung für die zentrale Reichspolitik. Die preußische Ministerialbürokratie bildete zudem den Unterbau der Reichsbehörden, deren leitende Beamte überwiegend preußische Minister waren. Die preußische Politik konnte sich somit in Bezug auf ihre Stellung und ihren Einfluss im Reich am Ziel ihrer Wünsche wähnen. Doch bedeutete die Reichsgründung nicht vielmehr schon das Ende Preußens, die Aufgabe seiner Selbstständigkeit, oder gab es eigenständige Entwicklungen?

Viele Zeitgenossen spürten den Konflikt zwischen den Interessen Preußens und des Reiches. Besonders die Konservativen sahen die Gefahr der Überlagerung von preußischen durch deutsche Interessen, vor allem wegen des Bündnisses, das Bismarck mit den Nationalliberalen zur Reichsgründung einging: »Der Bismarck ruiniert uns noch den ganzen preußischen Staat, das Reich bekommt Preußen nicht« (Hans Goldschmidt).

Nüchtern betrachtet, bezahlte Preußen für die von ihm maßgeblich initiierte Reichsgründung mit der allmählichen Aufgabe seiner Souveränität und Unabhängigkeit; es transferierte einen Großteil seiner Machtposition auf das Deutsche Reich. Als aufgesetzte »Verpreußung« erschien den übrigen Bundesstaaten die Auferlegung preußischer Wertbegriffe, Leitbilder, Amtsvorstellungen und Institutionen. Als mächtigster Bundesstaat war seine Geschichte nicht nur schlechthin untrennbar mit der des Deutschen Kaiserreiches verbunden, sondern überlagerte sie. Alle neuen fortschrittlichen Entwicklungen schienen eher mit dem Reich als mit Preußen assoziiert zu werden, jegliche repressiven politischen Handlungen und Geisteshaltungen aber auf Preußen zurückzufallen. Das traf explizit auf die Innenpolitik des deutschen Kaiserreiches und Preußens zu.

Nach der Reichsgründung offenbarte sich der unterschiedliche Entwicklungsstand der innenpolitischen Verhältnisse Preußens und des Deutschen Reiches. Am deutlichsten wurde diese Diskrepanz in der Wahlrechtsfrage. Für den neuen Reichstag galt das fortschrittlichere allgemeine, gleiche, direkte und geheime Wahlrecht – ein Zugeständnis Bismarcks an die Nationalliberalen –, während für das Abgeordnetenhaus des Preußischen Landtags weiterhin das unzeitgemäße allgemeine, indirekte und öffentliche Dreiklassenwahlrecht angewandt wurde.

Die Konfliktfelder in der Innenpolitik des Deutschen Kaiserreiches waren keine ausschließlich preußischen Auseinandersetzungen – wenngleich sie im preußischen Staat mit größter Vehemenz ausgetragen wurden –, dennoch sind sie wegen der Dominanz Preußens im Reich als preußische Politik aufgefasst worden. Besonders die als »Kulturkampf« bezeichnete repressive Auseinandersetzung Preußens und des Reiches mit der katholischen Kirche und der von Bismarck als »Reichsfeinde« bezeichneten Zentrums-Partei bedeutete eine Abkehr von preußischen Traditionen, insbesondere der Toleranz gegenüber den Religionen. Im Kulturkampf kam Bismarck nationalliberalen Bestrebungen entgegen. Einzelne Maßnahmen von weitreichender Bedeutung waren die Aufhebung der katholischen Abteilung des preußischen Kultusministeriums (Juni 1871), das Verbot der politischen Inanspruchnahme des geistigen Amtes durch den Kanzelparagraph (Dezember 1871), die staatliche Aufsicht über alle privaten und konfessionellen Schulen durch das Schulaufsichtsgesetz (März 1872), das Verbot des Jesuitenordens (Juli 1872), die staatliche Aufsicht über die Kirchen, die Vorbildung und Anstellung der Geistlichen sowie über die kirchliche Disziplinargewalt in den so genannten preußischen »Mai-Gesetzen« des Jahres 1873. Schließlich folgte im Mai 1874 die Einführung der obligatorischen Zivilehe, die ein Jahr später als Reichsgesetz verabschiedet wurde. Das Ergebnis dieser Maßnahmen kam einem Kahlschlag gleich: nach dem Expatriierungsgesetz 1874 waren alle katholischen Bischöfe Preußens des Landes verwiesen oder inhaftiert, allein 600 katholische Pfarrstellen nicht besetzt. Der politische Schaden für Preußen, das nun nicht mehr religiöse Toleranz sein Eigen nennen konnte, war beträchtlich, die Abkehr von altpreußischen Traditionen unübersehbar.

Mit der erfolglosen repressiven Bekämpfung der ebenfalls als »Reichsfeinde« klassifizierten deutschen Sozialdemokratie, die ihr politisches Wirkungszentrum in der Reichshauptstadt und preußischen Metropole Berlin hatte, und des Verbots ihrer Aktivitäten durch das Sozialistengesetz von 1878 bis 1890 erfolgte eine tiefgreifende Entfremdung von Arbeiterschaft und Reich bzw. dem Staat Preußen. Das wog umso schwerer, als sich im Rahmen des Industrialisierungsprozesses in preußischen Regionen wie dem Ruhrgebiet, dem Saarland, Berlin und Oberschlesien bedeutende Industriegebiete herausgebildet hatten.

Auch die nach 1881 von Bismarck eingeleitete Sozialgesetzgebung in Form der Krankenversicherung (1883), der Unfallversicherung (1884) und der Invaliditäts- und Altersversicherung (1889) konnte, bei all ihrer richtungweisenden Fortschrittlichkeit, an dieser Entfremdung nur wenig ändern. Der soziale Frieden war nachhaltig gestört. Der Kulturkampf, die Bekämpfung der Sozialdemokratie, aber auch Bismarcks Umgang mit den Parteien, durch die er zur »Verelendung des deutschen Parteienwesens« (Manfred Görtemaker) maßgeblich beitrug, waren schwerwiegende

Hypotheken der Geschichte des Deutschen Kaiserreiches und, aufgrund seiner dominierenden Position, auch der preußischen Geschichte.

Abschluss der Verwaltungsreformen

Die preußische Innenpolitik konzentrierte sich nach der Reichsgründung auch auf die Vereinheitlichung seiner Verwaltung in den Provinzen und Kreisen und damit auf die Beendigung der schon zu Beginn des Jahrhunderts begonnenen Reformen. Erforderlich machte das nicht zuletzt die Integration der vor der Reichsgründung angegliederten neuen Provinzen Hannover, Schleswig-Holstein und Hessen-Nassau. Die bereits vor 1871 begonnene Vorbereitung der Verwaltungsreform der Kreise und Provinzen, ebenfalls mitverantwortet von den mit Bismarck verbündeten Nationalliberalen, zeitigte bald erste Ergebnisse. Mit der Kreisordnung für die östlichen Provinzen Brandenburg, Posen, Schlesien, Preußen, Sachsen und Pommern vom 13. Dezember 1872 wurde die Polizeigewalt der Gutsherren aufgehoben und den Landkreisen in Form der Kreisausschüsse und Kreistage Selbstverwaltungsaufgaben übertragen. Der preußische Landrat – der nunmehr eines juristischen Studiums als Voraussetzung für sein Amt bedurfte – erhielt eine Doppelstellung sowohl als staatlicher wie auch als kommunaler Beamter. Das Amt des Landrats blieb allerdings vorrangig dem Grund besitzenden Adel vorbehalten – deutlicher Ausdruck der konservativen Grundhaltung des preußischen Staates. Die Provinzialordnung vom 29. Juni 1875, ebenfalls zunächst nur für die östlichen Provinzen geltend, installierte neben den staatlichen Provinzialverwaltungen (Oberpräsident, Provinzialrat) die durch Dotationen mit eigenen Finanzen ausgestatteten provinzialen Selbstverwaltungskörperschaften (Provinziallandtag, Provinzialausschuss und Landesdirektor), die im Laufe der Zeit zu den Trägern der kommunalen Leistungsverwaltung wurden und die wirtschaftliche und kulturelle Entwicklung der preußischen Provinzen entscheidend prägten.

Die Verwaltungsreformen unter Einschluss der Einführung der Verwaltungsgerichtsbarkeit wurden nach dem konservativen innenpolitischen Kurswechsel Bismarcks ab 1878/79 durch die Gesetze über die Allgemeine Landesverwaltung sowie die Zuständigkeit der Verwaltungs- und Verwaltungsgerichtsbehörden im Jahr 1883 vorläufig abgeschlossen. Erst 1889 wurden die Verwaltungsgesetze auf die westlichen Provinzen Preußens (Rheinland, Westfalen, Hannover, Hessen-Nassau, Schleswig-Holstein) ausgedehnt. Geprägt von der konservativen Politik des preußischen Innenministers Robert von Puttkamer, führten die eher liberal begonnenen Reformen der preußischen Verwaltung der 1870er und 1880er Jahre nunmehr zu einer weiteren Vertiefung des konservativen Charakters des preußischen Staates. Dazu zählte auch die 1891 längst überfällige neue Landgemeindeordnung. Durch die Reformen konnte die innere preußische Verwaltung zwar vereinheitlicht werden, dennoch verkomplizierte sich der Verwaltungsaufbau zunehmend.

Die Außenpolitik

Die Außenpolitik des Deutschen Reiches stand in der Bismarck-Ära noch weitestgehend in preußischer Tradition, war von preußischem Einfluss geprägt. Markanter Ausdruck dessen war die Umbenennung des preußischen Außenministeriums in Auswärtiges Amt des Deutschen Reiches.

Die mit der demütigenden Kaiserproklamation in Versailles und der Annexion Elsass-Lothringens geschürte »Erbfeindschaft« Frankreichs mit Deutschland ging einher mit dem von Bismarck gefürchteten »cauchemar des coalitions« (Albdruck feindlicher Koalitionen), insbesondere was eine Verbündung Frankreichs und Russlands anbelangte. Der Reichskanzler erklärte das Reich und damit auch Preußen für »saturiert«. Ziele seiner Außenpolitik waren die nachträgliche Versöhnung der europäischen Großmächte mit der Reichseinigung und der Aufbau eines defensiv ausgerichteten Bündnissystems mit und zwischen ihnen zur Isolierung Frankreichs. Darüber hinaus sollte mit den Bündnissen zu den konservativen Monarchien Österreich-Ungarn und Russland (Dreikaiserabkommen 1872/73, Zweibund mit Österreich 1879, Dreikaiserbündnis 1884 und der geheime Rückversicherungsvertrag mit Russland 1887) in Anknüpfung an alte Traditionen das »monarchische Prinzip« konserviert werden. Aufgrund dieser notwendigerweise selbst auferlegten Beschränktheit seiner Ansprüche – wohl am ehesten noch Ausdruck preußischer Realpolitik – avancierte Bismarck als deutscher Reichskanzler und preußischer Ministerpräsident mit seinem der komplizierten europäischen Lage angepassten Bündnissystem zu einem »ehrlichen Makler«, einem Vermittler und Schlichter von Großmachtinteressen und damit zu einem Bewahrer des Friedens in Europa.

Am Ende seiner Kanzlerschaft stand Bismarck jedoch mit seinen außenpolitischen Vorstellungen so gut wie isoliert da, denn preußische Realpolitik und ein Verzicht auf eine Großmachtstellung des Deutschen Reiches entsprachen nicht mehr dem vorherrschenden Zeitgeist.

Preußen im Wilhelminischen Reich

Mit dem Tod Kaiser Wilhelms I., der 99-Tage-Regentschaft Friedrichs III. und der Thronbesteigung Wilhelms II. im Dreikaiserjahr 1888 vollzog sich eine weitere wichtige Zäsur in der preußischen Geschichte, die durch die Entlassung des »Urpreußen und Reichsgründers« (Ernst Engelberg) Bismarck deutlich zu Tage trat.

Mit dem 29-jährigen Wilhelm II., der 1888 zum Deutschen Kaiser und preußischen König gekrönt wurde, bestieg ein Mann den Thron, der sich ganz von seinen Vorgängern unterschied. Im »Spannungsfeld von Anfechtungen und Zeiterfordernissen« (Gerd Heinrich) war der junge Monarch von einem großspurigen Drang nach Größe und einem Hang nach Pracht und Prunk beseelt, letzteres als Kompensation seiner körperlichen Behinderung. Doch stellte er auch eine Symbolfigur des neuen Zeitgeistes dar, eine Identifikationsfigur für die Generation, die sich aufgrund des wirtschaftlichen Aufstiegs des Deutschen Reiches zur führenden Wirtschaftsmacht in Europa nicht mehr mit der Saturiertheit, der Selbstbeschränkung und dem Bewahren des bisher Erreichten der Bismarckschen Politik zufrieden gab. Wilhelms »persönliches Regiment« und seine übermütigen, sporadischen Eingriffe in die Politik, die zu irreparablen politischen Schäden führten, kennzeichneten seine Regierungszeit.

Die Wilhelminische Ära begann 1890 mit der Nichtverlängerung des Sozialistengesetzes, die letztendlich zur Entlassung Bismarcks führte. In den ersten Jahren der Kanzlerschaft Leo von Caprivis (1890–1894) zeigte sich in der preußischen Innenpolitik ein neuer Reformdrang. Dazu zählte in erster Linie das Einkommensteuergesetz von 1891 unter Finanzminister Johannes Miquel, durch das die Klassensteuer abgelöst wurde.

Um die scharfen Gegensätze zur Arbeiterschaft zu versöhnen und diese für den Staat zu gewinnen, wurden die »sozialpolitischen Erlasse« Wilhelms II. – Einführung der Sonntagsruhe und Lohnschutz – im Jahr 1891 unter dem preußischen Handelsminister Hans Freiherr von Berlepsch in die Tat umgesetzt. Doch die erhoffte Aussöhnung blieb aus; nach den für die SPD so erfolgreichen Reichstagswahlen 1893 (23,3 Prozent) wandte sich Wilhelm II. von den Sozialreformen ab und versuchte mit der »Umsturzvorlage« vom Dezember 1894 (die zwar 1895 im Reichstag ebenso abgelehnt wurde wie eine Verschärfung des preußischen Vereins- und Versammlungsgesetzes im preußischen Abgeordnetenhaus) die Sozialdemokratie erneut repressiv zu bekämpfen.

Ein zentrales Problem preußischer Innenpolitik im Kaiserreich war die insbesondere von Liberalen und Sozialdemokraten geforderte Reform des rückständigen Dreiklassenwahlrechts zum preußischen Abgeordnetenhaus in seiner indirekten (durch Wahlmänner) und öffentlichen Form. Der Gegensatz zwischen der Zusammensetzung des Reichstags und des preußischen Landtags verschärfte sich mit der weiteren Ausprägung des Industriestaates, der wachsenden Mobilität und der explosionsartigen Zunahme der großstädtischen Bevölkerung sowie des Anteils der Industriearbeiter. Diesem Wandel der sozialen Struktur wurde im preußischen Wahlrecht nicht wirklich Rechnung getragen. Während die Sozialdemokraten im Reichstag ihren Stimmenanteil von Wahl zu Wahl vermehren konnten und im Jahr 1912 die stärkste Fraktion stellten, konnten sie in Preußen erst 1908 die ersten sieben Abgeordnetenmandate erringen. Eine durchgreifende Reform des Wahlrechts und damit die Förderung staatsbürgerlicher Mitverantwortung – quasi in Fortführung der Stein-Hardenbergschen Reformen – scheiterte am rigorosen Widerstand der durch die Mandatsverteilung dominierenden altpreußischen Konservativen besonders der östlichen Provinzen. Mithin verschärfte sich so auch der Gegensatz zu den westlichen, städtisch-industriell geprägten, politisch in Preußen aber unterrepräsentierten Provinzen. Trotz der Einrichtung von zehn neuen Wahlkreisen für die Industriestädte, der Reformversuche der Reichskanzler Bernhard von Bülow und Theobald von Bethmann Hollweg und der ausdrücklichen Willenserklärung Wilhelms II. in seiner Thronrede 1908 kam eine Reform des preußischen Wahlrechts bis 1914 nicht zustande.

Gerade der altpreußische konservative Partikularimus, das Beharrungsvermögen des Adels, besonders des ostelbischen preußischen Junkertums, waren für die Ausstrahlung Preußens in der Wilhelminischen Ära bezeichnend. Der konservative ostelbische Adel galt den nach Veränderung strebenden Kräften als reaktionäres Überbleibsel einer älteren Begriffswelt und Lebensweise. Theodor Fontane hielt dazu 1897 fest: »Preußen – und mittelbar ganz Deutschland – krankt an unsren Ost-Elbiern«. In ihrer Besorgnis um das Schwinden des alten Preußen nahm die agrarische Interessenpartei eine »sozialreaktionäre«, standesegoistische Gegnerschaft gegenüber dem Reich, seiner wirtschaftlichen Entwicklung sowie allen Reform- und Demokratisierungsbestrebungen ein. Beispiel dafür war die Ablehnung der Vorlage zum Bau des Mittellandkanals im preußischen Abgeordnetenhaus in den Jahren 1899 und 1901 aus Furcht vor vermehrter Einfuhr billigeren Getreides aus Übersee. Die ostelbischen Junker – und damit auch das alte Preußen – schienen nicht mehr in die neue Zeit der Industriegesellschaft zu passen.

Auf außenpolitischem Gebiet standen der unter Reichskanzler Caprivi eingeschlagene »Neue Kurs« und das Weltmachtstreben Wilhelm II. einer preußisch-nüchternen Politik, die noch unter Bismarck prägend für das Kaiserreich war, diametral entgegen. Unter maßgeblichem Einfluss des geltungssüchtigen, sprunghaft in die Politik eingreifenden deutschen Kaisers, der sich im Gegensatz zu seinem Großvater Wilhelm I. weitaus weniger auch als preußischer König verstand, wurde das in sich zwar nicht krisenfreie, dennoch realpolitisch-stabile Bismarcksche Bündnissystem demontiert. Die gegen England gerichtete Flottenpolitik, der imperiale Drang nach Weltgeltung und die Veränderung der traditionellen europäischen Mächtekonstellation entfremdeten das Reich und Preußen immer stärker von den Großmächten Russland, Frankreich und England. Die Selbstüberschätzung der eigenen Kräfte verschärfte die Gegensätze in den Marokko- und Balkankrisen zu Beginn des 20. Jahrhunderts. Am Vorabend des Ersten Weltkriegs befand sich das Deutsche Reich, nur in einen schwachen Dreibund mit Österreich-Ungarn und Italien integriert, in einer isolierten außenpolitischen Lage.

Zum konservativen Kritiker des wilhelminischen Preußentums und seiner Auswüchse avancierte in der zweiten Hälfte des 19. Jahrhunderts Theodor Fontane, der 1899 in seinem Roman »Der Stechlin« die verloren gegangene altpreußische, innere sittliche Haltung ironisch beklagte. Waren in der Regierungszeit Bismarcks die Fortführung preußischer Traditionen und preußischer Politik noch zu erkennen, schien zumindest ein Großteil dessen, worauf Preußens Machtposition beruhte, in der Wilhelminischen Ära skurrile Formen anzunehmen. Für die Gesellschaft des Kaiserreiches und vor allem für Preußen wurden verstärkt nach 1890 – verkörpert in der Person Wilhelms II. und seiner Politik – die Überbetonung des Militärischen und schließlich die Militarisierung des zivilen Lebens kennzeichnend. Das Militär genoss nach den Siegen von 1864, 1866 und 1870/71 ein übersteigertes Ansehen und prägte mit seinem Reserveoffizier-Dünkel die Gesellschaft.

Auch das preußische Beamtentum, im Kaiserreich streng auf den konservativen Regierungskurs ausgerichtet, trug zur Ausprägung des Obrigkeitsstaates mit seiner Untertanenmentalität bei. Nicht mehr Sparsamkeit, Genügsamkeit und Rechtschaffenheit machten das Credo des preußischen Beamtenstandes aus, sondern vielfach Selbstüberschätzung und Schroffheit.

Öffentliche Staatskunst und künstlerische Avantgarde

Bei allen reaktionären, unzeitgemäßen innenpolitischen Tendenzen stand Preußen im Vergleich zu anderen Bundesstaaten des Deutschen Reiches und selbst im europäischen Maßstab auch für Rechtssicherheit, soziale Fürsorgepolitik, für Mobilität, für wissenschaftlichen und wirtschaftlich-technischen Fortschritt und für eine kulturelle Blütezeit.

Wenn auch auf kulturellem Gebiet zwischen deutschen und preußischen Leistungen nur schwer zu trennen ist, lässt sich doch hier eher eine »Verpreußung« des Reiches konstatieren. In der offiziellen, vom Staat geförderten Kunst dominierten »nationaler Fortschrittsglaube, militärische Großmannssucht und provinzielle Kleingeisterei« (Thomas Grosser/Willi Kreutz). An den wirkungsvollen Mythos vom »deutschen Beruf« Preußens, den man mit der Reichsgründung bestätigt sah, wurde seit 1871, besonders aber unter Wilhelm II., mit einer glorifizierenden Überhöhung angeknüpft. Die augenscheinlichen Gegensätze von preußischen und deutschen Interessen wurden insbesondere von zeitgenössischen Historikern und Schriftstellern durch die Vertiefung der These von der deutschen Mission Preußens überbrückt und damit aufrechterhalten. Heinrich von Sybel rechtfertigte so 1889 in seinem Werk »Die Begründung des Deutschen Reiches durch Wilhelm I.« die Maßnahmen der preußischen Herrscher aus ihrer Machtposition der Stärke als fördernd und übereinstimmend mit den »nationalen Gesamtinteressen«. Diese Haltung fand ihre Steigerung in den unzähligen populären Veröffentlichungen in Presseorganen wie der »Leipziger Illustrierten Zeitung«, aber auch in den Reden und öffentlichen Auftritten der Politiker sowie in der zeitgenössischen Kunst. Gerade die glorifizierende Malerei Ferdinand Kellers, beispielsweise in seiner Allegorie »Kaiser Wilhelm, der siegreiche Begründer des deutschen Reiches« von 1888, Hermann Wislicenus' Gedenkblatt »Die Wiederentstehung des Deutschen Reiches« von 1886 oder die Kolossalgemälde eines Anton von Werner trugen bei zur Verherrlichung der Rolle Preußens und speziell seiner Monarchen, die als Friedensstifter und Reichseiniger dargestellt wurden. Ihre Erfolge wurden als Kontinuität der preußischen Geschichte symbolisiert – angefangen vom Großen

Kurfürsten über Friedrich den Großen und die Befreiungskriege bis hin zum deutschen Kaisertum als Höhepunkt dieser Entwicklung.

Nach der Reichsgründung war in der Baukunst vor allem die »Fassaden- und Denkmalskultur« im Stile der Renaissance mit barocken Formen, die ihrer Zeit den Stempel aufdrückte. Staatliche Monumental- und Prunkbauten wie die Siegessäule in Berlin (1873), der Kölner Dom (1880), der Berliner Dom (1894–1905) von Julius Raschdorff, die Kaiser-Wilhelm-Gedächtniskirche (1891–1895) von Franz Schwechten, der Reichstag (1884–1895) von Paul Wallot, die Anlage der Siegesallee (1898–1901) oder die Denkmäler Kaiser Wilhelms I. (1897) und Bismarcks (1901) des Hofbildhauers Reinhold Begas dienten der Selbstdarstellung des neuen Reiches und damit auch ihrer Vormacht Preußen. Das trifft ebenso zu für die technischen Fortschritt und historische Monumentalität verkörpernden Bahnhofsbauten, wie zum Beispiel den Anhalter Bahnhof (1875–1880) von Franz Schwechten.

Gerade das sich mehr als Reichshauptstadt denn als »Preußenmetropole« verstehende Berlin entwickelte sich in Folge der Hochindustrialisierung und der explosionsartig anwachsenden Bevölkerung nicht nur zu einem Industrie-, Handels- und Bankenzentrum, sondern auch zu einem kulturellen Brennspiegel des Deutschen Reiches. Neben der staatlichen, von Wilhelm II. persönlich definierten Kultur- und Kunstpolitik wurde die von ihm rigide bekämpfte künstlerische Avantgarde mit ihrem umfassenden und vielgestaltigen Schaffen prägend für die Gesellschaft des preußisch-deutschen Kaiserreiches. Die Impressionisten Max Liebermann, Lovis Corinth, Max Slevogt, die Expressionisten Herwarth Walden, Max Ernst und Oskar Kokoschka waren bedeutende Vertreter einer neuen Malerei, wie Gerhart Hauptmann und Max Reinhardt als Synonyme für den Naturalismus in der deutschen Literatur bzw. der Begründung der deutschen Theaterstadt Berlin standen. Den Höhepunkt dieser kulturellen Blüte sollte Berlin in den zwanziger Jahren erlangen.

Preußische Wissenschaftler, Techniker und Erfinder wie Naturphilosoph Ernst Haeckel, die Physiker Hermann Helmholtz und Max Planck, der Pathologe Rudolf Virchow, der Bakteriologe Robert Koch oder Werner von Siemens, Otto Lilienthal und Hugo Junckers leisteten bahnbrechende Beiträge in ihren Forschungsgebieten. Um dem in der Industriegesellschaft rasch steigenden Bedarf an qualifizierten Fachkräften und ausgebildeten Verwaltungsbeamten entsprechen zu können, wurden im Kaiserreich auch das preußische höhere Schulwesen und die Universitäten ausgebaut. Davon zeugen die Gründungen der Technischen Hochschulen in (Berlin-) Charlottenburg (1879), Hannover (1880), Danzig (1904) und Breslau (1910), der Universitäten in Münster (1902) und Frankfurt am Main (1914) sowie der Handelshochschulen u. a. in Berlin (1906) und Königsberg (1915). Auch inhaltlich wandelten sich die preußischen Hochschulen unter dem Einfluss Friedrich Althoffs zu »Großbetrieben der Wissenschaft« (Adolf Harnack). Besonders die 1911 gegründete »Kaiser-Wilhelm-Gesellschaft« – Vorläufer der heutigen »Max-Planck-Gesellschaft« – mit ihren vielfältigen Instituten stellte eine beachtliche Leistung staatlicher Wissenschaftsförderung dar.

Der Erste Weltkrieg und das Ende der Monarchie

Aus der Hegemonialstellung im Reich und der politischen Verantwortung seiner Repräsentanten ergibt sich eine wesentliche Schuld Preußens am Kriegsausbruch 1914, wenngleich die Mitverantwortung der europäischen Mächte nicht unberücksichtigt bleiben darf. Nicht nur in der Julikrise 1914, auch im Kriegsverlauf versagten der Kaiser und die preußisch-deutschen Führungsschichten. Sie schätzten einerseits die außenpolitische

Lage – die Schwäche Österreich-Ungarns – falsch ein, unterließen eine Sondierung der russischen Position und schlugen britische Vermittlungsversuche aus. Und sie überschätzten vor allem die eigene, nicht nur militärische Leistungsfähigkeit völlig. Andererseits waren sie nicht in der Lage, den Konflikt durch eine einheitliche, energische Führung gegenüber dem Generalstab aufzuhalten, sondern verfolgten trotz eigener erheblicher Bedenken weiter ihre auf diplomatische Demütigung oder Krieg ausgerichtete Politik des Risikos.

In weiten Teilen zumindest der städtischen Bevölkerung, besonders im Bildungsbürgertum, wurde der Kriegsausbruch jedoch als »nationales Erweckungserlebnis« (Volker Ullrich) empfunden und mit Hurra-Patriotismus begrüßt. Selbst große Teile der Arbeiterbewegung zogen, nachdem von deutscher Seite Russland die Schuld am Kriegsbeginn zugesprochen wurde und die ersten Siegesmeldungen Mitte August 1914 die Illusion von einem kurzen, siegreichen Kampf nährten, patriotisch an die Front.

Der zermürbende, verlustreiche Stellungskrieg, der Kriegswinter 1916/17 und die Wirkung der russischen Revolution 1917 drängten auf eine Veränderung der preußischen Verfassung. Doch die in der Osterbotschaft Wilhelms II. vom April 1917 versprochene teilweise Veränderung des Dreiklassenwahlrechts sowie eine Reform des Herrenhauses des preußischen Landtags stießen erneut auf den Widerstand der Konservativen, aber auch der Nationalliberalen und Sozialdemokraten, denen die Reform nicht weit genug ging. Im Mai 1918 lehnte das Herrenhaus beide Gesetzesvorlagen ab. Am 3. Oktober 1918 wurde Prinz Max von Baden neuer Reichskanzler, nicht aber zugleich preußischer Ministerpräsident. Im Zusammenhang mit dem Friedensangebot an den amerikanischen Präsidenten Wilson wurde durch diesen eine Parlamentarisierung Deutschlands gefordert. Am 24. Oktober 1918 nahm daraufhin das preußische Herrenhaus im Rahmen der Veränderung der Reichsverfassung die Reform des Wahlrechts an. Wenige Tage später waren bereits Rufe nach der Abdankung Wilhelms II. laut geworden. Widersetzte sich dieser zunächst besonders dem Verlust der preußischen Krone – »Ein Nachfolger Friedrichs des Großen dankt nicht ab« –, veranlassten ihn am 9. November 1918 die revolutionären Ereignisse, die unautorisierte Bekanntgabe seiner Abdankung durch Prinz Max von Baden in Berlin und vor allem der Befehlsentzug über das Heer durch Generalfeldmarschall Paul von Hindenburg und General Wilhelm Groener zum übereilten Verzicht und zur Flucht ins Exil nach Holland. Mit der formellen Abdankung Wilhelms und des Thronverzichts des Kronprinzen am 1. Dezember 1918 war das unwiederbringliche Ende des deutschen Kaiserreiches und der preußischen Monarchie, nicht aber das Ende Preußens besiegelt.

Bismarck bei Kaiser Wilhelm I. im Königlichen Palais Unter den Linden in Berlin. *Lithografie nach einem Aquarell von Konrad Siemenroth, 1887.*

Ausfahrt der kaiserlichen Familie im Park zu Babelsberg, 1878. Im Wagen Wilhelm I., links seine Tochter, die Großherzogin Luise von Baden. In der Mitte Enkelin Viktoria, rechts Kronprinz Friedrich, der spätere »99-Tage-Kaiser«.

»Kronprinz Friedrich auf dem Hofball.« *Gemälde von Anton von Werner, 1895. Berlin, Staatliche Museen zu Berlin – Preußischer Kulturbesitz, Nationalgalerie.*

»Kaiser Wilhelm II.« *Gemälde von Ludwig Noster, 1900. Köln, Kölnisches Stadtmuseum.*

Wilhelm II. zu Besuch bei Bismarck in Friedrichsruh am 30. Oktober 1888. *Fotografie von M. Ziesler.* Nach seiner Entlassung im März 1890 zog sich Bismarck auf seinen Alterssitz Friedrichsruh bei Hamburg zurück. Dort starb er am 30. Juli 1898.

»Kaiser Wilhelm der Siegreiche.« *Gemälde von Ferdinand Keller, 1888. Berlin, Staatliche Museen zu Berlin – Preußischer Kulturbesitz, Nationalgalerie.* Wie bei kaum einem anderen preußischen Monarchen hatte sich das Bild Wilhelms I., der das biblische Alter von 91 Jahren erreichte, in der Öffentlichkeit gewandelt: Der »Kartätschenprinz« von 1848/49, der einst vor den Aufständischen aus Berlin hatte fliehen müssen und kurzzeitig nach England gegangen war, gewann im Laufe seiner Regierungszeit als preußischer König und seit 1871 als Deutscher Kaiser an allgemeiner Beliebtheit. Unter Ehrenbezeugungen der Siegesgöttin auf dem Quadrigagespann kehrt Kaiser Wilhelm I. in dieser allegorischen Darstellung als siegreicher Feldherr zurück. Friedrich der Große und der Große Kurfürst blicken von einer Wolke auf ihn herab und stellen den Bezug zur »heroischen« Vergangenheit Preußens her.

Promenade auf der Siegesallee in Berlin. *Postkarte, 1911.* Zwischen 1898 und 1901 ließ Kaiser Wilhelm II. entlang der Siegesallee 32 monumentale Skulpturengruppen errichten, die Ereignisse aus der brandenburgisch-preußischen Geschichte thematisierten. Im Berliner Volksmund wurde aus der Sieges- bald die »Puppenallee«.

Das Brandenburger Tor in Berlin im Festschmuck anlässlich des 25. Jahrestages des Sieges bei Sedan am 1. September 1895. *Fotografie von B. P. Rudolphy (vermutlich eine eingeschwärzte Tageslichtaufnahme).* »Von allen schlimmen Folgen aber, die der letzte mit Frankreich geführte Krieg hinter sich dreinzieht, ist vielleicht die schlimmste ein weitverbreiteter, ja allgemeiner Irrtum: der Irrtum der öffentlichen Meinung und aller öffentlich Meinenden, dass auch die deutsche Kultur in jenem Kampfe gesiegt habe und deshalb jetzt mit den Kränzen geschmückt werden müsse, die so außerordentlichen Begebnissen und Erfolgen gemäß seien. Dieser Wahn ist höchst verderblich: Nicht etwa weil er ein Wahn ist … sondern weil er imstande ist, unseren Sieg in eine völlige Niederlage zu verwandeln: in die Niederlage, ja Exstirpation des deutschen Geistes zugunsten des ›deutschen Reiches‹.« *Friedrich Nietzsche, Unzeitgemäße Betrachtungen. Erstes Stück, 1873.*

Wilhelm II., König Friedrich August III. von Sachsen und der Königlich Sächsische Kammerrat Clemens Thieme bei der Einweihung des Völkerschlachtdenkmals in Leipzig am 18. Oktober 1913.

»Erinnerungsblatt an die aktive Dienstzeit«. *Lithografie, um 1880.*

Knabe im Matrosenanzug, um 1900.

Achtjähriger als Soldat, um 1912. In der deutschen Gesellschaft des Kaiserreiches wurde das vornehmlich in der preußischen Tradition stehende Militär zum wichtigen Bezugs- und Orientierungspunkt des öffentlichen wie des privaten Lebens.

Parade des 1. Garderegiments zu Fuß vor Kaiser Wilhelm II. im Lustgarten des Potsdamer Stadtschlosses, 1901.

»Die Freiheit der Wissenschaft.« *Karikatur von Thomas Theodor Heine für den »Simplicissimus«, 1900.*

Ausfahrt im Landauer, um 1890.
Im Hintergrund ist das Gutsgebäude des Rittergutes von Schoen-Romotten zu erkennen.

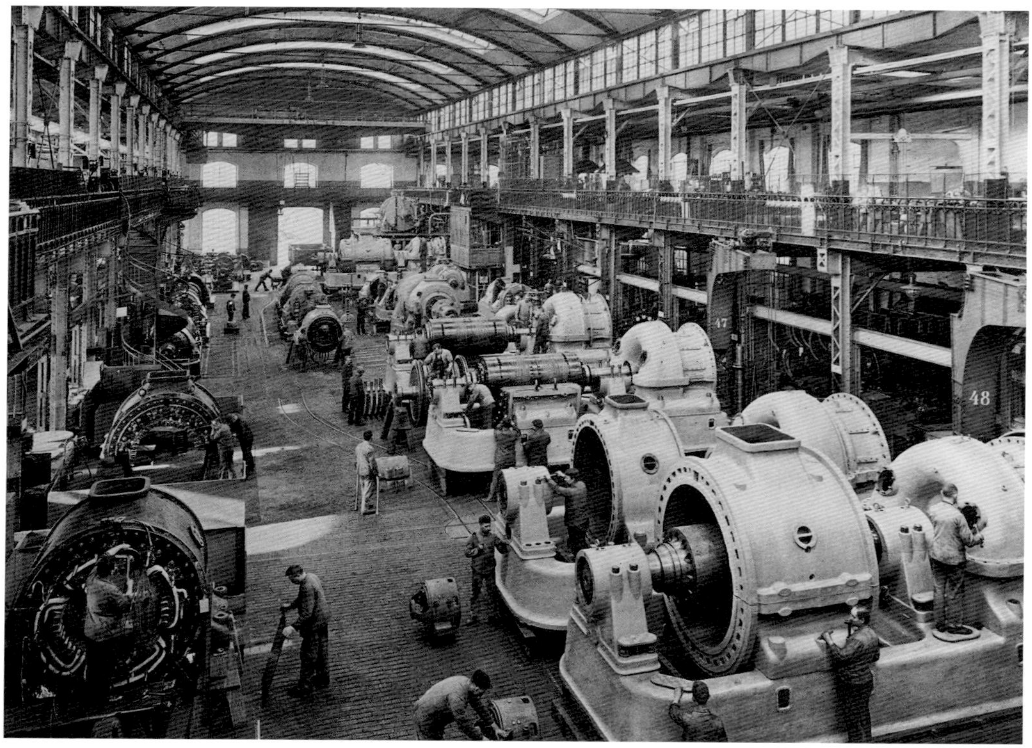

Montagehalle der AEG-Turbinenfabrik in Berlin, um 1892.

Mietskasernen in Berlin: Seestraße 27, 1908. *Fotografie von Heinrich Lichte.* Der Industrialisierungsprozess seit der Mitte des 19. Jahrhunderts brachte zwar technologischen Fortschritt und wirtschaftlichen Aufschwung, führte aber gleichzeitig zur Verelendung in den großen Städten.

»Wie die Familie schlief? Mann und Frau in dem einzigen Bett. Die Kinder wurden auf ausgebreiteten Kleidungsstücken untergebracht und durften erst dann ins Bett kriechen, wenn Vater und Mutter – gewöhnlich vor 5 Uhr morgens – aufgestanden waren. Die kleinsten Kinder waren jeweils in einem Korbe, gelegentlich auch, wenn die Frau zu irgend einem Gange das Zimmer verlassen mußte, in einem halbaufgezogenen Schub der Kommode gebettet gewesen.«
Albert Südekum, Großstädtisches Wohnungselend, 1908.

Kundgebung der SPD gegen das preußische Dreiklassenwahlrecht im Treptower Park in Berlin, um 1910. Der Redner ist Richard Fischer, SPD-Mitglied des Reichstags.

Die III. Kunstausstellung der Berliner Secession im Jahre 1901. *Plakatentwurf von Thomas Theodor Heine.* In Reaktion auf das durch Kaiser Wilhelm II. protegierte, traditionell-historisierende Kunstverständnis des Fin de siècle bildete sich ab 1898 auf Anregung Walter Leistikows eine künstlerische Gegenbewegung, die so genannte »Berliner Secession«, der unter anderem Max Liebermann, Lovis Corinth, Max Slevogt, Käthe Kollwitz, Heinrich Zille und Hans Baluschek angehörten.

Theodor Fontane. *Gemälde von Hans Fechner, um 1910. Privatbesitz.* Mit Sorge betrachtete der alternde Fontane den »neuen Stil« des Kaiserreichs, der auch in Preußen Einzug hielt: »Es heißt, unser Kaiser spiele sich auf Friedrich den Großen hinaus; ist es so, so sollte er lieber um eine Nummer weiter zurückgreifen und sich auf Friedrich Wilhelm I. hinausspielen; diesen großen König könnten wir jetzt brauchen ... Das Zerbrechen dieser aufgesteiften, falschen Adelsmacht muß die nächste Aufgabe eines preußischen Königs sein, seines Nebenherpostens als deutscher Kaiser ganz zu schweigen.« *Fontane in einem Brief an Georg Friedländer vom 14. Mai 1894.*

Plakat zu Gerhart Hauptmanns Schauspiel »Die Weber« von Emil Orlik, 1897.

»Der Papageienmann« von Max Liebermann aus dem Jahre 1902. *Essen, Museum Folkwang.* Max Liebermann war einer der prominentesten impressionistischen Künstler im Preußen des Kaiserreichs und der Weimarer Republik. Von 1919 bis 1934 leitete er die Preußische Akademie der Künste.

Nachdem am 31. Juli 1914 die russische Generalmobilmachung gemeldet worden ist, erfolgt am 1. August 1914 die Kriegserklärung an Russland, die öffentlich bekanntgegeben wird. »Die Stunde haben wir ersehnt – unsere Freunde wissen es –, wo wir vor die gewaltige Schicksalsentscheidung gestellt werden, weil wir glauben und wissen, daß sie neben Schwerem Rettung und Segen bringen wird. Nun ist sie da, die heilige Stunde! Der Atem der Welt stockt, und jedes Volk zeigt, was es ist ... Gewaltiges bereitet sich vor, ein Riesenkampf, wie ihn die Weltgeschichte noch nicht gesehen hat, gegen den alles, was sie bisher an Völkerringen aufzuweisen hat, sich ausnehmen wird, wie das Geplänkel gegen die Schlacht – derartiges mitzuerleben, lohnet ein Leben.« *Aus den »Alldeutschen Blättern« vom 3. August 1914.*

Kriegsbegeisterung: Deutsche Soldaten warten Anfang 1915 in Berlin auf ihren Transport an die Westfront.

10. Dezember 1918, Berlin Unter den Linden: Das Volk empfängt seine geschlagene Armee. Der Krieg ist verloren, der Kaiser hat abgedankt. 2 000 Soldaten ziehen durch das Brandenburger Tor und werden vom Chef der provisorischen Regierung, Friedrich Ebert, mit einer Ansprache begrüßt. *Fotografie aus dem Kaiser-Panorama von August Fuhrmann, Sammlung Erhard Senf.*

Michael Bienert/Kristina Hübener

Der Freistaat Preußen in der Weimarer Republik

1918–1932

Für den preußischen Staat kam das Ende der Monarchie keineswegs der territorialen Auflösung gleich. Es folgten zwölf Jahre, die sich nicht hinter den »großen Tagen« der Vergangenheit zu verbergen brauchten. Die Zeit von 1918 bis 1932/33 waren für die preußische Geschichte eine Epoche, die sich qualitativ von den vorhergegangenen unterschied, aber auch in vielem an sie anknüpfte.

Kriegsende, Novemberrevolution, Versailler Vertrag und die Weimarer Reichsverfassung wirkten sich für die weitere Entwicklung Preußens unterschiedlich, in jedem Fall aber einschneidend aus. Wenngleich der Erste Weltkrieg Preußen selbst nur wenig berührt hatte – lediglich die Provinz Ostpreußen wurde von den Kämpfen kurzzeitig erfasst –, ließ der Versailler Friedensvertrag Preußen zum »Verlierer« des Weltkrieges werden. Die Alliierten verlangten u.a. die Abtrennung Danzigs als »Freie Stadt« und weiterer Kreise der Provinzen Posen, Westpreußen, Ostpreußen sowie eines Großteils des oberschlesischen Industriegebiets und eines nördlichen Randstreifens von Niederschlesien zugunsten des polnischen Staates. Brandenburg wurde zur »Grenzprovinz«. Weitere Gebietsänderungen erfolgten in den nachfolgenden Monaten und Jahren, so entstand beispielsweise 1922 aus den drei nicht zusammenhängenden Restteilen des westlichen Randgebietes der ehemaligen Provinzen Posen und Westpreußen die Provinz »Grenzmark Posen-Westpreußen« mit dem Regierungsbezirk Schneidemühl. Schwerer noch als die Gebietsverluste im Westen (Eupen-Malmedy) wogen die alliierte Besetzung des linken Rheinufers sowie die Einrichtung einer entmilitarisierten Zone. Ebenso trafen vornehmlich Preußen die von den Siegermächten auferlegten Reparationen.

Das Schicksal Preußens schien mit der Erklärung der Revolutionsregierung vom 13. November 1918 besiegelt zu sein. Hierin plädierte sie dafür, »das alte, von Grund aus reaktionäre Preußen so schnell wie möglich in einen völlig demokratischen Bestandteil der einheitlichen Volksrepublik zu verwandeln«. Nur 15 Tage später, am 28. November, unterzeichnete Wilhelm II. im niederländischen Doorn die Abdankungsurkunde als König von Preußen und Deutscher Kaiser. Es sollte zugleich die letzte Amtshandlung eines regierenden Hohenzollern sein.

Der Freistaat Preußen

Die Bildung neuer provisorischer Übergangsregierungen, die eine Demokratisierung einleiten sollten, und die Diskussionen um eine demokratische Reichsverfassung und neue Länderverfassungen ließen Preußen in den Mittelpunkt der politischen Auseinandersetzungen rücken. Der Fortbestand Preußens verstand sich nicht als unbedingte Gewissheit. Staatsrechtler und Politiker, wie zum Beispiel Hugo Preuß (einer der »Väter« der Weimarer Verfassung) und der spätere Reichsinnenminister Erich Koch-Weser, plädierten für seine Auflösung in einen dezentralisierten deutschen Einheitsstaat. Die Pläne scheiterten jedoch am föderalistischen Beharrungsvermögen vor allem der süddeutschen Länder und an der Existenz der weitgehend unversehrt gebliebenen Länderbürokratien. Eine weitere Möglichkeit, die unter anderem auch vom späteren Präsidenten des Preußischen Staatsrats Konrad Adenauer vertreten wurde, sah die Aufteilung der preußischen Provinzen in einzelstaatliche Gebilde vor. Allerdings ließen die politischen Gegebenheiten im Ruhrgebiet und die Grenzkonflikte mit Polen eine solche Entwicklung nicht zu.

Die endgültigen Entscheidungen über das Fortbestehen Preußens wurden nicht in Berlin, sondern in Weimar getroffen. Der Ende Januar 1919 vom Staatssekretär des Innern Hugo Preuß vorgelegte erste Verfassungsentwurf, welcher unter anderem die Auflösung Preußens bestimmte, wurde abgelehnt. Preuß musste die entsprechenden Punkte überarbeiten, wodurch die Nationalversammlung von Anfang an auf einer im föderalistischen Sinne modifizierten Diskussionsgrundlage arbeitete.

Die Weimarer Verfassung vom 11. August 1919 stellte sich für Preußen als zweischneidige Angelegenheit dar, weil sie zwar nicht das föderative Prinzip aufgab, wohl aber dem Zentralismus weitreichende Befugnisse einräumte. Auf den ersten Blick leitete sich daraus ein erheblicher Machtverlust ab, bisherige Hegemonialrechte Preußens, wie sie sich 1871 im neu gegründeten Deutschen Kaiserreich ergeben hatten, gingen verloren. So wurde die Personal- und Realunion zwischen Reichs- und preußischer Staatsleitung zugunsten einer formellen Rechtsgleichheit aller Staaten aufgehoben. Nachdem die judikativen Bestimmungen schon im Kaiserreich weitestgehend auf Reichsebene vereinheitlicht worden waren, ging nun auch ein Großteil der legislativen und exekutiven Befugnisse auf die Reichsregierung über. Dem Reichsrat, welcher dem Bundesrat nachempfunden war, in dem Preußen durch das mehrheitliche Vetorecht immer entscheidenden Einfluss besessen hatte, billigte man nur eine beratende Funktion zu, die in keinem Verhältnis zur ehemaligen Gewichtung stand. Zudem musste Preußen seine Mehrheit hier einbüßen, weil ihm – bei dem prozentual größten Bevölkerungsanteil im Reich – nur zwei Fünftel der repräsentativen Stimmen gewährt wurden. Desgleichen verfügte der Artikel 63 die Verteilung der preußischen Stimmen zur Hälfte auf die Zentralregierung und die Provinziallandtage, deren Vertreter oftmals verschiedenen Fraktionen angehörten, was einer zusätzlichen politischen Schwächung entsprach.

Dennoch blieb die Vormacht Preußens aufgrund seines bevölkerungsmäßigen, administrativen und wirtschaftlichen Übergewichts weiter bestehen, was in der Folgezeit zu einer permanenten Konfliktlage zwischen Reich und Freistaat führte. Deutlich wird dies an den amtierenden Regierungen, die in der Zusammensetzung der sie tragenden Koalitionen von Grund auf verschieden waren. Während im Reich die Weimarer Koalition (SPD, DDP, Zentrum) bereits 1920 zerbrach, regierte sie in Preußen bis ins Jahr 1932. Der Freistaat avancierte zu einer »stabilen, demokratischen Ordnungsmacht der Republik« (Manfred Schlenke), zur »Musterrepublik«, in der Otto Braun (SPD) und Carl Severing (SPD) von 1920 bis 1932 fast ununterbrochen Ministerpräsident bzw. Innenminister waren.

Nach der Niederschlagung des Kapp-Lüttwitz-Putsches 1920 leitete Innenminister Carl Severing eine verstärkte Republikanisierung der preußischen Beamtenschaft ein. Fast alle höheren Beamten wie Oberpräsidenten, Regierungspräsidenten, Landräte und Polizeipräsidenten wurden ausgewechselt. Hinzu kam der Aufbau der preußischen Schutzpolizei als republikanische Ordnungstruppe, die im Jahr 1932 immerhin über 50 000 Mann umfasste.

Laut den Bestimmungen der Weimarer Verfassung mussten die Regierungen der einzelnen Gliedstaaten auf Länderebene entsprechende Verfassungen verabschieden, welche dem »freistaatlichen«, demokratischen Prinzip nachkamen und daher große Ähnlichkeiten untereinander aufwiesen. In Preußen trat eine solche erst am 30. November 1920 in Kraft. Der Freistaat wurde »als Glied des Deutschen Reichs« mit republikanischem Modus konzipiert, dessen Träger die »Gesamtheit des Volkes« sein sollte. Den Landtag, nunmehr der eigentliche »Souverän«, wählte die Bevölkerung jetzt nach dem allgemeinen, gleichen, direkten und geheimen Wahlrecht. Der Staatsrat als Zweite Kammer hatte bei der Vorbereitung der Gesetze und bei der Führung der Staatsgeschäfte mitzuwirken. Er besaß ein mit Zweidrittelmehrheit des Landtags überstimmbares Vetorecht, außerdem gegen Ausgabenbeschlüsse des Landtages, die über die Regierungsvorlagen hinausgingen, ein absolutes Veto. In weiten Teilen entsprach die preußische Verfassung jener des Deutschen Reichs, obwohl sie auf einen eigenen Grundrechtekatalog verzichtete, der schließlich durch die Weimarer Verfassung gewährleistet war. Der lange Entstehungszeitraum von rund anderthalb Jahren lässt sich sowohl durch die Priorität der Reichsangelegenheiten, die außenpolitischen Fragestellungen als auch durch die gewaltsamen Unruhen im Innern erklären, die seit Ende 1918 in Deutschland herrschten.

Revolution, Reaktion und Stabilisierung

Obwohl der politische Wechsel im Herbst 1918 im Deutschen Reich und in Preußen auf Regierungsebene relativ unblutig erfolgt war, wurde die Folgezeit von gewaltsamen Ausschreitungen jeglicher politischer Couleur überschattet, die mit zahllosen Morden, Straßenkämpfen und Putschversuchen in den nächsten fünf Jahren zum Teil bürgerkriegsähnliche Zustände heraufbeschworen. Preußen wurde zum entscheidenden Austragungsort dieser Agitationen, die sich hauptsächlich in der Reichshauptstadt und im westlichen Industriezentrum, dem Ruhrgebiet, konzentrierten. Die sozialistisch motivierte Revolutionswelle zu Beginn des Jahres 1919 in Berlin, die mit dem gescheiterten Spartakusaufstand und der Ermordung ihrer Führer Rosa Luxemburg und Karl Liebknecht im Januar ihren Höhepunkt erreichte, vermittelte einen ersten Eindruck von den bevorstehenden Kämpfen. Aus ihnen ging besonders die Reichswehrführung gestärkt hervor. Sie hielt durch ihre Interventionsmaßnahmen mit oftmals fragwürdigen Mitteln – Einsatz der Freikorps im staatlichen Auftrag – der Reichsregierung vor, dass nur das Militär der Garant für politische Stabilität sein könnte.

Dem gegenüber standen mehrere reaktionäre Umsturzversuche, allen voran der Kapp-Lüttwitz-Putsch des Jahres 1920, der seine Ursprünge im vielschichtigen Kreis reaktionärer Militärs und hoher Beamter hatte. Als die Zweite Marinebrigade unter General von Lüttwitz' Oberbefehl am 13. März 1920 das Berliner Regierungsviertel besetzte und daraufhin der Generallandschaftsdirektor Wolfgang Kapp sich selbst zum Reichskanzler und preußischen Ministerpräsidenten ernannte, schien das Ende der Republik in unmittelbare Nähe gerückt zu sein. Die legitime Regierung floh aus der Hauptstadt, ein nicht unbeträchtlicher Teil des Armee- und Verwaltungsapparates im Reich und in den preußischen Ostprovinzen, allen voran Ostpreußen, boten Kapp und Lüttwitz ihre Unterstützung an. Dass die »Gegenregierung« drei Tage später zusammenbrach, war weniger das Verdienst der zögernden Reichswehr – in ihrem Umfeld tauchte das bezeichnende Zitat »Truppe schießt nicht auf Truppe« auf – sondern vielmehr der durch die geflohene Reichsregierung unter Philipp Scheidemann (Reichskanzler) und Friedrich Ebert (Reichspräsident) initiierte Generalstreik in Berlin und Umgebung. Der Streik legte den ohnehin nicht sorgfältig vorbereiteten Putschversuch lahm. Wie unruhig die Situation dennoch war, zeigten die als Reaktion auf den Berliner Putsch entfachten sozialistischen Aufstände in Thüringen und im Ruhrgebiet.

Der Schock der Märzkrise bedeutete für Preußen den Beginn einer politischen Stabilität, die ohne große Unterbrechungen bis ins Jahr 1932 hineinreichte. Eingeleitet wurde sie durch einen Regierungswechsel in Preußen, da das Kabinett Hirsch vor dem Hintergrund der Ereignisse in Teilen zurückgetreten war. Am 29. März 1920 wählte die Preußische Landesversammlung den Sozialdemokraten Otto Braun, der zuvor das Landwirtschaftsministerium geleitet hatte, zum neuen Ministerpräsidenten einer aus Sozialdemokraten (SPD), Zentrum und Deutscher Demokratischen Partei (DDP) bestehenden Koalition. Weitere Veränderungen betrafen unter anderem das Innenministerium, in welches Carl Severing (SPD) einzog. Beide, Braun und Severing, formten den Freistaat Preußen auf nachhaltige Weise. Die preußische Regierung unter Otto Braun war sich ihrer Stärke durchaus bewusst. Auch die kurzzeitigen Regierungswechsel von 1921 (Adam Stegerwald, Zentrum) und 1925 (Wilhelm Marx, Zentrum) änderten an dieser Haltung nichts. Preußen als größter Gliedstaat erwuchs erneut zu einer integrativen Klammer im Deutschen Reich, allerdings nicht vergleichbar mit den Bedingungen des Kaiserreichs.

Berlin als kulturelles Zentrum

Die zwanziger Jahre wurden das Jahrzehnt Berlins im 20. Jahrhundert. Aus den Traditionen der Wilhelminischen Ära, die sich in ihren sozialen und kulturellen Verhaltensweisen betont extrovertiert gegeben hatten, stieg in den »Goldenen Zwanzigern« die preußische Hauptstadt zu einer Kulturmetropole europäischen Ranges, ja zur Weltstadt auf. Durch eine weitgehende Liberalisierung in der Weimarer Republik wurden die einstigen Distinktionen zwischen staatlicher Kunstdoktrin und praktizierter Innovationsrealität abgebaut. Gallionsfigur dieser Reform wurde der Orientalist Carl Heinrich Becker, der von 1919 bis 1930 in wechselnden Staatsfunktionen maßgeblich zur Neustrukturierung der preußischen Schul-, Hochschul- und Bildungspolitik beigetragen hat.

Eine neue Form der Weltläufigkeit setzte ein, die sich in den zahllosen Ateliers, Varietees und Salons der Hauptstadt widerspiegelte. Der kulturelle Schmelztiegel Berlin wurde richtungweisend für verschiedenste Entfaltungsmöglichkeiten auf allen Gebieten der Literatur, Malerei, Architektur und Musik zwischen Naturalismus, Expressionismus, Neuer Sachlichkeit, Bauhaus und Atonalität. Die Liste der in der Reichshauptstadt wirkenden Künstler war lang und reichte von Gerhart Hauptmann, Bertolt Brecht, Alfred Döblin, Max Liebermann, der von 1919 bis 1934 die Preußische Akademie der Künste leitete und dort 1926 eine Klasse für Dichtkunst etablieren konnte, Max Pechstein, Käthe Kollwitz über Ludwig Mies van der Rohe, Walter Gropius, Bruno Walter, Otto Klemperer, Wilhelm Furtwängler und Paul Hindemith. In den nahe Potsdam gelegenen UfA-Filmstudios entstanden mit »Nosferatu« von Friedrich Wilhelm Murnau und »Metropolis« von Fritz Lang cineastische Meisterwerke, die den Weltruf der deutschen »Traumfabrik« begründeten. Sie bot auch vielversprechende Möglichkeiten einer Karriere in Hollywood, wie sie dem »deutschen Weltstar« Marlene Dietrich gelang.

Der Weltläufigkeit in der Entwicklung der Kunst stand eine gegenläufige, konservativ orientierte Strömung gegenüber, die traditionelle Werte zu bewahren suchte, die im neuen Zeitgeist verloren zu gehen drohten. Die Berufung auf Preußen und dessen vorbildhafte Traditionen wurde zum zentralen Bestandteil für die Veröffentlichungen der antidemokratischen Gegner der Republik. Vor allem in den Werken Oswald Spenglers (»Preußentum und Sozialismus«, 1920), Arthur Moeller van den Brucks (»Der preußische Stil«, 1916, »Das dritte Reich«, 1923) und Wilhelm Stapels (»Preußen muß sein«, 1932) verbindet sich das »Bekenntnis« zu dem »wahren Erbe« Preußens mit der Bekämpfung der aktuellen kulturellen und politischen Verhältnisse (Manfred Schlenke). Die Nationalsozialisten fanden gerade hier wichtige Elemente für ihre Propaganda. Das »preußische Beispiel« wurde in der Folgezeit in zahllosen Romanen, Dramen und Filmen (bis hin zu »Kolberg«, 1945) immer wieder beschworen.

Die überschäumende kulturelle Blüte, die nur mit jener des frühen 19. Jahrhunderts zu vergleichen ist, sollte nicht darüber hinwegtäuschen, dass sie in eng umgrenzten Gesellschaftskreisen stattfand. Die »Goldenen Zwanziger« blieben den wenigen Gewinnern der Nachkriegszeit vorbehalten; die Mehrheit bewegte sich, sofern sie nicht unter den wirtschaftlichen Folgen des Krieges oder der Inflation litt, in einem weitaus schlichteren Umfeld.

Hindenburg wird Reichspräsident

Nachdem die Inflation von 1923 überwunden und das Deutsche Reich nach schweren innen- und außenpolitischen Krisen einigermaßen konsolidiert worden war, nahm das Jahr 1925 eine unerwartete Wende: der plötzliche Tod Friedrich Eberts im Februar führte zur vorgezogenen Reichspräsidentenwahl, bei der auch Otto Braun kandidierte. Der erste Wahlgang am 29. März 1925 brachte keine eindeutige Entscheidung, so dass die Parteien gemeinsame Kandidaten in Erwägung zogen, um die potenziellen Wählerstimmen zu summieren. In dieser Situation fanden sich die rechtskonservativen Fraktionen wie Deutschnationale Volkspartei (DNVP) und Deutsche Volkspartei (DVP) zusammen. Auf ihren Vorschlag hin kam der ehemalige kaiserliche Generalfeldmarschall Paul von Hindenburg-Beneckendorff ins Spiel, der sich aufgrund seiner militärischen Erfolge im Weltkrieg einer ungeheuren Popularität erfreute. Der ergraute »Sieger von Tannenberg« galt als Inbegriff preußischer Traditionen. Er willigte in die ihm angetragene Kandidatur ein, allerdings nicht ohne zuvor aus Doorn das Einverständnis seines alten Dienstherrn einzuholen. Im zweiten Wahlgang, der für den 26. April anberaumt war, erreichte der »Reichsblock« mit Hindenburg vor dem Zentrumskandidaten Marx und vor Thälmann (Kommunistische Partei Deutschlands, KPD) mit 48,5 Prozent der Stimmen einen zwar nicht überwältigenden, aber deutlichen Sieg. Am 12. Mai 1925 wurde Hindenburg vereidigt.

Hieraus ergab sich dem Anschein nach eine paradoxe Situation: An der Spitze des Deutschen Reiches stand nun ein Junker Ostelbiens par excellence, der seine konservative, monarchistische Gesinnung nie verschleierte, ein wirklicher »Exponent des alten Systems« (Horst Möller), während die Politik in Preußen durch eine sozialdemokratisch-liberal orientierte Koalition gestaltet wurde. Doch trat der Widerspruch nicht in dieser Deutlichkeit zutage. Die Weimarer Verfassung hatte dem Amt des Reichspräsidenten das Attribut der Überparteilichkeit gegeben. Der höchste Repräsentant des Staates sollte als übergeordnete Leitfigur die verschiedenen Interessen, die es in der Republik zweifellos gab, auf nationaler Ebene versöhnen. Allerdings konnte er sich im Zweifelsfalle gegen den Reichskanzler stellen und damit den in der Verfassung begründeten Dualismus in der Regierungsspitze forcieren. Hindenburg legte das ihm anvertraute Amt ähnlich aus. Schon in seiner »Osterbotschaft« vom 11. April 1925, die also noch vor dem zweiten Wahlgang an die Öffentlichkeit gerichtet worden war, hatte er unter Bezugnahme auf Friedrich Ebert betont, dass auch ihm niemand zumuten könne, seine politische Überzeugung zu verleugnen. Seine abschließende Bemerkung: »… auch ich erachte in jetziger Zeit nicht die Staatsform, sondern den Geist für entscheidend, der die Staatsform beseelt«, zieht sich wie ein Leitmotiv durch seine erste Amtsperiode. Weit entfernt davon, auch nur ansatzweise ein »Vernunftrepublikaner« zu sein, spielte für ihn der Gedanke der Staatserhaltung – ein nicht allein urpreußischer Imperativ – die entscheidende Rolle, der er bis 1932 nachging. Die Frage der Festigung demokratischer Verhältnisse lässt sich allerdings nicht allein an seine Person richten.

Aufstieg der radikalen Kräfte

Wirtschaftliche und politische Stabilität blieb eine kurze Episode der Weimarer Republik. Die Weltwirtschaftskrise hat wie im Reich auch in Preußen ihre Auswirkungen auf die inneren Verhältnisse gehabt. Als im Oktober 1929 der New Yorker Börsenkrach das dortige Finanz- und Währungssystem zum Erliegen brachte, war seine Ausweitung zur internationalen Wirtschaftskrise lediglich eine Frage der Zeit. Das Deutsche Reich, dessen ökonomischer Aufschwung seit der Inflation 1923/24 auf ausländische Kredite und Investitionen zurückzuführen war, spürte die Konsequenzen des »Schwarzen Freitags« recht bald: Bis zum Januar 1930 stieg die Zahl der Arbeitslosen auf 3,2 Millionen an und verdoppelte sich in den folgenden zwei Jahren. Dies war die Stunde der radikalen Kräfte in Deutschland, denen durch die wirtschaftliche Desillusionierung, durch Existenznot und enttäuschte Erwartungen in die Demokratie ein ungeheurer Auftrieb zuteil wurde, der sich auch in den Wahlergebnissen niederschlug. Die Nationalsozialistische Deutsche Arbeiterpartei (NSDAP), bisher eine kaum beachtete Randgruppe, stellte ab 1930 eine potenzielle Gefahr für die Demokratie des Reiches und Preußens dar. Im September des Jahres erfuhren die radikalen Parteien mit den Reichstagswahlen einen unerwarteten Stimmenzuwachs. Die NSDAP stieg mit 107 Mandaten nach der SPD (143) zur zweitstärksten Kraft im Reichstag auf, die KDP (77 Sitze) überflügelte sowohl die Zentrumspartei (68) als auch die DDP (20). Im Umfeld der Wahlen konnte von einem »demokratischen Bollwerk« Preußen keine Rede sein – der Wählerzulauf für die NSDAP lag auch in den preußischen Provinzen nicht unter dem gesamtdeutschen Durchschnitt. Im Wahlkreis Berlin konnte die KPD mehr als ein Drittel der Stimmen auf sich ziehen. In der Folge begann im Reich mit der Kanzlerschaft Heinrich Brünings (Zentrum) die Zeit der auf den Reichspräsidenten gestützten Präsidialkabinette.

Auf landespolitischer Ebene hatten in Preußen die radikalen Parteien einen relativ schwierigen Stand, weil sie sich einem gefestigten Staatssystem gegenüber sahen, welches sich mit allen verfügbaren Mitteln ihrer zu erwehren wusste. Dass die Kontroversen um die richtige Einschätzung der Nationalsozialisten und der Kommunisten weit auseinander gingen, lag in der Natur der Dinge. Die Regierung Braun war bereit, mit verfassungsrechtlichen Bestimmungen ihre politische Führung zu sichern. Ein wichtiger Schritt in diese Richtung war der Radikalenerlass vom 25. Juni 1930, der allen preußischen Beamten die Mitgliedschaft in KPD oder NSDAP untersagte. Das Vorgehen ließ die betroffenen Kräfte, die sich zunehmend im Straßenkampf organisierten, nicht unbeeindruckt. Zwischen der KDP und der NSDAP bildete sich eine zeitweilige Kooperation. Ein von NSDAP, DNVP und KPD ins Leben gerufener Volksentscheid zur Auflösung des preußischen Landtags, der Neuwahlen folgen sollten, erreichte im August 1931 mit immerhin 36,8 Prozent zwar keine Mehrheit, trug aber – in Verbindung mit mehreren gemeinsamen Streikunternehmungen – wesentlich zur Verschärfung der Situation bei. Die Lage eskalierte, als die Landtagswahl vom 24. April 1932 die bisherigen Koalitionen sprengte, der Regierung Braun das Aus beschied und stattdessen der NSDAP mit 162 Sitzen und der KPD (57 Sitze) eine komfortable Mehrheit bescherte. Am 22. Mai stellte das bisherige Kabinett seine Ämter zur Disposition, bemerkte aber schon bald, dass es zwar eine politische Majorität gab, diese aber nicht regierungsfähig war. Direkt nach der Wahl des Nationalsozialisten Hanns Kerrl zum neuen Präsidenten des Landtags am 25. Mai kam es zu tumultartigen Auseinandersetzungen zwischen der NSDAP und der KPD, so dass die bisherige preußische Regierung ihre Arbeit bis zum 20. Juli 1932 interimistisch fortsetzte.

Von Papens »Preußenschlag«

Der Fortbestand Preußens als Gliedstaat des Deutschen Reiches, der auf seine wirtschaftliche, politische und demographische Hegemonialstellung zurückwirkte, führte nach 1920 zu einem stetigen Dualismus zwischen Reichsregierung und den preußischen Kabinetten. Im Rahmen des föderalistischen Prinzips mussten beide Regierungen darauf bedacht sein, weitestgehend im politischen Einvernehmen zu handeln. So verfügte die preußische Regierung im Oktober 1929 ein Verbot für alle Beamten, an dem Plebiszit in der Reparationsfrage teilzunehmen, wodurch sie der Reichsregierung den Rücken stärken wollte, dafür aber die eigene Position schwächte.

Es ergaben sich mit jedem Regierungswechsel in der Reichsregierung, der zumeist neue Koalitionen auf Reichsebene bedeutete, zahlreiche Komplikationen, die einen politischen Drahtseilakt verlangten. Die Kompromissbereitschaft der preußischen Landesregierung für ein »höheres Reichsinteresse« erschöpfte sich seit 1930 mit dem deutlichen Rechtsruck bei den Reichstagswahlen in zunehmendem Maße. Mit der Ernennung des parteilosen Franz von Papen zum Reichskanzler am 1. Juni 1932 war kaum noch eine Spur kooperativen Willens seitens der Reichsregierung zu erkennen. Von Papen, der intensive Verbindungen zur NSDAP unterhielt und in dessen Kreis ausgesprochene Preußen-Gegner und Antidemokraten zu finden waren wie der neue Reichsinnenminister Wilhelm Freiherr von Gayl (DNVP), schwebten Pläne zur Neuordnung der politischen Verhältnisse vor, die nicht zwangsläufig auf die Restauration der Monarchie hinausliefen, zumindest aber einen autoritär gestalteten deutschen Einheitsstaat im Blick hatten. Die Gruppe um von Papen erachtete das »rote« Preußen als Hindernis. Mit einer Vereinnahmung der »Musterrepublik« wäre eine wichtige Hürde genommen gewesen. Im Juli 1932 setzte von Papen die Absetzung der Regierung Braun durch. Dieser so genannte »Preußenschlag« war keine Reaktion ad hoc, sondern das Ergebnis reiflicher Vorüberlegungen. Seit dem 11. Juli stand die Einsetzung eines Reichskommissars für Preußen für den 20. Juli fest, der Entwurf zu einer entsprechenden Notverordnung folgte am 12. Juli.

Gleich mit Beginn der Regierungsübernahme von Papens hatte sich der Sozialfrieden in ganz Deutschland drastisch verschlechtert – insbesondere richtete sich von Papens Politik gegen die Gewerkschaften. Die Auflösung des Reichtags am 4. Juni und die nur zehn Tage später verkündete Notverordnung, die eine Kürzung der Arbeitslosen- und Wohlfahrtsunterstützung mit sich brachte, empörte die Menschen. Bürgerkriegsähnliche Auseinandersetzungen folgten, in denen sich die Polizei, wie es der so genannte »Altonaer Blutsonntag« vom 17. Juli demonstrierte, hoffnungslos überfordert sah. In Preußen forderte der Straßenterror bis zum 20. Juli 1932 allein 99 Tote und 1125 Verletzte. Nunmehr musste von Papen mit dem parteilichen Zusammengehen von SPD und KPD rechnen. Am 20. Juli wurde die schon am 14. Juli (!) von Hindenburg unterzeichnete »Verordnung des Reichspräsidenten, betreffend die Wiederherstellung der öffentlichen Sicherheit und Ordnung im Gebiet des Landes Preußen« verkündet, welche gemäß des Artikels 48 der Weimarer Verfassung die Reichsexekution sowie die Diktaturgewalt für Preußen vorsah. Sämtliche preußischen Minister wurden ohne große Gegenwehr ihrer Ämter enthoben, und es setzten in der Folgezeit umfangreiche Personalwechsel im Staatsapparat ein. Dass die legitime Regierung sich gegen den offensichtlichen Rechtsbruch nicht durch einen Generalstreik oder den Einsatz von Schutzpolizei und Reichsbanner zur Wehr setzte, lag in der Aussichtslosigkeit der Situation, über die Carl Severing später zutreffend urteilte: »Gegen Rechtsbrecher aus den putschistischen Organisationen wäre die Polizei stark genug gewesen – gegen die Reichswehr, die durch die Befehlsgewalt des Reichspräsidenten eingesetzt worden wäre, hätte sie sich nur ganz kurze Zeit behaupten können.« Gleichsam wurde so einem möglichen Bürgerkrieg präventiv entgegengewirkt.

Otto Braun stand der Vereinigung Preußens mit dem Reich nach kaiserlichem Vorbild in der grundsätzlichen Frage nicht ablehnend gegenüber – in den letzten Monaten der Regierung Brüning hatte es konzeptionelle Überlegungen in diese Richtung gegeben, die jedoch mit Brünings Entlassung gleichfalls aufgegeben wurden. Die Empörung richtete sich nun hauptsächlich gegen die Art und Weise der machtpolitischen Durchführung, zumal sie das preußische Kabinett wegen angeblicher Unfähigkeit vor aller Welt diskreditierte. Um entschiedenen Protest auszudrücken, reichte die preußische Regierung, die auf die Unterstützung der anderen deutschen Staaten hoffen konnte, da jene ein gleiches Schicksal befürchteten, beim Staatsgerichtshof für das Deutsche Reich eine Klage gegen die Vorgehensweise von Papens ein. Das Urteil vom 25. Oktober 1932 sprach der Regierung Braun zwar in weiten Punkten Recht zu, änderte an den bestehenden Verhältnissen jedoch nichts. In den nächsten Monaten verfügte Preußen folglich über zwei Regierungen, von denen die unrechtmäßige staatstragende Gewalt ausübte. »Preußen hatte kampflos kapituliert« (Gerd Heinrich).

Viele preußische Konservative, Monarchisten und nicht zuletzt der Kronprinz hatten schon seit langem energisch die »Beseitigung des marxistischen Spuks« (Alfred Hugenberg) in Preußen gefordert. Mit dem Staatsstreich von Papens fiel nicht nur die Selbstständigkeit des Freistaates, sondern auch die »republikanische Festung« (Karl Dietrich Bracher), deren Gleichschaltung zur wesentlichen Voraussetzung einer reibungslosen nationalsozialistischen Machtergreifung wurde.

9. November 1918: Die Berliner Bevölkerung wartet vor der Reichskanzlei auf die Volksbeauftragten Friedrich Ebert und Philipp Scheidemann.

Revolutionäres Militär, das sich dem Arbeiter- und Soldatenrat angeschlossen hat, durchstreift im November 1918 bewaffnet die Straßen Berlins, hier vor dem Brandenburger Tor.

Die Volksmarine-Division verteidigt am 23. Dezember 1918 das Berliner Stadtschloss gegen angreifende konterrevolutionäre Truppen.

Mitglieder des Berliner Arbeiter- und Soldatenrates vor dem Berliner Stadtschloss, November 1918.

Massendemonstration im Berliner Lustgarten gegen das »Versailler Diktat«, 1919. Die Bedingungen des Friedensvertrags gaben dem Deutschen Reich die alleinige Kriegsschuld und sahen eine übermäßige Reparationsleistung vor, was in Deutschland allgemeinen Unmut erregte. Die Kritik am Versailler Vertrag zog sich durch alle Parteien.

Die Unterzeichnung des Versailler Vertrages am 28. Juni 1919 im Spiegelsaal des Schlosses zu Versailles durch die deutsche Delegation unter Reichskolonial- und Verkehrsminister Johannes Bell und Reichsaußenminister Hermann Müller. *Gemälde von Sir William Orpen, 1921. London, Imperial War Museum.*

»Deutschlands Verstümmelung«. *Plakat, um 1919.* Besonders die Gebietsabtretungen im Osten wurden als schmählich empfunden. Des Weiteren wog die Aufgabe der Kolonien, der einstigen Prestigeobjekte des Kaiserreichs, in Übersee schwer.

Ein französischer Soldat bewacht einen requirierten Kohlenzug, 1923. *Kolorierte Fotografie.*

Spartakusaufstand, Januar 1919: Spartakisten bringen Maschinengewehre Unter den Linden in Stellung.

Spartakusaufstand, Januar 1919. Sicherungsposten regierungstreuer Truppen am Potsdamer Platz.

Arbeiter, Bürger!

Das Vaterland ist dem Untergang nahe.
Rettet es!
Es wird nicht bedroht von außen, sondern von innen:
Von der Spartakusgruppe.

Schlagt ihre Führer tot!
Tötet Liebknecht!

Dann werdet ihr Frieden, Arbeit und Brot haben!

Die Frontsoldaten

Flugblatt der »Frontsoldaten« im Januar 1919. Bei der Niederschlagung des Spartakusaufstands durch Reichswehreinheiten und Freikorps wurden Karl Liebknecht und Rosa Luxemburg am 15. Januar 1919 ermordet.

Kapp-Putsch, März 1920: Bestückter Kübelwagen der Regierungstruppen am Berliner Lustgarten. *Fotografie von Alfred Grohs.*

Militär-Propagandawagen der Kapp-Truppen im März 1920 in Berlin.

Die »Tiller-Girls« in der Garderobe der »Berliner Scala«, 1927.

In einer Berliner Jazz-Kneipe, 1930. *Fotografie von Otto Umbehr.*

Im Romanischen Café in Berlin, um 1924.

Ein Arbeitsloser auf Stellensuche, Januar 1930. *Fotografie von Hans Schaller.*

Auswirkungen der Wirtschaftskrise in Berlin, November 1931. Seit dem »Schwarzen Freitag« an der New Yorker Börse 1929 und der daraus resultierenden globalen Wirtschafts- und Bankenkrise stieg die Zahl der Firmenzusammenbrüche in Deutschland rapide an und erreichte 1931 mit fast 28 000 Konkursen den Höhepunkt. *Fotografie von Wolfgang Wiesebach.*

»Dämmerung« von George Grosz aus dem Zyklus »Ecce Homo«. *Aquarell, 1922.*

George Grosz vor seinem Gemälde »Stützen der Gesellschaft«, 1926.

»Familienbild George«.
Gemälde von
Max Beckmann, 1935.
Berlin, Staatliche Museen zu Berlin – Preußischer Kulturbesitz, Nationalgalerie.

Kurt Tucholsky in Paris, 1928.
»Wir haben den Laden übernommen
im Ausverkauf! im Ausverkauf!
Die Fürsten sind uns abhanden gekommen –
im Nurmi-Lauf, im Nurmi-Lauf
Wir sind eine Republik.
Was sollen wir Ihnen sagen?
Wir bitten Sie, das unserem Vorgänger
geschenkte Vertrauen auch auf uns zu übertragen!
… Die Revolution findet
wegen schlechten Wetters im Saale statt –
Wohl dem, der solch eine Republike hat!
Immer herein! Eintrittsgeld nach Belieben!
Wir haben die Firma gewechselt.
Aber der Laden ist der alte geblieben!«
Aus dem Gedicht
»Zehn Jahre deutsche ›Republik‹« von 1928.

Bertolt Brecht mit dem deutschen Box-Halbschwergewichtsmeister Paul Samson-Körner, um 1926.

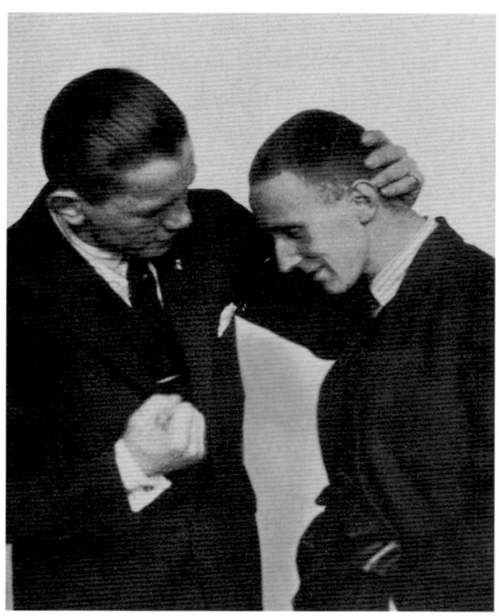

Else Lasker-Schüler, 1912.

Antisemitische Karikatur auf Heinrich Mann. *Titelseite der »Brennessel«, 1933*

Fotomontage von Sasha Stone zur Uraufführung von Ernst Tollers »Hoppla, wir leben« mit der transparenten Etagenbühne und Erwin Piscators Profil, 1927.

Der Theaterkritiker Alfred Kerr, um 1928. *Fotografie von Erich Salomon.*

»Der tolle Platz«. *Gemälde von Felix Nussbaum, 1931. Berlin, Berlinische Galerie.* Seine ersten Ausstellungen hatte Nussbaum im Berlin der späten zwanziger Jahre. Viele seiner Werke thematisierten Facetten des Großstadtlebens und die gesellschaftlichen Widersprüche der »Goldenen Zwanziger«. Der Maler jüdischer Herkunft starb im August 1944 in Auschwitz.

IA 3324

»Die Dame von Loge 13«. *Filmplakat mit Greta Garbo und Conrad Nagel, Regie Fred Niblo, Produktionsjahr 1928.*

»Susan Lenox – her rise and fall.« *Szenenfoto mit Greta Garbo. Regie führte 1931 Robert Z. Leonard.*

»Dishonoured«. Amerikanische Produktion mit dem »deutschen Weltstar« Marlene Dietrich unter Regie von Josef von Sternberg, 1930. Marlene Dietrich, 1901 in Berlin geboren, hatte mit der Rolle der Lola in »Der blaue Engel«, der Verfilmung von Heinrich Manns Roman »Professor Unrat«, ihren Durchbruch. 1930 ging sie mit ihrem Entdecker und Förderer von Sternberg in die USA, 1937 nahm sie die amerikanische Staatsbürgerschaft an.

»Berlin, die Sinfonie einer Großstadt«. Montagefilm von Walther Ruttmann aus dem Jahr 1927, *Fotocollage für das Filmprogrammheft.*

Den Freistaat Preußen regierte bis in das Jahr 1932 eine Koalition aus SPD, DDP und Zentrum, der Sozialdemokrat Otto Braun war fast ununterbrochen von 1921 bis 1932 preußischer Ministerpräsident. Auf dem Foto das zweite Kabinett Braun (1921-1925), im November 1921. Von links nach rechts Kultusminister Otto Boelitz (DVP), Finanzminister Ernst von Richter (DVP), Handelsminister Wilhelm Siering (SPD), Ministerpräsident Otto Braun (SPD), Innenminister Carl Severing (SPD) und Landwirtschaftsminister Hugo Wendorff (DDP).

Sitzung des Preußischen Staatsrats im Herrenhaus in Berlin, um 1923. Rechts Konrad Adenauer, seit 1921 Präsident des Preußischen Staatsrats, links neben ihm das Staatsratsmitglied Adolf Freiherr von Oer.

Ordnungshüter: Polizist im Berlin der zwanziger Jahre. Während der Weimarer Republik wuchs die polizeiliche Ordnungsmacht zum zweitstärksten bewaffneten Machtfaktor im Deutschen Reich heran. Die preußische Polizei hatte hierbei eine Vorreiterrolle inne.

Stahlhelm-Kundgebung vor dem Berliner Stadtschloss zum Volksentscheid über die Auflösung des Preußischen Landtages, August 1931. Der Landesführer Major von Stefani spricht.

Flugblatt der SPD zur preußischen Landtagswahl 1932.

Otto Braun mit seiner Frau auf dem Weg zum Wahllokal anlässlich der Landtagswahl am 24. April 1932.

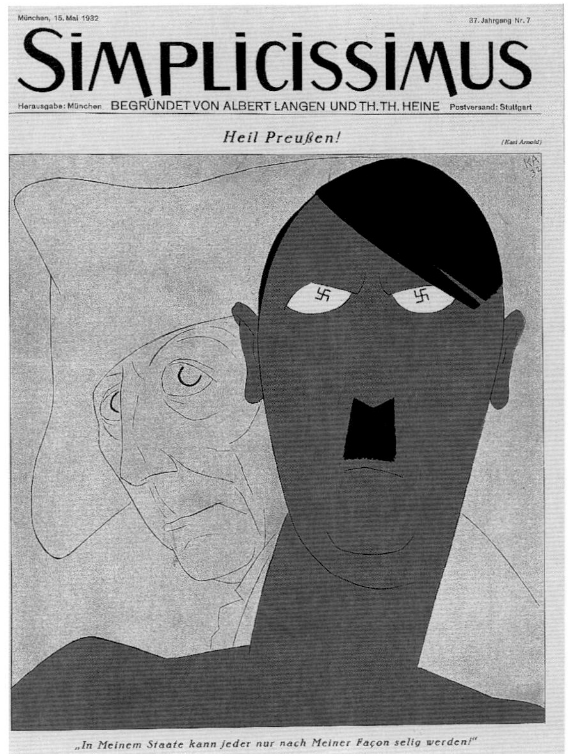

»Heil Preußen!« *Zeichnung von Karl Arnold aus dem »Simplicissimus«, 1932.*

»Altes oder neues Preußen«. *Flugblatt der SPD zur preußischen Landtagswahl, 1932.* Schon vor der Machtübernahme Hitlers versuchten seine politischen Gegner zu verdeutlichen, dass die propagierte Berufung der Nationalsozialisten auf vermeintliche preußische Traditionen nichts mit Preußen zu tun hatte.

Manfred Görtemaker

Das Ende Preußens

1933–1947

Knapp zwei Jahre nach dem Ende des Zweiten Weltkrieges, am 25. Februar 1947 – bemerkenswert spät also –, erließ der Alliierte Kontrollrat das Gesetz Nr. 46, in dem es in Anlehnung an ein britisches Memorandum vom 27. November 1944 hieß: »Der Staat Preußen, der seit jeher Träger des Militarismus und der Reaktion in Deutschland gewesen ist, hat in Wirklichkeit zu bestehen aufgehört [...] Der Staat Preußen, seine Zentralregierung und alle nachgeordneten Behörden werden hiermit aufgelöst.« Den Oberbefehlshabern der vier Mächte, die nach der bedingungslosen Kapitulation der deutschen Streitkräfte 1945 die oberste Gewalt in Deutschland übernommen hatten, ging es damit allerdings weniger um die Auflösung eines Staates als um die Beseitigung eines Mythos. Denn Preußen als Staat existierte schon längst nicht mehr. Das Gesetz Nr. 46 war deshalb nur ein formaler Akt – spektakulär, aber rechtlich überflüssig.

Der »Mythos Preußen« hatte sich über mehr als drei Jahrhunderte hinweg ausgebildet, in denen Preußens Macht und »Tugenden« die deutsche und europäische Geschichte mitgeprägt und mitgestaltet hatten. Am Ende wurde Preußen nicht nur für den antidemokratischen Obrigkeitsstaat des Kaiserreiches, sondern auch für das verbrecherische Regime des Nationalsozialismus verantwortlich gemacht. Tradierte Vorurteile und Abwehrhaltungen gegenüber den Deutschen verschmolzen dabei zu einer diffusen Anklage alles Preußischen. Was lag also näher, als Schutz vor dem vermeintlich Bösen im Charakter der Deutschen von der Beseitigung seiner angeblich preußischen Wurzeln zu erhoffen? Die Sowjetunion, auf deren Betreiben das Gesetz Nr. 46 hauptsächlich verabschiedet wurde, suchte im Übrigen durch diesen letzten Hieb gegen das »reaktionäre Preußentum« auch die im Zuge des Zweiten Weltkrieges erfolgte Ausdehnung der eigenen Einflusssphäre in Ostmitteleuropa und die Eroberung ehemals preußischer Gebiete politisch und propagandistisch abzusichern.

Vom »Preußenschlag« zum »Tag von Potsdam«

Doch wie lässt sich nun das Ende Preußens datieren, wenn es 1947 bereits nicht mehr existierte? Die Frage ist nicht leicht zu beantworten. Während Hans-Joachim Schoeps meinte, Preußen sei 1871 im Deutschen Reich »aufgegangen«, und die Zeit nach der Reichsgründung zur bloßen »Nachgeschichte« erklärte, sprach Sebastian Haffner von einer Zeit des »langen Sterbens«, die mit der Reichsgründung lediglich begonnen habe. Horst Möller und Manfred Schlenke dagegen rechnen auch die spätere Zeit noch zur preußischen Geschichte, da die Bismarcksche Reichsverfassung die Souveränität Preußens wohl eingeschränkt habe, der Bundesstaat Preußen aber nach Größe, Bevölkerungszahl und politisch-militärischem Gewicht der Hegemonialstaat des Kaiserreiches geblieben sei. Auch der 1919 rechtlich mit den übrigen deutschen Ländern gleichgestellte Freistaat Preußen, der nach der Flucht des preußischen Königs und deutschen Kaisers nach Holland eine demokratische Staatsform hervorbrachte und sich sogar als stabiler erwies als die Weimarer Republik selbst und die meisten anderen der in ihr zusammengeschlossenen Länder, war in diesem Sinne für Möller und Schlenke noch Bestandteil der preußischen Geschichte.

Wie immer man das Hineinwachsen Preußens in das Reich unter Bismarck in den sechziger Jahren des 19. Jahrhunderts, seine formale Beschränkung auf eine innenpolitische Rolle nach 1871 und die schwer messbare Durchdringung des Reiches durch preußische Werte und Traditionen bis in die dreißiger Jahre des 20. Jahrhunderts bewerten mag – Preußens Ende war eine Auflösung in Raten. Unbestreitbar ist jedenfalls, dass der Rest an staatlicher Handlungsfähigkeit, den es schließlich noch gab, nicht erst durch die Nationalsozialisten, sondern bereits mit dem »Preußenschlag« des Reichskanzlers von Papen am 20. Juli 1932 entscheidend gemindert wurde. Die Absetzung der preußischen Staatsregierung unter Ministerpräsident Otto Braun und die Übertragung ihrer wichtigsten Funktionen auf die Reichsregierung kam dabei praktisch einem »Staatsstreich von oben« gleich. Zwar erklärte der Staatsgerichtshof durch Urteil vom 25. Oktober 1932 die Absetzung für unrechtmäßig. Aber der Reichsregierung wurde weiterhin gestattet, Funktionen der Länder auf Reichsorgane zu übertragen. Die Regierung Braun blieb also formal im Amt, war fortan jedoch ohne Macht. Der Kern der staatlichen Existenz Preußens war damit beseitigt.

Unter den Nationalsozialisten wurde dieser Prozess der »Entstaatlichung« institutionell und personell vollendet. Mit der Ernennung Hermann Görings zum kommissarischen Innenminister, später zum Ministerpräsidenten und Innenminister und schließlich zum Reichsstatthalter in Preußen, der Auflösung der kommunalen Selbstverwaltungskörperschaften und des Landtages sowie der Vereinigung der preußischen Ministerien (ausgenommen das Finanzministerium) mit den Reichsministerien wurde die politische und staatsrechtliche Eigenständigkeit endgültig aufgehoben. Zwar lebten unter dem Nationalsozialismus noch manche preußischen Traditionen, Tugenden, bürokratischen Einrichtungen und Ämter (einschließlich des Amtes des preußischen Ministerpräsidenten) fort. Aber eine selbstständige Rolle vermochte Preußen nun auch innenpolitisch nicht mehr zu spielen.

Diese systematische Ausschaltung Preußens aus der Reichspolitik durch Rechtskonservative und Nationalsozialisten ab 1932 stand in einem krassen Gegensatz zu Bemühungen, preußische Traditionen zur Legitimation der neuen politischen Bewegung zu vereinnahmen. Joseph Goebbels, seit 1926 Gauleiter von Berlin und seit 1929 Reichspropagandaleiter der NSDAP, verkündete bereits vor 1933 immer wieder seine These, der Nationalsozialismus sei Preußentum, und Preußentum sei Nationalsozialismus. Vor den preußischen Landtagswahlen 1932 bezeichnete er Preußen sogar ausdrücklich als »das Kernland des Reiches«, von dem »die Wiedergeburt der deutschen Nation ausgehen« solle. Zwischen Nationalsozialismus und Preußentum bestehe Geistesverwandtschaft, ja Identität: »Der Nationalsozialismus darf mit Fug und Recht von sich behaupten, daß er Preußentum sei. Wo immer wir Nationalsozialisten auch stehen, in ganz Deutschland sind wir die Preußen. Die Idee, die wir tragen, ist preußisch. Die Wahrzeichen, für die wir fechten, sind von Preußengeist erfüllt, und die Ziele, die wir zu erreichen trachten, sind in verjüngter Form die Ideale, denen Friedrich Wilhelm I., der große Friedrich und Bismarck nachstrebten.« Hitler selbst beschwor immer wieder – noch bis in das Inferno des Untergangs 1945 – das Vorbild Friedrichs des Großen als Beweis für Entschlusskraft und Willensstärke, über einen materiell überlegenen Gegner zu triumphieren. In seinem Arbeitszimmer im »Führerbunker« unter der Reichskanzlei in Berlin hing bis zum Schluss das Gemälde Friedrichs des Großen von Anton Graff, das die Generale an die Standhaftigkeit des Preußenkönigs auch in schwieriger Zeit erinnern sollte, die am Ende den Sieg davongetragen hatte.

Zu einem ersten Höhepunkt gelangte diese Vereinnahmung Preußens für den Nationalsozialismus, als der Fackelzug der SA am Abend des 30. Januar 1933 unter den Klängen des Fridericus-Marsches in die Berliner Wilhelmstraße einmarschierte, um die »Machtergreifung« Hitlers zu feiern. Zwei Monate später, am 21. März 1933, inszenierte Goebbels, der kurz zuvor zum Reichsminister für Volksaufklärung und Propaganda ernannt worden war, den »Tag von Potsdam«: Über den Gräbern Friedrichs II. und dessen Vaters reichten sich der Repräsentant des alten Preußen, Hindenburg, und der Kanzler des »neuen Deutschland«, Hitler, auf den Stufen der Garnisonkirche die Hand. In dieser schlichten Weihestätte preußischer Geschichte, verknüpft mit den Reizwörtern »Treue« und »Redlichkeit«, wurde die Vereinigung von Nationalsozialismus und Preußentum dramaturgisch geschickt in Szene gesetzt. Kronprinz Wilhelm wohnte dem Staatsakt als Gast bei: Hitler hatte ihn am Tag zuvor im Schloss Cecilienhof mit der wertlosen Zusicherung, in absehbarer Zeit die Hohenzollernmonarchie wiederherstellen zu wollen, zur Teilnahme gelockt. Währenddessen sprach Goebbels vom »geheiligten Potsdam« als jener Stadt, »in der das unsterbliche Preußentum die Grundlage zu der späteren Größe der deutschen Nation gelegt hat«. Hitler beschwor in pathetischen Worten den Geist des alten Preußen »zu Füßen der Bahre seines größten Königs«.

Die Veranstaltung fand ein gewaltiges Echo. Angesprochen fühlten sich nicht nur der Reichspräsident und die bürgerlichen Kabinettsmitglieder, sondern auch die Kirchen, die Reichswehr und die anderen politischen Kräfte, die außerhalb des Nationalsozialismus noch handlungsfähig waren. Durch Heranführung der neuen Machthaber an die alten Eliten schien die Gefahr einer unkontrollierten Machtausübung der Nationalsozialisten gebannt. Der Preis, der dafür gezahlt werden musste, war allerdings hoch: Der Schulterschluss von Tradition und Gegenwart machte die NSDAP hoffähig. Dennoch kennzeichneten nicht Abneigung und Kritik die Atmosphäre, sondern Zustimmung und Erleichterung. Dabei wurde ganz Deutschland einbezogen: Der erstmals gleichgeschaltete Rundfunk aller deutschen Sender übertrug den »Tag von Potsdam« in alle Teile des Landes. Millionenfach wurde die in Potsdam zur Schau gestellte Vereinigung von Nationalsozialismus und Preußentum für die Zeitgenossen und für die Nachwelt in Wort und Bild festgehalten: Presse und filmische Wochenschauen berichteten ausführlich; sogar auf Briefmarken und Münzen wurde die Szene verewigt. Eine Postkarte zeigte in geschickter Montage des Führers preußische Ahnengalerie: Friedrich der Große, Bismarck, Hindenburg, Hitler. Darunter stand zu lesen: »Was der König eroberte, der Fürst formte, der Feldmarschall verteidigte, rettete und einigte der Soldat«. In einem Gedicht Heinrich Anackers hieß es ähnlich: »Der Geist von Potsdam ist es, der sie eint/den Kanzler und den Feldmarschall des Krieges/Ein Glorienstrahl aus ferner Zeit bescheint/die stolzen Fahnen des errungenen Sieges/Denn aus dem Dunkel hebt sich, grau und alt/den Krückstock in befehlsgewohnten Händen/des großen Königs eherne Gestalt/sein preußisches Vermächtnis zu vollenden.« Preußen und Deutschland, NSDAP und Reich schienen glücklich vereint.

Intern bezeichnete Goebbels die Angelegenheit allerdings als »Rührkomödie«. Die Inszenierung verfolgte ein nüchternes Ziel: Zwei Tage danach, am 23. März 1933, wurde im Reichstag das »Gesetz zur Behebung der Not von Volk und Reich« (Ermächtigungsgesetz) durchgesetzt, mit dem die bürgerlichen Parteien ihrer eigenen politischen Entmündigung zustimmten. Nur die Sozialdemokraten widersetzten sich dem Verfassungsbruch, für den der »Tag von Potsdam« die Kulisse gebildet und atmosphärisch den Boden bereitet hatte.

Gleichschaltung

Mit der Ernennung Hermann Görings zum preußischen Ministerpräsidenten am 11. April 1933 wurde die staatliche Entmündigung Preußens, die bereits mit dem »Preußenschlag« von Papens begonnen hatte, zur politischen »Gleichschaltung« erweitert. Göring beschwor die »ewige Ethik des Preußentums«, nannte Hitler einen »echten Preußen« und Friedrich den Großen »den ersten Nationalsozialisten auf dem preußischen Königsthron«. Nun müsse Preußen vorangehen, die letzten Reste demokratischer Staatsgestaltung im Reich, in den Ländern und Kommunen zu beseitigen, um das Prinzip einer klaren und starken Führung im Sinne des Nationalsozialismus durchzusetzen. Hier liege die »deutsche Mission«, die Preußen im Dienst des Reiches noch zu erfüllen habe.

Allerdings vollzog sich der Prozess der nationalsozialistischen Machtergreifung in Preußen nur schrittweise. Obwohl Göring bereits im Rahmen der Regierungsbildung vom 30. Januar 1933 zum kommissarischen preußischen Innenminister bestellt worden war und sogleich mit einer durchgreifenden »Säuberung« von Beamtentum und Polizei begonnen hatte, leisteten die Verfassungsorgane durchaus noch Widerstand. So lehnte der Landtag am 4. Februar mit 214 Stimmen der SPD und KPD sowie der Staatspartei und des Zentrums gegen 196 Stimmen der NSDAP und DNVP einen Antrag auf Auflösung ab. Reichskommissar von Papen, der sogar mit der Idee umgegangen war, Hindenburg noch zum Staatspräsidenten Preußens zu machen, erwirkte daraufhin eine weitere Verordnung des Reichspräsidenten, durch die das Urteil des Staatsgerichtshofes vom 25. Oktober 1932 im Hinblick auf die verfassungsrechtliche Vertretung Preußens aufgehoben wurde – ein weiterer Verfassungsbruch der »legalen« Machthaber, die von Papen damit begründete, es sei »eine Verwirrung im Staatsleben eingetreten, die das Staatsleben gefährdet«. Papen übertrug nun »bis auf weiteres« alle Befugnisse des Preußischen Staatsministeriums dem Reichskommissar für das Land Preußen und seinen Beauftragten – also sich selber. Danach bestand die verfassungsmäßige preußische Regierung »nur noch in einem rechtlich-moralischen Schattenreich« (Hagen Schulze), ehe der endgültige Amtsverzicht des Staatsministeriums am 25. März 1933 beschlossen wurde. Durch Reichsgesetz vom 30. Januar 1934 wurde dann auch der formal noch bestehende Landtag aufgelöst.

Die preußische Verfassung von 1920 indessen wurde nie außer Kraft gesetzt, sondern nur in Teilen ersetzt und politisch entwertet. So hieß es noch 1935 in den Bestimmungen über das Staatsministerium: »Das Staatsministerium vertritt den Staat nach außen. Es beschließt über Gesetze. Der Ministerpräsident bestimmt die Richtlinien der Politik, für die er dem Führer und Reichskanzler gegenüber die Verantwortung trägt. In diesem Rahmen verwaltet jeder Minister nach Maßgabe seiner vom Ministerpräsidenten bestimmten Zuständigkeit und der etwa vom Reiche gegebenen Anordnungen seinen Geschäftskreis selbständig.« Das »Handbuch für den Preußischen Staat« aus dem Jahre 1935 nannte somit unverändert als oberste Staatsbehörden den Ministerpräsidenten, das Staatsministerium und den Staatsrat. Auch im Geschäftsbetrieb der Staatsbehörden wurden die funktionalen Elemente und Rechtsetzungen der Weimarer Zeit nie systematisch beseitigt. Noch am 17. April 1945 erschien das vom Preußischen Staatsministerium herausgegebene und von der Preußischen Verlags- und Druckerei-GmbH verlegte Blatt Nr. 1 der Preußischen Gesetzessammlung für das Jahr 1945 mit dem Haushaltsplan für das Rechnungsjahr 1945.

In der politischen Wirklichkeit war dies alles jedoch nicht viel wert, da nationalsozialistische Herrschaftsmethoden sich seit 1933 in nahezu allen Bereichen durchsetzten. Dazu trug nicht zuletzt die unter der unmittelbaren Aufsicht und Verantwortung von Göring stehende »Preußische Geheime Staatspolizei« mit Himmler, Heydrich und Best bei, die zur Basis für das spätere Reichssicherheitshauptamt wurde, nachdem Himmler sich der Unterstellung unter Göring entzogen hatte. Bei der Gestapo liefen die Fäden der staatspolizeilichen Überwachung für Preußen und das übrige Reich zusammen. Nicht zufällig waren auf das Tor zum Konzentrationslager Buchenwald mit eisernen Lettern jene Worte geschlagen, die seit 1701 das Motto des preußischen Schwarzen Adler-Ordens bildeten und durch die Jahrhunderte die Maxime des preußischen Staates verkündeten: »Jedem das Seine!«

Ungeachtet aller geheimpolizeilichen Zentralisierung blieb Preußen für Göring eine wichtige Basis seiner persönlichen Macht. In einer Rede vor dem Preußischen Staatsrat am 18. Juni 1934 verwies er deshalb auch in eigenem Interesse darauf, »daß Preußen vorläufig noch als wichtige Verwaltungs- und Finanzeinheit vorhanden ist«. Preußen bleibe ein »Staatsbegriff« – ein »Staatsgebilde«, dessen »Staatsmaschine tadellos weiterlaufen« müsse, damit nach etwa einem Jahrzehnt die Aufteilung in Reichsgaue vorgenommen werden könne. Allerdings sei der Führer der Meinung, dass das Ganze »noch länger dauern könnte«. Die formale Zusammenlegung der preußischen Ministerien mit den entsprechenden Reichsministerien zwischen Oktober 1934 und Mai 1935 änderte daran nichts, zumal die Ministerialbeamten in ihrem bisherigen Verhältnis als preußische Beamte verblieben. Die Eingliederung Preußens in die Reichsverwaltung blieb somit unvollendet – wohl auch deshalb, weil Hitler für seine Aufrüstungs- und Kriegspolitik innenpolitische Ruhe benötigte und befürchtete, dass die Zeit- und Reibungsverluste einer Reichsreform seine kurzfristigen außenpolitischen Absichten behindern könnten. Die innere Neugestaltung wurde daher auf die Zeit nach dem Krieg verschoben. Vermutlich wäre das Reich danach in Form von Reichsgauen durchgängig neu gegliedert worden.

Da dies zunächst nicht geschah, behielt die Ministerialbürokratie an vielen Stellen, am stärksten wohl in der preußischen Justizverwaltung und im Finanzministerium, ihre Traditionsinseln, auf denen sie im Rahmen des Möglichen traditionelle Verwaltungsarbeit leistete. Alte Leitbegriffe wie Toleranz, Sparsamkeit, Pflichttreue, Finanzredlichkeit und Ehre konnten im Einzelfall immer wieder gegen Übergriffe nationalsozialistischer Amtsträger angewendet werden. Alt-Beamte behinderten zumindest gelegentlich die Durchsetzung des totalitären »Staatswillens«. An Widerstand im eigentlichen Sinne war dabei allerdings kaum zu denken. Der Staatsapparat wurde fast kampflos an die Nationalsozialisten übergeben. Ein preußisches »Willenszentrum«, das sich dagegen hätte auflehnen können, gab es ebenso wenig wie eine geschlossene soziale Schicht mit einheitlichen politischen Zielvorstellungen. Auch die einstige konservative Partei war längst zerfallen. Aus einer bis 1870 wenigstens teilweise staatstragenden Schicht war – nicht nur in Preußen – eine Erwerbs- und Besitz-Schicht geworden, die sich immer mehr in die moderne Industriegesellschaft einfügte. Selbst in den »preußischen« Familien wurden, wie Gerd Heinrich bemerkt hat, lediglich bildhafte Traditionen und Standeserinnerungen weitergereicht. Ein Bezug zur Staatswirklichkeit war nur dann gegeben, wenn sich in einem Familienzweig mehrere Generationen dem zivilen Staatsdienst verschrieben hatten. Das war jedoch die Ausnahme, denn den »König von Preußen« als Ansporn und Bezugspunkt gab es nicht mehr. Auch der Gedanke einer Wiedereinsetzung des Hauses Hohenzollern, der bei in- und ausländischen Politikern 1933 noch gegenwärtig war, bot keine Alternative, da spätestens der »Röhm-Putsch« am 30. Juni 1934 den wahren Charakter des neuen Regimes offenbarte. Mit der Ermordung von Schleichers und von Bredows wurden auch im Hause des Kronprinzen Wilhelm alle Hoffnungen aufgegeben, die man zunächst in das neue Regime gesetzt hatte. Die Verhaftungs- und Mordaktionen in Berlin, München-Stadelheim und vor allem in Schlesien, mit denen die Opposition eingeschüchtert werden sollte, führten darüber hinaus nicht nur zu einer Korrumpierung der Reichswehrführung, sondern zu einer allgemeinen Verwahrlosung der Rechts- und Moralbegriffe, die schließlich den Kern der nationalsozialistischen »Revolution« ausmachte und auch die berufenen Sprecher Preußens zum Schweigen brachte.

Das Hitlerattentat vom 20. Juli 1944

Trotz der offenkundigen Lähmung der Opposition angesichts der Erfolge Hitlers scheint die Annahme berechtigt, dass sich nach den Ereignissen von 1934 jene kleinen Zellen in der preußischen Staatsverwaltung, in der Diplomatie und später auch in Heer und Luftwaffe bildeten, von denen aus eine überwiegend jüngere und in wiederentdeckten altpreußischen Werten denkende Generation den Weg zum Widerstand fand. Für die Gesamtbevölkerung galt dies nicht. Auch wenn sie nicht rückhaltlos hinter dem Regime gestanden haben mag, blieb aktiver Widerstand eine seltene Ausnahme. Mit Preußentum hatte dies allerdings kaum etwas zu tun, denn in den anderen Teilen des Reiches verhielt sich die Mehrheit der Bevölkerung nicht weniger apathisch, dienstwillig oder resigniert. Verfolgungen und Bespitzelung ließen wenig Spielraum. Überdies lagen nationales Bewusstsein und Abneigung gegenüber dem Regime miteinander im Widerstreit.

Auch in der Wehrmacht war die Einsicht, einem Verbrecher als oberstem Kriegsherrn zu dienen, in den ersten Kriegsjahren noch nicht weit verbreitet. »Es ist merkwürdig«, schrieb der Diplomat Ulrich von Hassell am 20. April 1943, »wie stark die deutsche Tugend, ›eine Sache um ihrer selbst willen zu treiben‹, für eine wirkliche politische Auffassung der Dinge hinderlich sein kann.« Je länger der Krieg dauere, desto geringer werde seine Meinung von den »preußisch« geprägten Generalen: »Sie haben wohl technisches Können und physischen Mut, aber wenig Zivilcourage, gar keinen Überblick oder Weltblick und keinerlei innere, auf wirklicher Kultur beruhende geistige Selbständigkeit und Widerstandskraft, daher sind sie einem Manne wie Hitler völlig unterlegen und ausgeliefert.«

Tatsächlich waren die aus dem preußisch-deutschen Generalstab in der Reichswehr- und Wehrmachtszeit hervorgegangenen Offiziere von ihrer Vorbildung her kaum geeignet, die verbrecherische Brutalität der Hitlerschen Gestalt zu erkennen und mit der nötigen Entschlossenheit zu bekämpfen. Die meisten von ihnen verwiesen außerdem auf den »Eid«, der sie an das Staatsoberhaupt binde – auch wenn Hitler den Eid selbst mehrfach gebrochen und damit jeden Anspruch auf Gehorsam und Treue verwirkt hatte. Bereits nach dem Röhm-Putsch von 1934 meinte der Chef der Heeresleitung, General von Fritsch, resigniert: »Wir können Politik nicht ändern, ›müssen‹ unsere Pflicht tun.« Diese Grundhaltung der »politischen Unfähigkeit und unpolitischen Überheblichkeit«, kommentierte Karl Dietrich Bracher 1976, habe die Armee in die Katastrophe des Krieges und die Spitzen der Generalität in die Abstinenz gegenüber dem Widerstand geführt. Einsichtsvolle, aber hilflose Resignation eines Individuums gegenüber den übermächtigen Gewalten des Jahrhunderts war auch bei dem aus der Altmark stammenden Preußen Udo von Alvensleben festzustellen, der unter dem 1. November 1941 notierte: »Hier in Mariupol wurden allein zwölftausend bis fünfzehntausend Juden umgebracht.

Man erstarrt. Von diesem Augenblick an ist jede Freude, jede wahre Hoffnung zerstört. Verbrechen heftet sich an unsere Fersen.« Und Generaloberst Kurt von Hammerstein, der ehemalige Chef der Heeresleitung, bemerkte im Februar 1943: »Ich schäme mich, einem Heere angehört zu haben, das alle Verbrechen gesehen und zugelassen hat.«

Gänzlich anders reagierte dagegen Henning von Tresckow, der als Generalmajor an der Ostfront stand und Widerstand – unabhängig von seinem Ausgang – für politisch zwingend notwendig hielt. Zu dem geplanten Attentat auf Hitler erklärte er: »Sollte es nicht gelingen, so muß trotzdem ... gehandelt werden. Denn es kommt nicht mehr auf den praktischen Zweck an, sondern darauf, daß der deutsche Widerstand vor der Welt und vor der Geschichte den entscheidenden Wurf gewagt hat. Alles andere ist daneben gleichgültig.« Nach dem Scheitern des Anschlags bemerkte er in einem seiner letzten Worte vor seinem erzwungenen Freitod: »Der sittliche Wert eines Menschen beginnt erst dort, wo er bereit ist, für seine Überzeugung sein Leben hinzugeben.«

Wie von Tresckow, so waren es zum größeren Teil Militärs aus altpreußischen Familien, die am 20. Juli 1944 am Attentat gegen Hitler unmittelbar mitwirkten. Nicht wenige der mehr als sechzig Offiziere (darunter achtzehn Generale), die danach hingerichtet oder zum Selbstmord gezwungen wurden, stammten aus den alten und traditionsreichen brandenburgisch-preußischen Familien oder aus den preußischen Ost- und Mittelprovinzen. Andere hatten eine Laufbahn in der preußischen Verwaltung eingeschlagen oder in preußischen Regimentern gedient oder waren durch preußische Vorfahren geprägt. Außerhalb des Militärs war der Kreis der »Preußen« im Widerstand noch sehr viel größer. Insgesamt, so schätzt Gerd Heinrich, waren wohl mehr als zwei Drittel derjenigen, die am 20. Juli 1944 in der einen oder anderen Form mitwirkten, dem »preußischen« Milieu im Reich zuzurechnen.

Hitler hatte sich also über die Verwertbarkeit der Führungsschichten Preußens für den Nationalsozialismus zu Recht kaum Illusionen gemacht. Von den rund 500 höheren Partei- und SS-Führern, die er ernannt hatte, stammten nur 17 (3,4 Prozent) aus preußischen Provinzen. Dem Anteil Preußens an der Gesamtbevölkerung des Reiches entsprechend, hätten es mehr als 300 (fast zwei Drittel) sein müssen. Die weitaus meisten Funktionäre kamen aus dem ehemaligen Österreich-Ungarn, Böhmen, Bayern, dem Baltikum und sogar aus dem Ausland. Hitlers Widerwille gegen das substanziell Preußische rührte nicht zuletzt daher, dass die ältere »preußische« Mentalität der Rechtlichkeit und des Festhaltens an Kontinuitäten mit einer Politik des imperialen Aufbruchs und dem totalitären Regierungsstil des Nationalsozialismus unvereinbar war.

Nach dem 20. Juli 1944 wurden etwa 5000 Menschen aufgrund von zivilen Urteilen hingerichtet. Dazu kamen die Urteile der Kriegsgerichte. Die für einen Wiederaufbau geeignete politische und militärische Führungsschicht Deutschlands wurde damit auf etwa ein Zehntel ihres Bestandes vor dem 20. Juli reduziert. Dies galt anteilig auch für Preußen. Allerdings hatte man auch in den Widerstandsgruppen an eine Zukunft Preußens im Rahmen des Deutschen Reiches nicht gedacht. So berichtete Ulrich von Hassell im September 1941 aus Bayern und Österreich, hier herrsche »ein nie dagewesener Haß gegen Preußen«. Daher sei »übrigens auch eine Hohenzollern-Monarchie unmöglich«. In den Denkschriften, Gesetzentwürfen und Programmen des Widerstands ging man deshalb davon aus, das Preußen-Problem dadurch zu lösen, dass die Länder entgegen der juristisch und teilweise noch faktisch gültigen Weimarer Reichsverfassung als dem Reich nachgeordnete Provinzen (mit Selbstverwaltungskörperschaften) neu gegründet werden sollten: Im »Vorläufigen Staatsgrundgesetz« vom Herbst 1943, das vor allem auf Gesprächen zwischen dem preußischen Finanzminister Popitz und Goerdeler beruhte, lautete der entscheidende Satz, Preußen vollende »seine reichsbildende Mission, indem es auf den staatlichen Zusammenhang seiner Provinzen verzichtet«.

Das Ende

Nach der Beseitigung der staatlichen Eigenständigkeit Preußens und der Ermordung eines großen Teils seiner politischen und militärischen Elite folgte mit der Eroberung des Deutschen Reiches durch die Alliierten schließlich die weitgehende Vernichtung seiner physischen und materiellen Grundlagen. Vor allem in den östlichen Provinzen gingen Millionen von Menschen zugrunde, Schlösser und Herrensitze wurden verwüstet oder vernichtet. Am härtesten traf es West- und Ostpreußen sowie Hinterpommern. Auch das symbolträchtige Potsdam, das bereits im Juni 1940 erstmals bombardiert worden war, erlitt beim letzten Angriff von 490 Flugzeugen der britischen Air Force in der Nacht vom 14. auf den 15. April 1945 schwere Verwüstungen. Große Teile der Innenstadt, einschließlich der Garnisonkirche, wurden zerstört. Vielen anderen Städten erging es nicht besser, oft sogar noch schlechter. Zahllose Stätten der preußischen Geschichte wurden ausgelöscht. Die Welt des alten Preußen war unwiederbringlich verloren.

Dennoch sahen die Alliierten nach dem Ende des Zweiten Weltkrieges, wie Churchill schon 1943 betont hatte, in Preußen »die Wurzel allen Übels«. Preußen galt als ein Synonym für Militarismus, Obrigkeitsstaat und Großgrundbesitz. Der Auflösungsbeschluss Nr. 46 besaß daher eine gewisse Logik. Aber auch in Deutschland selbst führte der verordnete Preußenhass nicht nur zum serienweisen Austausch von Straßen-, Schul- und Ortsnamen, sondern auch zur Sprengung des Berliner Schlosses, des Potsdamer Stadtschlosses und der Potsdamer Garnisonkirche. Der 1947 unternommene Versuch, einen alten Sarg mit der Aufschrift »Geist von Potsdam« in der Havel zu versenken, schlug jedoch fehl: Da mehrere physikalische Gesetze nicht beachtet worden waren, wollte die Kiste trotz der Abgabe von Schüssen nicht absacken. Das Experiment wurde nicht wiederholt.

»Vom wahren Preußentum ist der Begriff der Freiheit niemals zu trennen«, schrieb Henning von Tresckow im April 1943, der hier abschließend noch einmal zitiert sei: »Wahres Preußentum heißt Synthese zwischen Bindung und Freiheit … Nur in der Synthese liegt die deutsche und europäische Aufgabe des Preußentums, liegt der preußische Traum!« Die Hoffnung, die sich damit verband, sollte nicht mehr erfüllt werden. Europa schloss sich ohne Preußen zu neuer Einheit zusammen. Allerdings löste auch die formale Eliminierung des preußischen Staates durch den Kontrollrat im Februar 1947 kaum nachhaltige Reaktionen aus. Erst am 18. Januar 1971 – hundert Jahre nach dem Friedensschluss zwischen Deutschland und Frankreich und der deutschen Reichsgründung – schrieb P.-P. Sagave dazu in einer Sonderausgabe der französischen Tageszeitung »Le Monde«: »Indem die Alliierten 1947 de jure abschafften, was de facto gar nicht mehr vorhanden war, wollten sie eher eine Tradition als eine Staatsmacht vernichten. Gewiß, Militarismus und Bürokratie der preußischen Monarchie gehörten zu den Elementen, aus denen dann das imperialistische Deutschland und schließlich das Dritte Reich sich entwickelt haben. Dagegen konnten sich die Widerstandskämpfer, die 1944 im Namen des Rechts und der Ehre versucht hatten, die Naziherrschaft zu stürzen, ganz offen auf beste preußische Tradition berufen.« Weitere zehn Jahre später fügte derselbe Autor hinzu, Preußen sei – selbst für Frankreich – heute »kein Schreckgespenst mehr, sondern ein Monument der Vergangenheit, eher von kulturhistorischem als von politischem Interesse«.

Prinz August Wilhelm von Preußen in SA-Uniform bei einer Propagandarede für Hitler im Berliner Sportpalast am 25. Oktober 1932.

Presseempfang am Nachmittag des 30. Januars 1933: Der neue Reichskanzler Hitler im Gespräch mit seinem Vizekanzler und Reichskommissar für Preußen Franz von Papen und dem Reichswirtschafts- und Reichsernährungsminister Alfred Hugenberg. *Fotografie von Carl Weinrother.*

Propaganda der NSDAP zu Reichstagswahl und Volksabstimmung vom 12. November 1933

Berlins Schutzpolizei, zum ersten Mal mit der Hakenkreuzfahne, Anfang 1933. *Fotografie von Carl Weinrother.*

Fackelzug der SA durch das Brandenburger Tor am Abend des 30. Januar 1933 anlässlich der Ernennung Hitlers zum Reichskanzler. *Einzige authentische Fotografie des Ereignisses.*
»Ich kann gar nicht soviel fressen wie ich kotzen könnte.«
Max Liebermann anlässlich der Machtübernahme Hitlers.

»Der Tag von Potsdam«. *Zeitgenössische Collage.*

»Die Führer des Vaterlandes in Potsdam am 21. März 1933.« Der Reichspräsident verabschiedet sich nach dem Festakt in der Garnisonkirche vom Reichskanzler. *Fotografie von Theodor Eisenhart.*

»Der Tag von Potsdam« am 21. März 1933. Staatsakt in der Garnisonkirche zur feierlichen Eröffnung des Reichstages unter dem neuen Reichskanzler Hitler. Druck nach einem Aquarell von Richard Lindmar. »Der Ort an dem wir uns heute versammelt haben, mahnt uns zum Rückblick auf das alte Preußen, das in Gottesfurcht durch pflichttreue Arbeit, nie verzagenden Mut und hingebende Vaterlandsliebe groß geworden ist und auf dieser Grundlage die deutschen Stämme geeint hat. Möge der alte Geist dieser Ruhmesstätte auch das heutige Geschlecht beseelen, möge er uns freimachen von Eigensucht und Parteizank und uns in nationaler Selbstbesinnung und seelischer Erneuerung zusammenführen zum Segen eines in sich geeinten, freien, stolzen Deutschland.« *Aus der Rede des Reichspräsidenten von Hindenburg.*

Hitler besucht die Bayreuther Festspiele in Begleitung von Winifred Wagner, 1938.

Noch in den Kriegsjahren versuchten die Nationalsozialisten, den Mythos des »alten Fritz« propagandistisch zu nutzen. 1942 entstand unter Regie von Veit Harlan der Film »Der große König«. Szenenfoto mit Otto Gebühr in der Rolle Friedrichs II.

Nationalsozialistische Vereinnahmung Preußens mittels der drei »großen Deutschen«: Friedrich II., Bismarck und Hitler. *Postkarte*

Einzug der internationalen Mannschaften in das Olympiastadion während der Eröffnungsfeier der Olympischen Spiele am 1. August 1936.

Teilnehmerinnen des Deutschen Turn- und Sportfestes 1938 in Breslau jubeln Hitler bei der Turnerparade auf der Friesenwiese zu. *Fotografie von Hanns Hubmann.*

Der 1. Mai 1938 in Berlin: Der Führer verlässt das Olympiastadion. Im Hintergrund das von Mitgliedern des Bundes Deutscher Mädchen gebildete Wort »Großdeutschland«.

Nach dem Attentat besichtigt Hitler in Anwesenheit Görings und Goebbels' am 20. Juli 1944 den zerstörten Kartenraum im Führerhauptquartier. *Fotografie von Heinrich Hoffmann.*

Claus Graf Schenk von Stauffenberg, 1944. Der Generalstabsoffizier legte am 20. Juli 1944 im Führerhauptquartier die Bombe zu dem missglückten Attentat. Er wurde am selben Tag verhaftet und standrechtlich erschossen.

Generaloberst Ludwig Beck, einer der Köpfe des Widerstands gegen Hitler, Mai 1938. *Fotoatelier Bieber/Nather.*

SS-Einheiten halten am 21. Juli 1944 die Zentrale der Verschwörung gegen Hitler besetzt, hier im Hof des Gebäudes des Oberkommandos des Heeres in der Berliner Bendlerstraße.

Erwin Planck, der Sohn Max Plancks, als Angeklagter vor dem Volksgerichtshof in Berlin. Wegen seiner Verbindungen zum Kreis um Carl Friedrich Goerdeler wurde er zum Tode verurteilt und am 23. Januar 1945 hingerichtet.

Die Hinrichtungsstätte in Plötzensee.

Das Berliner Stadtschloss, Mai 1945. *Fotografie von Carl Weinrother.*

Das zerstörte Stadtschloss in Potsdam, im Hintergrund die Garnisonkirche, 1946. *Fotografie von Friedrich Seidenstücker.*

Die Siegesallee im Mai 1945. *Fotografie von Willy Saeger.*

Am Großen Stern in Berlin, 1946. *Fotografie von Friedrich Seidenstücker.*

Die zerstörte Bauakademie in Berlin, 1946. Im Vordergrund das gestürzte Denkmal für Karl Friedrich Schinkel. Rechts das Denkmal für Albrecht Thaer von Christian Daniel Rauch. *Fotografie von Friedrich Seidenstücker.*

Frank-Lothar Kroll

Sehnsüchte nach Preußen

Preußen, so scheint es, ist wieder aktuell, mehr als jemals zuvor seit seinem ruhmlosen Erlöschen. Die alliierten Siegermächte hatten diesen mittel- und ostdeutschen Staat, seine Zentralregierung ebenso wie alle seine nachgeordneten Behörden, per Kontrollratsbeschluss am 25. Februar 1947 für aufgelöst erklärt, weil Preußen, so die Begründung des von den vier Militärgouverneuren unterzeichneten »Gesetzes Nr. 46«, »seit jeher Träger des Militarismus und der Reaktion in Deutschland« gewesen sei. Wie alle pauschalen Verdammungsurteile, so war auch dieser apodiktische Bannspruch über Preußen ungerecht und unhaltbar. Doch wer mochte schon in der Trümmerwelt des zerstörten, besiegten und besetzten Deutschlands ernsthaft nach der Berechtigung des alliierten Verdikts fragen? Zusammenbruch und Untergang aller einst von Deutschland gehaltenen Positionen schienen nach Beendigung des Zweiten Weltkriegs derart umfassend und unwiderruflich, dass dem Auslöschungsbeschluss über einen Staat, der tatsächlich schon gar nicht mehr in Existenz stand, ohnehin nur noch deklamatorische Bedeutung zugesprochen werden konnte.

Es war der Nationalsozialismus gewesen, der den Staat Preußen 1934 durch die Verreichlichung der Länder faktisch aufgehoben hatte. Und wenn die alliierten Siegermächte das Bestehen dieses Staates 1947 noch einmal ausdrücklich verneinen zu müssen glaubten, so ist daran zu erinnern, dass damals in den Besatzungszonen bereits neue Länder auf ehemals preußischem Gebiet gebildet worden waren, und dass die preußischen Kernprovinzen – Ostpreußen und Schlesien, Hinterpommern und Teile Brandenburgs – nach Vertreibung der deutschen Bewohner ohnehin von Polen und der Sowjetunion annektiert worden waren – insgesamt 39 Prozent des alten preußischen Staatsgebiets. Die totale Auslöschung Preußens 1947 war also, wie Golo Mann dies einmal formuliert hat, nichts weiter als ein »Fußtritt, den siegreiche Esel einem längst toten Löwen gaben«.

Es mag überhaupt mit der lang anhaltenden Prozesshaftigkeit des Untergangs Preußens zusammenhängen – vielfach werden neben 1947 und 1934 auch die Jahreszahlen 1867/71, 1918/19 oder 1932 als »Sterbedaten« genannt, und dies in allen Fällen mit einer gewissen Berechtigung –, dass zunächst kaum innerdeutsche Reaktionen auf diesen 1947 wirklich definitiven Untergang zu verzeichnen waren. Selbstverständlich war dies nicht. Denn wo und wann hatte es in der neueren Geschichte eine durch Dekret verfügte Auslöschung eines über Jahrhunderte etablierten und durchorganisierten souveränen Staatswesens gegeben? Der Vorgang war ohne Zweifel beispiellos. Und Kenner der Materie wussten 1947 ohnehin, dass die von den Alliierten vorgetragene Begründung für den Auslöschungsakt – die vermeintliche Kriegslüsternheit des Hohenzollernstaates – schlichtweg eine propagandistische Entstellung gewesen ist: An den zwischen 1701 und 1933 seitens der europäischen Großmächte geführten militärischen Auseinandersetzungen war immerhin Frankreich mit 28 Prozent, Großbritannien mit 23 Prozent, Russland bzw. die Sowjetunion mit 21 Prozent und Preußen bzw. das Deutsche Reich mit nur 8 Prozent beteiligt. Aber auch der Nationalsozialismus hatte sich der später von den Alliierten vorgebrachten Entstellung bedient – gerade sein Preußenbild betonte ja, neben der angeblichen Identität von preußischem Stil und (national)sozialistischer Haltung, die soldatisch-kriegerischen Traditionen, die in vermeintlich ungebrochener Kontinuitätslinie von Friedrich dem Großen über Bismarck zu Hitler führten. Diese fatale Fehldiagnose wich zumindest auf Seiten der ehemaligen Kriegsgegner im Westen erst in späteren Jahren einer ausgewogeneren Sichtweise.

Preußen in der Bonner Republik

Der politische und gesellschaftliche Diskurs der frühen Bundesrepublik Deutschland ließ für das Thema Preußen wenig Raum. Die Bonner Republik gab sich unter ihrem ersten Kanzler Konrad Adenauer bewusst anti-preußisch. Weder verstand sie sich territorial als Nachfolgestaat des ehemaligen Preußen, noch bezog sie gar ihre Staatsraison aus der Wertewelt des untergegangenen Hohenzollernreiches. Im Gegenteil – das preußische Staatsethos der betonten Einbindung des Einzelnen in überindividuelle Pflichtordnungen, die Idee des Dienstes am Staat als der Verkörperung des Allgemeinwohls unter Zurückstellung der Befriedigung subjektiver Bedürfnisse widersprach geradezu dem an westlich-liberale Traditionen Anlehnung suchenden Politikverständnis des jungen westdeutschen Teilstaates. Die Bundesrepublik fand ihre Identität gleichsam auf der entgegengesetzten Seite: in Adaption des Wertekanons der parlamentarischen bürgerlichen Demokratie mit ihrer die Rechte des Individuums einfordernden, primär an materiellen Bezugsgrößen und wirtschaftlichen Erfolgskriterien orientierten Ausrichtung.

Hinzu kamen der geographische bzw. regionale Substanzverlust sowie der personale Schwund. Wie hätte sich auch die rheinisch-katholisch, die süddeutsch-liberal oder hanseatisch-welfisch geprägte Politikerriege der frühen Bundesrepublik Deutschland ehrlicherweise mit jenen Traditionen identifizieren können, die der eigenen politischen Sozialisation augenscheinlich so strikt entgegenstanden? Das, was in räumlicher Hinsicht von Preußen übrig geblieben war, okkupierte der ostdeutsche Teilstaat, auf dessen Territorium das Rest-Kerngebiet der preußischen Vergangenheit lag. Zudem fehlte nach der blutigen Abrechnung Hitlers mit den zu großen Teilen der preußischen Hocharistokratie entstammenden Teilnehmern und Mitwissern am Attentat vom 20. Juli 1944 in den Jahren des Wiederaufbaus die soziale Trägerschicht einer spezifisch »preußischen« Haltung. Das Gleiche traf übrigens auch auf einen wertbezogenen politischen Konservatismus zu, den es nach 1945 bzw. 1949, von regionalen Ausprägungsformen abgesehen, in Deutschland faktisch nicht mehr gegeben hat.

Für die junge Bundesrepublik jedenfalls blieb die Brücke zu Preußen schmal. Preußen wurde offiziell kaum zur Kenntnis genommen, geschweige denn als ein Faktor aktueller Politik betrachtet. Der einzige profilierte »Preuße« in den Kabinetten der Regierung Adenauer war der pommersche Monarchist Hans-Joachim von Merkatz, der zwischen 1955 und 1962 in wechselnder Besetzung als Bundesrats-, Bundesjustiz- und Bundesvertriebenenminister amtierte. Maßgeblichen politischen Einfluss vermochten er und seine Gesinnungsfreunde indes nicht zu erlangen. Preußen blieb nach 1949 ein weitgehend peripheres Phänomen, über das in der Regel politisch nicht gesprochen wurde.

Auch die historische Forschung widmete sich dem Thema Preußen während der fünfziger Jahre nur vereinzelt. Zwar bedachten viele etablierte Preußenforscher, zum Beispiel Fritz Hartung oder

Carl Hinrichs, ihre vor 1945 bevorzugten Arbeitsschwerpunkte erneut und weiterhin. Doch junge Nachwuchshistoriker waren damals in der Regel anderen Interessensfeldern verpflichtet. Ausnahmen bildeten der bis 1956 in Göttingen, dann in Bonn lehrende Ostpreuße Walther Hubatsch und der 1946 aus schwedischem Exil nach Deutschland zurückgekehrte jüdische Religionswissenschaftler und Ideenhistoriker Hans-Joachim Schoeps in Erlangen. Hubatsch (1915–1984) war 1947 maßgeblich an der Überführung der umfänglichen Bestände des Staatsarchivs Königsberg in das Staatliche Archivlager Göttingen beteiligt, widmete sich seitdem der quellenbezogenen Erforschung und Darstellung zunächst der ostpreußischen, später der brandenburgisch-preußischen Gesamtgeschichte und schuf 1958 mit den »Studien zur Geschichte Preußens« eine weit strahlende wissenschaftliche Reihe zur Präsentation der in diesem Umfeld ermittelten Arbeitsergebnisse. Schoeps (1909–1980) hatte sich in den Jahren seiner Emigration mit der politischen Ideenwelt der preußischen Hochkonservativen im Zeitalter Friedrich Wilhelms IV. beschäftigt und 1952 dazu eine Untersuchung »Das andere Preußen« vorgelegt, die, in kritischer Distanz zur klein-deutsch-borussischen Geschichtsdeutung, den von Bismarck 1866 eingeschlagenen Weg zur Nationaleinigung als Wendepunkt ansah, von dem aus das eigentliche Unheil der neueren preußisch-deutschen Geschichte seinen Ausgang genommen habe. Zugleich verband Schoeps – darin über Hubatsch hinausgehend – seine wissenschaftliche Arbeit mit einem regen öffentlichen Engagement für die Sache Preußens. In einem Aufsehen erregenden Erlanger Vortrag hatte er am 18. Januar 1951, anlässlich des 250. Jahrestags der preußischen Königserhebung, um ein den Licht- und Schattenseiten des Hohenzollernstaates gerechter werdendes Preußenbild gerungen. Der Vortrag fand große Resonanz; von seiner unter dem Titel »Die Ehre Preußens« im gleichen Jahr erschienenen Druckfassung waren nach wenigen Wochen 10 000 Exemplare verkauft. In der Folgezeit hat sich Schoeps dann mit zahlreichen auflagenstarken Buchveröffentlichungen als Protagonist einer insgesamt deutlich positiv akzentuierten Beurteilung des Phänomens Preußentum profiliert. Preußen galt ihm als Modellfall eines übernationalen Rechtsstaats, der auf der Basis monarchischer Autorität, konfessioneller Toleranz und geistiger Freiheit den verschiedensten Volksgruppen Schutz und Entfaltungsmöglichkeiten geboten hatte.

Preußen – Bild im Wandel

Im Verlauf der sechziger und siebziger Jahre sind der Preußenforschung dann durch einige methodisch innovative Untersuchungen, etwa von Otto Büsch (1962) oder von Reinhart Koselleck (1967), beachtenswerte Impulse zugekommen. Überdies widmeten sich nun mit der »Historischen Kommission zu Berlin« und der »Preußischen Historischen Kommission« zwei von renommierten Forscherpersönlichkeiten getragene Institutionen der systematischen wissenschaftlichen Erschließung der brandenburgisch-preußischen Geschichte.

Man wird gleichwohl nicht sagen können, dass Preußen in jenen Jahren ein gesamtgesellschaftlich aktuelles Diskussionsthema gewesen ist. Hier hat sich erst zu Beginn der achtziger Jahre ein entschiedener Wandel vollzogen, der seinen allseits sichtbaren Höhepunkt in der ambitionierten Ausstellung zur Geschichte Preußens in West-Berlin 1981 gefunden hat. Damit einher ging eine wahre Flut preußenbezogener Veröffentlichungen, zu der nicht nur die historische Fachforschung, sondern vor allem auch die Tagespublizistik mit teilweise sehr beachtenswerten Ausführungen beigetragen hat. Sebastian Haffner und Martin Greiffenhagen, Bernt Engelmann und Christian Graf von Krockow, Werner Knopp und

Rudolf von Thadden, Joachim C. Fest und Marion Gräfin Dönhoff haben sich am damals geführten Preußen-Diskurs beteiligt und dafür gesorgt, dass das Thema Preußen eine breite, weit über den fachhistorischen Horizont hinausweisende öffentliche Resonanz erfuhr.

Parallel zu dieser »Preußen-Welle« im Westen vollzog sich auch in der DDR eine überraschende Aufwertung der »preußischen« Traditionen. Hatte sich der Preußenhass des SED-Regimes bis in die sechziger Jahre noch durch eine systematisch betriebene Auswechslung von Orts-, Schul- und Straßennamen sowie durch die spektakuläre Vernichtung der Hohenzollernschlösser in Berlin und Potsdam und im Abriss der Potsdamer Garnisonkirche Luft gemacht, so war hier nun ein bemerkenswerter Einstellungswandel zu verzeichnen. Jahrzehntelang gepflegte Klischeevorstellungen wichen einer deutlich differenzierteren Perspektive. Preußen galt nun zwar immer noch als eine primär von Königtum, Feudaladel und Militär dominierte Staatsschöpfung, deren vermeintlich reaktionäre Führungsschichten wesentlich zur Katastrophe Deutschlands im 20. Jahrhundert – unter Einschluss beider Weltkriege – beigetragen hatten. Doch bestimmte Traditionsstränge und Repräsentanten der preußischen Geschichte wurden nun, seit Mitte der siebziger Jahre, von diesem Generalverdikt ausgenommen. Waren es zunächst die Staatsmänner und Generale der Befreiungskriege, deren »emanzipatorisches« Wirken in sozialistischer Umdeutung für die Zwecke und Ziele des Regimes nutzbar gemacht wurden, so konzentrierten sich bald darauf entsprechende Bemühungen auf die Person und die Politik Friedrichs des Großen. Dessen reformerische Aktivitäten, vor allem im Wirtschafts-, Rechts- und Kulturleben des preußischen Staates, erschienen der DDR-Geschichtswissenschaft – etwa in den Werken von Ingrid Mittenzwei –, gemessen an früher verfochtenen Standpunkten, deutlich revisionsbedürftig. Einen äußeren Höhepunkt fand die so betriebene »Erbe-Aneignung« in der Wiederaufstellung des Reiterdenkmals Friedrichs des Großen von Christian Daniel Rauch im Frühjahr 1981 Unter den Linden in Ost-Berlin.

Preußische Tugenden

Inhaltlich bewegte sich der 1981 in der Bundesrepublik Deutschland einsetzende öffentliche Preußen-Diskurs im Wesentlichen um die Erörterung dessen, was man, besonders in der Rückschau, als »preußische Tugenden« zu bezeichnen pflegt. Bestimmte Eigenschaften bzw. Verhaltensweisen werden hier immer wieder vorrangig genannt: Schlichtheit und Sparsamkeit gehören dazu, Bescheidenheit und Selbstdisziplin ebenso wie Pflichtbewusstsein, Verantwortungsgefühl und Einsatzfreude, aber auch das Bemühen um Redlichkeit und Anständigkeit sowie die Bereitschaft zu Dienst und Leistung, zu Opfer und Verzicht. Mit Recht ist im Rahmen des über derartige Tugenden geführten Diskurses darauf hingewiesen worden, dass sie, für sich genommen und losgelöst von ihrem spezifischen geschichtlich-gesellschaftlichen Kontext, im Grunde nichts besagen, weil sie sich in einem anderen, negativ konnotierten Sinnrahmen sehr schnell auch zu gravierenden Untugenden auswachsen können.

Die preußischen Tugenden waren indes niemals Selbstzweck. Sie waren zielorientiert – stets bezogen auf ein überpersönliches, die Einzelinteressen bündelndes Ganzes, auf den Staat und auf die Gemeinschaft als den jeweils real gegebenen Ausdrucksformen des kollektiven Besten. Sie bilden damit zweifellos eine Art Kontrastprogramm zu der vom Prinzip des gesellschaftlichen Pluralismus und vom Gedanken individueller Selbstverwirklichung getragenen modernen Massendemokratie, die für den typisch »preußischen« Denkstil der »Freiheit in der Gebundenheit des Dienstes« keinen Raum bietet. Insofern waren und sind alle Versuche zur Übertragung »preußischer Tugenden« auf das nach gänzlich anderen – eben massendemokratischen – Prinzipien rechnende politische System der Bundesrepublik Deutschland fragwürdig, während ihre Teilaneignung in der DDR seit Mitte der siebziger Jahre gerade wegen ihrer rein formalen, auf keine positiven Inhalte bezogenen Adaption, zum Beispiel bei der Nationalen Volksarmee, zur Stabilisierung und Legitimierung der Diktatur beigetragen hat. Die breite Masse der DDR-Bürger ist durch diese Form der »Erbe-Aneignung« nicht unbedingt zu Gunsten »Preußens« eingenommen worden. Andererseits ist, gleichfalls zu Recht, bemerkt worden, dass die unter dem Adjektiv »preußisch« rubrizierten Verhaltensnormen, zeitgemäß anverwandelt, auch einem demokratisch verfassten Gemeinwesen als grundlegende, weil in hohem Maße staatserhaltende Basis sehr wohl zugute kommen können. Um dies einzusehen, braucht man nicht einmal auf die vielfach beklagten Autoritäts-, Hierarchie- und Elitedefizite einer immer stärker dem Gefällig- und Bequemlichkeitsprinzip huldigenden nivellierten Wohlstands- und Konsumgesellschaft zu verweisen, als welche die Bundesrepublik Deutschland keineswegs nur der Fundamentalopposition von links gegolten hat und teilweise weiterhin gilt.

»Preußische Tugenden« lassen sich freilich auch in anderen Zusammenhängen orten – nicht in gleichsam abstrakter, formalisierter Bezüglichkeit, sondern im Blick auf die konkreten geschichtlichen Inhalte und Leistungen der staatlichen Entwicklung Preußens. Hier wiederum waren und sind die Historiker gefragt, und auch sie haben sich im Gefolge der »Preußen-Welle« von 1981 zu Wort gemeldet – am vernehmlichsten jene, denen es, wie zum Beispiel Hans-Jürgen Puhle oder Hans-Ulrich Wehler, um die Einforderung »emanzipatorischer Defizite« und, in bewusster Abkehr von einer vermeintlich obsolet gewordenen Elitengeschichte, um eine »progressive« Neuformierung der Preußenforschung »von unten« ging; so, als könne man bei der Frage nach der historischen Individualität des preußischen Staates von den ihn tragenden Kräften absehen und seine Bauprinzipien primär oder gar ausschließlich im Reflex derer ermitteln, die sich von ihm abgrenzten oder ihn bekämpften. Ein inhaltsbezogener Blick auf die »Tugendhaftigkeit« Preußens wird jedenfalls nicht bloß abstrakte und jederzeit austauschbare Versatzstücke einer unverbindlich geführten »Werte«-Diskussion zu konstatieren haben, sondern spezifische, in der Raison des preußischen Staates begründete Eigenschaften festmachen müssen, die nicht ausgeklammert werden dürfen, wenn von den Tugenden Preußens die Rede ist. Zu diesen Eigenschaften zählte eine großzügig gehandhabte Asylpraxis, die seit 1685 (Edikt von Potsdam) Verfolgten und Flüchtlingen aus ganz Europa Aufnahme und Einbürgerung gewährte; zu ihnen zählte die Tradition des Rechtsstaates, der die Obrigkeit bereits im 18. Jahrhundert, endgültig seit 1794 (Allgemeines Landrecht), an Gesetz und Recht band; zu ihnen zählte die Forcierung einer sozial engagierten Politik, die nicht erst seit der Bismarckschen Sozialgesetzgebung (seit 1883) der Obrigkeit die Sorge für das Wohl auch und gerade der ärmeren Bevölkerungsschichten zur Pflicht machte; zu ihnen zählte schließlich ein beachtliches kultur-, bildungs- und wissenschaftspolitisches Engagement, das in der staatlichen Förderung der Künste, in der Pflege der Forschung und in der Ausgestaltung der Universitäten ein Aufgabenfeld ersten Ranges erblickte. Es mindert die hohe Qualität der mit alledem vorgegebenen Ansprüche nur graduell, nicht prinzipiell, wenn viele der in diesem Zusammenhang avisierten Zielvorgaben nicht oder nur sehr bedingt realisiert werden konnten.

Preußen in der Gegenwart

Alle diese Momente – es waren Momente zeitgenössischer Modernität – muss man mit im Blick haben, wenn man von den »Wirkungen Preußens heute« spricht. Nach dem Abflauen der »Preußen-Welle« von 1981 war es zunächst wieder etwas stiller geworden in der Diskussion über diesen Staat und sein Erbe – doch nur für kurze Zeit. Das Jubiläumsjahr 1986 hat, zum 200. Todestag Friedrichs des Großen, vor allem die Geschichtswissenschaft in Tagungen, Symposien und – bald auch gedruckt vorliegenden – Vortragsreihen beschäftigt. Der welthistorische Umbruch des Jahres 1989/90 mit der sich anschließenden »Osterweiterung« der Bundesrepublik hat den Blick dann definitiv und wohl noch für lange Zeit auf jenen Raum gelenkt, der schon allein auf Grund seiner geographischen Lage große Teile des alten brandenburgisch-preußischen Staates in seiner ehemaligen Gestalt repräsentierte.

Allerdings sind die vielfach erwarteten, mancherorts gar gefürchteten Impulse, die man für das größer gewordene Deutschland vom »preußischen« Erbe seiner neu inkorporierten Glieder seit Oktober 1990 ausstrahlen sah, bisher weitgehend ausgeblieben. Zudem ist nicht so recht erkenntlich, wie denn diese »preußischen« Impulse konkret auszusehen hätten. Zwar wird man derzeit nicht mehr unbedingt – wie noch Joachim C. Fest im Jahr 1981 – von Preußen als einer »zusehends verblassenden Erinnerung« sprechen können. Dem Verschwinden Preußens aus Realität und Bewusstsein dürfte schon allein durch die Präsenz der allseits und vielfach wieder in neuem Glanz zu besichtigenden architektonischen Hinterlassenschaften der Hohenzollernmonarchie eine nicht leicht zu durchbrechende Barriere entgegenstehen. Auch die breit ins Publikum getragene Diskussion über den Wiederaufbau der 1950 bzw. 1968 auf Veranlassung Walter Ulbrichts zerstörten Berliner bzw. Potsdamer Residenzschlösser, die sich in beiden Fällen auf ein gutes Ende hin zu bewegen scheint, hat dem Thema Preußen einen sich über die gesamte Bundesrepublik erstreckenden Resonanzraum verschafft. Doch all das sind eher äußerliche Bezugs- und Orientierungspunkte. Die vielfach erwogene Frage, ob die »neue« Bundesrepublik denn nun tatsächlich »preußischer« sein werde als der frühere Weststaat, ist mit derartigen Hinweisen kaum gestellt, geschweige denn hinreichend beantwortet.

Vieles, ja das meiste von dem, was das alte Preußen in seiner spezifischen Erscheinungsweise charakterisierte und was den wie auch immer einzuschätzenden Tugenden dieses Staates ihr unverzichtbares Widerlager bot, ist für immer untergegangen: Krone und Armee ebenso wie ostelbischer Adel und preußisches Judentum. Anderes hingegen, was für manche Beobachter die besondere Anziehungskraft Preußens ausmachte, könnte auch unter gewandelten Umständen in einer neu strukturierten Bundesrepublik wieder an Attraktivität gewinnen. Zu diesen möglichen Attraktionen gehört nicht zuletzt die oft übersehene Tatsache, dass sich Preußen niemals als Nationalstaat, sondern stets als ein die Ethnien übergreifendes, ja sie unter einer »höheren« Idee zielbewusst aufhebendes bzw. integrierendes Staatswesen verstanden hat. In einem derart internationalen, einem – wenn man so will – gesamteuropäischen Bezugsrahmen wären auch die »preußischen Tugenden« in ihrer beschriebenen Ausprägungsform gut aufgehoben.

»Nichts wird mehr so sein, wie es war«. Nach dem Ende der Teilung Deutschlands mehren sich die Stimmen für eine Rekonstruktion der nach dem Krieg zerstörten Stadtschlösser in Berlin und Potsdam. 1993/94 wurde die Neubebauung des Berliner Schlossplatzes mittels einer Stoffattrappe simuliert. *Fotografie von Michael Haddenhorst.*

948 Gründung der Bistümer Brandenburg und Havelberg auf Initiative König Ottos I., die im Wendenaufstand (983) wieder verloren gehen.

1134–1170 Der Askanier Albrecht von Ballenstedt (der Bär) wird mit der Nordmark belehnt. In der Folgezeit schließen sich zahlreiche Kriegszüge gegen die Slawen an, in deren Verlauf Albrecht seinen Herrschaftsbereich ausdehnt und festigt.

1157 Eroberung der Brandenburg.

1172 Anerkennung der Markgrafenwürde für Albrechts Sohn Otto I. durch Kaiser Friedrich I. (Barbarossa).

1225 Herzog Konrad I. von Masowien, Kujawien und Krakau ruft den Deutschen Orden zum Kampf gegen die heidnisch Pruzzen auf. Mit der Goldbulle von Rimini (1226) lässt Kaiser Friedrich II. die reichsrechtliche Bestätigung in den eroberten Gebieten folgen.

1230 Berlin und Cölln erhalten Stadtrecht.

1255 Gründung von Königsberg durch Ottokar II. von Böhmen.

1309 Der Hauptsitz des Deutschen Ordens wird von Venedig auf die Marienburg in Preußen verlegt.

1323 Nach dem Aussterben der Askanierdynastie (1319) fällt die Markgrafschaft Brandenburg an den Wittelsbacher Ludwig (den Älteren).

1356 In der Goldenen Bulle wird die seit dem 13. Jahrhundert ausgeübte Kurwürde Brandenburgs bestätigt.

1373 Kaiser Karl IV. erwirbt die Landesherrschaft in Brandenburg für das Haus der Luxemburger. Nach seinem Tod übernimmt Karls zweiter Sohn Sigismund 1378 die Markgrafschaft, verpfändet das Land aber 1388 an Jobst von Mähren.

1402 Hochmeister Konrad von Jungingen erwirbt die brandenburgische Neumark für den Deutschen Orden.

1410 Niederlage des Deutschen Ordens in der Schlacht von Tannenberg gegen ein polnisches Heer. Im Ersten Thorner Frieden (1411) muss der Orden Gebietsabtretungen an Litauen sowie die Zahlung einer Kriegsentschädigung an Polen leisten.

1411 Burggraf Friedrich VI. von Nürnberg aus dem Geschlecht der (Hohen-) Zollern wird von König Sigismund als Verweser in der Kurmark eingesetzt.

1415 Nach erfolgreicher Behauptung gegenüber einer Adelsfronde überlässt König Sigismund Friedrich VI. von Nürnberg die Herrschaft in Brandenburg (30. 4.).

1417 Förmliche Belehnung Friedrichs I. (VI.) und Verleihung der Würde des Reichserzkämmerers durch Sigismund (18. 4.). Die fünfhundertjährige Herrschaft der Hohenzollern als Fürsten in Brandenburg-Preußen findet ihren Anfang.

1454/1455 Rückerwerb der Neumark aus dem Besitz des Deutschen Ordens.

1466 Im Zweiten Thorner Frieden (19. 10.) muss der Deutsche Orden große territoriale Abtretungen hinnehmen und dem polnischen König den Treueeid leisten. Königsberg wird daraufhin zur Residenz des Hochmeisters.

1473 »Dispositio Achillea«: Vorläufige Durchsetzung der Primogenitur als erbrechtliches Prinzip durch Albrecht III. (Achilles) sowie die Trennung des Hauses in eine fränkische und eine märkische Linie.

1506 Gründung der Universität Frankfurt an der Oder.

1511 Albrecht von Brandenburg-Ansbach wird Hochmeister des Deutschen Ordens. Unter dem Einfluss Martin Luthers setzt er Reformen im Ordensstaat durch, deren Höhepunkt die Einführung der Reformation, die Säkularisierung und die Umwandlung des Landbesitzes in ein Herzogtum Preußen (8.4.1525) markiert.

1535–1571 Kurfürst Joachim II. (Hektor). Sein Bruder Johann zu Küstrin erhält die Neumark als Herrschaft. Im Zuge der Reformation konvertieren sowohl Joachim II. als auch Johann zum Protestantismus, woraufhin in Brandenburg eine neue Kirchenordnung in Kraft tritt (1540). In der Folgezeit kommt es zur Umwandlung der Bistümer Brandenburg, Havelberg und Lebus in weltliche Besitzungen, die erst 1571 abgeschlossen wird.

1544 Gründung der Universität Königsberg.

1568/1569 Nach dem Tode Herzog Albrechts von Brandenburg-Ansbach und der baldigen Absetzung seines Sohnes Albrecht Friedrich erhält Kurfürst Joachim II. auf dem Reichstag zu Lublin die Mitbelehnung am Herzogtum Preußen.

1594 Durch die Heirat des nachmaligen Kurfürsten Johann Sigismund mit der Tochter des letzten Herzogs von Preußen Albrecht Friedrich sichert sich das brandenburgische Fürstenhaus die Erbansprüche auf Preußen und einige niederrheinische Besitzungen.

1604 Einführung des Geheimen Rats als administrative Zentralbehörde.

1608–1619 Kurfürst Johann Sigismund

1613 Kurfürst Johann Sigismund tritt zum Kalvinismus über. Entgegen den Bestimmungen des Augsburger Religionsfriedens von 1555 (»cuius regio, eius religio«) findet aufgrund der heftigen Ablehnung seitens der lutherischen Bevölkerungsmehrheit kein landesweiter Konfessionswechsel statt.

1614 Nach langwierigen Verhandlungen mit Sachsen und Pfalz-Neuburg kann sich Johann Sigismund im Vertrag von Xanten (12.11.) die seit 1609 bestehenden Erbansprüche auf Kleve, Mark, Ravensberg und Ravenstein sichern.

1618 Auf dem Wege der Erbfolge gelangt das Herzogtum Preußen als polnisches Lehen an das Haus Brandenburg (27.8.).

1618–1648 In einer Mischung aus Neutralitätspolitik und Bündniswechseln wird das Kurfürstentum Brandenburg zum Schauplatz des Dreißigjährigen Krieges. Große Bevölkerungsverluste sowie der wirtschaftliche Niedergang sind die Folgen.

1640–1688 Kurfürst Friedrich Wilhelm (der Große Kurfürst)

1648 Im politischen Gefüge der europäischen Großmächte kann Kurfürst Friedrich Wilhelm im Westfälischen Frieden (14./24.10.) Hinterpommern, Halberstadt und Minden gewinnen. Zudem wird ihm die Anwartschaft auf das Erzbistum Magdeburg garantiert, die 1680 eingelöst wird.

seit 1650 Maßnahmen zur wirtschaftlichen Gesundung des Kurfürstentums Brandenburg mittels Kolonistenwerbung sowie Straßen- und Kanalbauten.

1653 Friedrich Wilhelm setzt im Kurmärkischen Landtagsrezess die langfristige Bewilligung von Heeressteuern zur Finanzierung eines stehenden Heeres durch. Im Gegenzug werden dem Adel die wirtschaftlichen und sozialen Vorrechte bestätigt.

1655 Gründung der Universität Duisburg.

1660 Im Frieden von Oliva, der den Ersten Nordischen Krieg (1655–1660) beendet, muss Polen zugunsten Brandenburgs auf die Lehnshoheit über das Herzogtum Preußen verzichten (3.5.).

seit 1660 In dem Streben Friedrich Wilhelms nach territorialer Konsolidierung kommt es zu einer gesamtstaatlichen, zentralistischen Verwaltungsmodernisierung (Generalkriegskommissariat 1660, Geheime Hofkammer 1689, Zentralkasse 1696).

1685 Aufnahme der französischen Hugenotten durch das Edikt von Potsdam.

1688–1713 Kurfürst Friedrich III., seit 1701 König Friedrich I.

1690/1694 Gründung der Universität Halle. Mit Thomasius, Wolff und Francke wird Halle in der Folgezeit zum Zentrum der Frühaufklärung und des Pietismus.

1698 Gründung des Waisenhauses in Halle durch August Hermann Francke.

1698–1706 Als brandenburgisch-preußischer Hofbaumeister trägt Andreas Schlüter maßgeblich zum Ausbau Berlins zur Residenzstadt bei (Umbau des Berliner Stadtschlosses).

1700/1711 Gründung der Akademie der Wissenschaften in Berlin, zu deren Präsident der Universalgelehrte Gottfried Wilhelm Leibnitz berufen wird.

1701 Infolge der militärischen und finanziellen Unterstützung der Habsburger im sich abzeichnenden Konflikt um die spanische Erbfolge wird das Herzogtum Preußen zum Königreich erhoben. In Königsberg krönt sich Kurfürst Friedrich III. zum »König in Preußen« (18. 1.) und regiert fortan unter dem Namen Friedrich I.

1701/1702 Einführung des Landratsamtes.

1713–1740 König Friedrich Wilhelm I. (der Soldatenkönig)

seit 1713 In Verfolgung einer effizienteren Regierungs- und Haushaltsführung setzen im gesamten brandenburgisch-preußischen Staatsgebiet umfangreiche Verwaltungsreformen ein (Magistratskollegien 1716, Kriminalgerichtsordnung 1717). Die Einrichtung des General-, Ober-, Finanz-, Kriegs-, und Domänen-Direktoriums (»Generaldirektorium«) 1723 führt zum vorläufigen Abschluss der administrativen Neuordnung.

1730 Nach einem missglückten Fluchtversuch des Kronprinzen Hinrichtung des Hans Hermann von Katte (6. 11.).

1731/1732 Aufnahme der 20 000 Salzburger Glaubensflüchtlinge und Neubesiedlung des durch die Pest entvölkerten Ostpreußens.

1733 Einführung des Kantonreglements, das sowohl der quantitativen als auch der qualitativen Aufwertung des Heeres dient. Zwischen 1713 und 1740 wächst der preußische Truppenkörper von 40 000 auf 80 000 Mann Stärke an.

1740–1786 König Friedrich II. (der Große)

1740–1742 Eroberung Schlesiens im Ersten Schlesischen Krieg.

1744–1745 Zweiter Schlesischer Krieg.

1744–1753 Trockenlegung und Besiedlung des Oderbruches.

seit 1746 Vereinheitlichung des Gerichtswesens durch die Justizreform Samuel von Coccejis. Bis 1749 Durchsetzung des Codex Fridericianus.

1751 Gründung der Berliner Porzellanmanufaktur.

1756–1763 Dritter Schlesischer Krieg (Siebenjähriger Krieg) zwischen Preußen und einer bis 1762 bestehenden österreichisch-französisch-russischen Koalition. Den militärischen Erfolgen bei Rossbach, Leuthen (1757) und Zorndorf (1758) stehen die Niederlagen bei Kolin (1757), Hochkirch (1758) und Kunersdorf (1759) gegenüber. Preußen kann im Frieden von Hubertusburg (15. 2. 1763) Schlesien behaupten.

1766 Einführung der Akzise- und Zollverwaltung nach französischem Vorbild.

1772 Mit der Ersten Polnischen Teilung erhält Preußen durch den Erwerb Westpreußens, des Bistums Ermland sowie des Netzedistriktes die territoriale Verbindung zwischen dem Königreich Preußen und dem Kurfürstentum Brandenburg, was Friedrich II. veranlasst, sich fortan König »von« Preußen zu nennen.

1778/1779 Bayerischer Thronfolgekrieg.

1781 Veröffentlichung von Immanuel Kants Hauptwerk »Kritik der reinen Vernunft.«

1786–1797 König Friedrich Wilhelm II.

seit 1787 Durchsetzung einer Schul- und Bildungsreform.

1788 Wöllnersches Religionsedikt.

1792–1795 Mit dem Fortgang der revolutionären Ereignisse in Frankreich tritt Preußen an der Seite Österreichs in den Ersten Koalitionskrieg ein.

1793 In der Zweiten Polnischen Teilung erwirbt Preußen Gebiete um Posen und Kalisch sowie die Städte Danzig und Thorn.

1794 Einführung des Allgemeinen Landrechts (1. 6.).

1795 Obwohl Preußen im Frieden zu Basel (5. 4.) den Anspruch auf seine linksrheinischen Gebiete an Frankreich abtritt, profitiert es von der Auflösung Polens in der Dritten Polnischen Teilung. Es erwirbt Teile Litauens, Masowiens und Warschau (Neu-Ostpreußen).

1797–1840 König Friedrich Wilhelm III.

1799 Erste Schritte zur Befreiung der Domänenbauern werden durch die Beseitigung der Erbuntertänigkeit eingeleitet.

1803 Als Ergebnis des Reichsdeputationshauptschlusses (25. 2.) wird Preußen durch die Säkularisation und Mediatisierung geistlicher Fürstentümer für den linksrheinischen Verlust entschädigt.

1806 In außenpolitischer Isolation erklärt Preußen Frankreich den Krieg (9. 10.). Im Anschluss an die Niederlage von Jena und Auerstedt (14. 10.) bricht das preußische Heer in Desorganisation zusammen. Napoleon zieht in Berlin ein.

1807 Im Frieden von Tilsit (7./9.7.) verliert Preußen sämtliche westelbischen Besitzungen sowie die polnischen Gebiete und somit die Hälfte seines Territoriums und seiner Bevölkerung. Es muss 400 Millionen Taler Kriegsentschädigung an Frankreich abführen.

1807–1810 Der militärische Zusammenbruch ermöglicht eine reformerische Umstrukturierung des Staates, die mit den sogenannten Stein-Hardenbergschen Reformen realisiert wird. Die Bauernbefreiung wird mit dem Oktoberedikt (9. 10. 1807) für das Jahr 1810 vorbereitet. Heeres- (1807/1808) und Bildungsreform (1809/1810) sowie die Städteordnung (1808) stehen im Zeichen gesellschaftspolitischen Wandels. Das Finanzedikt (1810) schafft ein vereinheitlichtes Steuerwesen, die Einführung der Gewerbefreiheit (1810) führt zum Ende ständischer Schranken und begünstigt wirtschaftlichen Wettbewerb.

1810 Gründung der Universität Berlin.

1812 Rechtliche und wirtschaftliche Emanzipation der Juden (11. 3.). General Yorck von Wartenburg, der Befehlshaber des preußischen Kontingents im französischen Russlandfeldzug, schließt ein Neutralitätsabkommen mit Russland ab (Konvention von Tauroggen, 30. 12.).

1813 Aufruf Friedrich Wilhelms III. »An mein Volk« (17. 3.). Kriegserklärung an Frankreich (27. 3.). Nach anfänglichen militärischen Niederlagen wird in der Völkerschlacht bei Leipzig (16.–19.10.) die napoleonische Vorherrschaft in Deutschland gebrochen. In der Neujahrsnacht 1813/1814 überschreiten preußische Truppen den Rhein.

1814 Die Verbündeten ziehen in Paris ein (31. 3.), Ludwig XVIII. wird als rechtmäßiger König von Frankreich inthronisiert.

1815 Napoleons Rückkehr aus dem Exil und seiner »100-Tage-Herrschaft« wird in der Schlacht bei Waterloo / La Belle Alliance (18. 6.) durch Wellington und Blücher ein Ende gesetzt. Zur gleichen Zeit führt Unterzeichnung der deutschen Bundesakte in Wien zur Gründung des Deutschen Bundes (8. 6.). Durch die Beschlüsse des Wiener Kongresses erhält Preußen neben der weitgehenden Revision östlicher Besitzverhältnisse Teile Sachsens, Pommerns und Westfalens zugesprochen, wodurch eine Westverschiebung des Staates erfolgt. Die Proklamation der »Heiligen Allianz« zwischen den Monarchen Österreichs, Russlands und Preußens wird zum Inbegriff der einsetzenden Restaurationsphase in Europa.

1817 Einrichtung des preußischen Staatsrates.

1818 Einführung des Zollgesetzes, das einen einheitlichen preußischen Wirtschaftsraum befördert.

1818 Gründung der Universität Bonn.

1819 Die »Karlsbader Beschlüsse« (20. 9.) leiten in Preußen Zensurmaßnahmen und die Verfolgung national-liberaler Bestrebungen ein.

1820 Im Staatsschuldengesetz wird Friedrich Wilhelms 1815 gegebenes Versprechen zur Verabschiedung einer Verfassung erneuert.

1823 Die Einrichtung der Provinziallandtage für die neugeschaffenen acht Provinzen setzt dem konstitutionellen Gedanken durch einen altständisch orientierten Wahlmodus scharf gezeichnete Grenzen.

seit 1830 Einsetzen der Industrialisierung.

1833/1834 Gründung des »Deutschen Zollvereins« unter Vorrangstellung Preußens.

1838 Eröffnung der ersten preußischen Eisenbahnlinie zwischen Berlin und Potsdam.

1840–1859/61 König Friedrich Wilhelm IV.

1842 Der durch Friedrich Wilhelm forcierte Weiterbau des Kölner Doms steht als demonstratives Symbol für den Ausgleich zwischen Staat und Kirche im Kölner Kirchenkonflikt (1836–1841).

1844 Aufstände der schlesischen Weber.

1845 Der Naturforscher und Geograph Alexander von Humboldt veröffentlicht sein bis 1857 auf fünf Bände anwachsendes Elementarwerk »Kosmos. Entwurf einer physischen Weltbeschreibung.«

1847 Einberufung von Ausschüssen der acht Provinziallandtage als Vereinigter Landtag nach Berlin, der keine politischen Ergebnisse vorbringen kann.

1848 Die Märzrevolution erfasst Preußen, es kommt zu Barrikadenkämpfen in Berlin zwischen Militär und Aufständischen (18./19.3.) sowie zu Unruhen in den Provinzen. Friedrich Wilhelm IV. stellt der Bevölkerung sowohl politische Zugeständnisse (gleiches und geheimes Wahlrecht) als auch eine Lösung der Frage nach dem deutschen Einheitsstaat in Aussicht (18./21. 3.). Gegen Ende des Jahres gewinnen die konservativ-bürgerlichen Kräfte ihre beherrschende Stellung zurück.

1850 Inkrafttreten der revidierten Verfassung für Preußen (Zweikammersystem, Dreiklassenwahlrecht). Sie bleibt bis 1918 in Kraft. Aufhebung der Patrimonialgerichte. Die neue Gemeindeordnung verstärkt die Staatsaufsicht. In der Olmützer Punktation (29. 11.) mit Österreich nimmt Preußen von seinem 1849 begonnenen Projekt einer Union deutscher Staaten Abstand und kehrt auf russischen Druck in den Deutschen Bund zurück. Enthüllung des Denkmals für Friedrich den Großen von Christian Daniel Rauch in Berlin Unter den Linden.

1858 Prinz Wilhelm von Preußen übernimmt die Regentschaft für seinen erkrankten Bruder.

1860 Konflikt im Preuß. Abgeordnetenhaus um die Finanzierung der Heeresreform von 1859 zwischen Krone und liberaler Mehrheit.

1861–1888 König Wilhelm I., seit 1871 Deutscher Kaiser

1862 Auflösung des Preußischen Abgeordnetenhauses nach dem Streit um das Budgetrecht für eine weiterführende Heeresverstärkung. Otto von Bismarck wird zum preußischen Ministerpräsidenten ernannt (8. 10.) und regiert gegen die liberale Mehrheit ohne bewilligten Haushalt (»Lückentheorie«). Theodor Fontane veröffentlicht den ersten Band seiner »Wanderungen durch die Mark Brandenburg«, dem bis 1882 noch drei weitere folgen.

1863 In der Konvention von Alvensleben (8. 2.) sichern sich Preußen und Russland gegenseitige Unterstützung in der Niederschlagung des polnischen Aufstandes zu.

1864 Krieg Österreichs und Preußens gegen Dänemark, das letztendlich Schleswig und Holstein abtreten muss.

1866 Der Krieg zwischen Preußen und Österreich um die Vormachtstellung in Deutschland endet mit den Friedensverträgen von Nikolsburg und Prag (26. 7. bzw. 23. 8.). Österreich stimmt der Auflösung des Deutschen Bundes zu. Preußen annektiert u. a. Schleswig-Holstein, Hannover, Kurhessen sowie Nassau und baut seine Einflusssphäre nördlich des Maines aus. Mit der Indemnitätsvorlage stimmt das Preußische Abgeordnetenhaus nachträglich den Haushaltsplänen seit 1862 zu (3. 9.).

1866/1867 Gründung des Norddeutschen Bundes unter preußischer Führung.

1870/71 Der Deutsch-Französische Krieg wird u. a. durch die französische Niederlage bei Sedan (2. 9. 1870) zugunsten Preußens, des Norddeutschen Bundes und seiner süddeutschen Verbündeten entschieden.

1871 Wilhelm I. wird in Versailles zum »Deutschen Kaiser« ausgerufen (18. 1.). Der erste deutsche Nationalstaat entsteht unter preußischer Hegemonie. Frankreich muss im Frieden von Frankfurt am Main (10. 5.) Elsass-Lothringen an das Deutsche Reich abtreten.

1871–1886/87 Die Zurückdrängung des Einflusses religiöser Institutionen auf die Politik, besonders jener der katholischen Kirche, findet im »Kulturkampf« ihren Ausdruck. Im Kultusministerium wird die Katholische Abteilung aufgehoben, die Zivilehe (1874) und die Aufhebung fast aller Ordensniederlassungen in Preußen (bis 1875) durchgeführt.

1875/1876 Einführung der neuen Provinzialordnung für die östlichen Provinzen.

1878 Ratifizierung des »Sozialistengesetzes« (21. 10.), das bis 1890 bestehen bleibt und der sozialdemokratischen Arbeiterbewegung im Deutschen Reich entgegentreten soll.

1883 Beginn der Bismarckschen Sozialgesetzgebung auf Reichsebene. Verwaltungsreform in Preußen.

1888 »Dreikaiserjahr«. Tod Wilhelms I. (9. 3). Der Thronfolger Friedrich III. stirbt wenige Monate später (15. 6.).

1888–1918 Wilhelm II., Deutscher Kaiser, König von Preußen.

1890 Im Konflikt mit Wilhelm II. wird Bismarck zur Aufgabe seiner politischen Ämter veranlasst (20. 3.)

1905 Robert Koch erhält für seine Forschungen auf dem Gebiet der Bakteriologie den Nobelpreis.

1906 Teilreform des Dreiklassenwahlrechts durch die Erhöhung der Sitze im Abgeordnetenhaus und die Einrichtung von zehn neuen Wahlkreisen.

1913 Misstrauensvotum des Reichstages gegen die preußische Polenpolitik, die seit dem Enteignungsgesetz von 1908 ins Zentrum der Kritik geraten ist.

1914–1918 Erster Weltkrieg.

1917 Osterbotschaft des Kaisers (7.4.). Wilhelm II. kündigt die Überarbeitung der preußischen Verfassung von 1850 nach Kriegsende an.

1918 Novemberrevolution im Deutschen Reich. Bekanntgabe der Abdankung Wilhelms II. (9.11.) durch Reichskanzler Prinz Max von Baden. Mit der im niederländischen Exil unterzeichneten offiziellen Abdankung des Kaisers und dem Thronverzicht des Kronprinzen wird am 28.11.1918 das Ende der preußischen Monarchie bestätigt. Die Erhaltung der öffentlichen Ordnung bleibt vorrangiges Ziel der provisorischen Regierung bis zu den Neuwahlen.

1919 Im Versailler Vertrag (28.6.) verliert Preußen den größten Teil der Provinz Posen, Westpreußen, Oberschlesien, Eupen-Malmedy, Nordschleswig und das Memelgebiet.

1920–1932/33 Durch die neue Verfassung (30.11.1920) wird Preußen ein Freistaat. Zwischen 1919 und 1932/33 wird die Regierung durch sechs Kabinette der »Weimarer Koalition« aus SPD, Zentrum und DDP gebildet.

1921 Der Kölner Oberbürgermeister Konrad Adenauer wird Präsident des Preußischen Staatsrates.

1925 Wahl des ehemaligen Generalfeldmarschalls Paul von Hindenburg zum Reichspräsidenten (26.4.).

1930 Verbot der Mitgliedschaft in der NSDAP und der KPD für Staatsbeamte und Angestellte in Preußen, das jedoch 1932 wieder aufgehoben wird.

1932 Mit Unterstützung der SPD wird Hindenburg im Amt des Reichspräsidenten bestätigt. Reichskanzler Franz von Papen setzt mittels einer Notverordnung Hindenburgs den preußischen Ministerpräsidenten Otto Braun und dessen Kabinett ab, wird zum Reichskommissar in Preußen ernannt und übernimmt somit die Regierungsgeschäfte im Freistaat (»Preußenschlag«, 20.7.).

1933 Tag von Potsdam (21.3.). Infolge des Sieges der NSDAP bei der Reichstagswahl wird der neugewählte Reichstag mit einem Staatsakt in der Garnisonkirche zu Potsdam, »der nationalen Weihestätte des Preußentums«, eröffnet. Hermann Göring wird von Reichskanzler Hitler zum preußischen Ministerpräsidenten ernannt (11.4.) und übernimmt bald darauf den gleichgeschalteten preußischen Staatsrat. Der Landtag wird endgültig aufgelöst (14.10.)

1934/1935 Die »Gleichschaltung der Länder mit dem Reich« wird abgeschlossen. Preußen muss fast alle Hoheitsrechte an die Reichsministerien abtreten. Das preußische Finanzministerium bleibt bis 1944 erhalten.

1937 Gustav Gründgens wird zum Generalintendanten der Preußischen Staatstheater in Berlin berufen.

1939–1945 Zweiter Weltkrieg.

1944 Attentat auf Hitler in Ostpreußen (20.7.). Die Verantwortlichen, zumeist konservative Oppositionelle unter der Führung v. Stauffenbergs, werden verhaftet und hingerichtet.

1945 Nach der Eroberung Westdeutschlands und der preußischen Ostprovinzen bedingungslose Kapitulation des Dritten Reiches (8.5.). Auf der Potsdamer Konferenz (17.7. bis 2.8.), die über das politische Schicksal Deutschlands entscheiden soll, wird die Umsiedlung der in den ostpreußischen Gebieten verbliebenen Bevölkerung entschieden.

1947 Der Alliierte Kontrollrat in Berlin verfügt im Gesetz Nr. 46 die rechtliche Auflösung des Staates Preußen (25.2.).

Heß, Klaus: Junker und bürgerliche Großgrundbesitzer im Kaiserreich. Landwirtschaftlicher Großbetrieb, Großgrundbesitz und Familienfideikommiß in Preußen 1867/71–1914 (= Historische Forschungen, Bd. 16), Stuttgart 1990.
Koch, Ursula E.: Berliner Presse und europäisches Geschehen 1871. Eine Untersuchung über die Rezeption der großen Ereignisse im ersten Halbjahr 1871 in den politischen Tageszeitungen der deutschen Reichshauptstadt (= Einzelveröffentlichungen der Historischen Kommission zu Berlin, Bd. 22), Berlin 1978.
Mast, Peter: Die Hohenzollern. Von Friedrich III. bis Wilhelm II., Wien 1994.
Messerschmidt, Manfred: Militär und Politik in der Bismarckzeit und im wilhelminischen Deutschland (= Erträge der Forschung, Bd. 43), Darmstadt 1975.
Mommsen, Wolfgang J.: Der autoritäre Nationalstaat. Verfassung, Gesellschaft und Kultur des deutschen Kaiserreiches, Frankfurt am Main 1990.
Röhl, John C. G.: Kaiser, Hof und Staat. Wilhelm II. und die deutsche Politik, 4., verb. und erw. Aufl., München 1995.
Stürmer, Michael: Bismarck und die preußisch-deutsche Politik 1871–1890, München 1970.
Süle, Tibor: Preußische Bürokratietraditionen. Zur Entwicklung von Verwaltung und Beamtenschaft in Deutschland 1871–1918 (= Kritische Studien zur Geschichtswissenschaft, Bd. 81), Göttingen 1988.
Treue, Wilhelm (Hrsg.): Drei deutsche Kaiser. Wilhelm I., Friedrich III., Wilhelm II. Ihr Leben und ihre Zeit 1858–1918, Freiburg u. a. 1987.

Der Freistaat Preußen in der Weimarer Republik

Bayer, Heinz-Dieter: Der Staatsrat des Freistaates Preußen (= Schriften zur Verfassungsgeschichte, Bd. 42), Berlin 1992.
Biewer, Ludwig: Preußen in der Weimarer Republik. Eine Ausstellung des Geheimen Staatsarchivs Preußischer Kulturbesitz, Berlin 1982.
Bracher, Karl D.: Die Auflösung der Weimarer Republik. Eine Studie zum Problem des Machtzerfalls in der Demokratie, 2. Aufl., Stuttgart u. a. 1957.
Eimers, Enno: Das Verhältnis von Preußen und Reich in den ersten Jahren der Weimarer Republik 1918 bis 1923 (= Schriften zur Verfassungsgeschichte, Bd. 11), Berlin 1969.
Grund, Henning: »Preußenschlag« und Staatsgerichtshof im Jahre 1932 (= Studien und Materialien zur Verfassungsgerichtsbarkeit, Bd. 5), Baden-Baden 1976.
Hömig, Herbert: Das Preussische Zentrum in der Weimarer Republik (= Veröffentlichungen der Kommission für Zeitgeschichte, Reihe B, Bd. 23), Mainz 1979.
Hubatsch, Walther: Hindenburg und der Staat. Aus den Papieren des Generalfeldmarschalls und Reichspräsidenten von 1878 bis 1934, Göttingen u. a. 1966.
Möller, Horst: Parlamentarismus in Preußen 1919–1932 (Handbuch der Geschichte des deutschen Parlamentarismus, Bd. 5), Düsseldorf 1985.
Ders.: Weimar. Die unvollendete Demokratie, 3. Aufl., München 1996.
Orlow, Dietrich: Weimar Prussia 1918–1925. The Unlikely Rock of Democracy, Pittsburgh 1986.
Ders.: Weimar Prussia 1925–1933. The Illusion of Strenght, Pittsburgh 1991.
Petzold, Joachim: Franz von Papen. Ein deutsches Verhängnis, München u. a. 1995.
Runge, Wolfgang: Politik und Beamtentum im Parteienstaat. Die Demokratisierung der politischen Beamten in Preußen zwischen 1918 und 1933 (= Industrielle Welt, Bd. 5), Stuttgart 1965.
Schulze, Hagen: Weimar. Deutschland 1917–1933 (= Deutsche Geschichte, Bd. 4), Berlin 1982.

Das Ende Preußens

Craig, Gordon A.: Das Ende Preußens. Acht Porträts, München 1985.
Gerlach, Heinrich: Nur der Name blieb. Glanz und Untergang des alten Preußen, Düsseldorf u. a. 1978.
Hammersen, Nicolai: Politisches Denken im deutschen Widerstand. Ein Beitrag zur Wirkungsgeschichte neokonservativer Ideologien 1914–1944 (= Beiträge zur politischen Wissenschaft, Bd. 67), Berlin 1993.
Schmädeke, Jürgen / Steinbach, J (Hrsg.): Der Widerstand gegen den Nationalsozialismus. Die deutsche Gesellschaft und der Widerstand gegen Hitler. Internationale Konferenz zum 40. Jahrestag des 20. Juli 1944 vom 2. bis 6. Juli 1984 in Berlin (= Publikationen der Historischen Kommission zu Berlin), München 1985.
Stelbrink, Wolfgang: Der preußische Landrat im Nationalsozialismus. Studien zur nationalsozialistischen Personal- und Verwaltungspolitik auf Landkreisebene (= Internationale Hochschulschriften, Bd. 255), Münster u. a. 1998.

Sehnsüchte nach Preußen

Dönhoff, Marion Gräfin: Preußen. Maß und Maßlosigkeit, München 1998.
Eley, Geoff: Wilhelminismus, Nationalismus, Faschismus. Zur historischen Kontinuität in Deutschland (= Theorie und Geschichte der bürgerlichen Gesellschaft, Bd. 3) Münster 1991.
Feuchtwanger, Edgar J.: Preußen. Mythos und Realität, Frankfurt am Main 1972.
Forstreuther, Kurt (Hrsg.): Wirkungen des Preußenlandes. Vierzig Beiträge, Köln u. a. 1981.
Greiffenhagen, Martin: Die Aktualität Preußens. Fragen an die Bundesrepublik, Frankfurt am Main 1981.
Haffner, Sebastian: Preußen ohne Legende, 2. Aufl., Hamburg 1979.
Knopp, Werner: Preußens Wege, Preußens Spuren. Gedanken über einen versunkenen Staat, Düsseldorf 1981.
Krockow, Christian Graf von: Preussen. Eine Bilanz, 3. Aufl. Stuttgart 1992.
Ders.: Warnung vor Preußen, Berlin 1981.
Puhle, Hans-Jürgen / Wehler, Hans-Ulrich (Hrsg.): Preußen im Rückblick (= Geschichte und Gesellschaft, Sonderheft 6), Göttingen 1980.
Schoeps, Hans-Joachim: Üb' immer Treu' und Redlichkeit. Preußen in Geschichte und Gegenwart, Düsseldorf 1978.
Siedler, Wolf J.: Abschied von Preußen, Berlin 1991.
Thadden, Rudolf v.: Fragen an Preußen. Zur Geschichte eines aufgehobenen Staates, München 1981.
Wehler, Hans-Ulrich (Hrsg.): Preußen ist wieder chic ... Politik und Polemik in zwanzig Essays, Frankfurt am Main 1983.
Wolmar, Wolfgang W. von: Ein Requiem für Preußen, Göttingen 1957.

Bildnachweis

Angelow, Jürgen, Dr. phil. habil., geb. 1961, Studium der Geschichte in Leipzig und der Militärgeschichte in Potsdam, 1990 Promotion, 1998 Habilitation, Privatdozent für Neuere Geschichte und Assistent am Lehrstuhl für Militärgeschichte an der Universität Potsdam. Veröffentlichungen zur politischen Geschichte Deutschlands im 19. und 20. Jahrhundert sowie zur Sozial- und Ideengeschichte.

Bienert, Michael, geb. 1978, seit 1998 Studium der Geschichte und Germanistik an der Universität Potsdam. Projektmitarbeiter bei der Brandenburgischen Historischen Kommission und dem Moses Mendelssohn Zentrum für europäisch-jüdische Studien.

Diekmann, Irene, Dr. phil., geb. 1952, Studium der Geschichte und Germanistik an der Pädagogischen Hochschule Potsdam, 1981 Promotion, seit 1991 Wissenschaftliche Mitarbeiterin am Lehrstuhl für Neuere Geschichte II an der Universität Potsdam. Veröffentlichungen zur deutsch-jüdischen Geschichte sowie Projekte zur Oral History.

Görtemaker, Manfred, Prof. Dr. phil. habil., geb. 1951, Studium der Geschichte, Politikwissenschaft und Publizistik in Münster und Berlin, 1977 Promotion, 1990 Habilitation, seit 1993 Professor für Neuere Geschichte an der Universität Potsdam. Veröffentlichungen zur deutschen und europäischen Geschichte des 19. und 20. Jahrhunderts.

Göse, Frank, Dr. phil., geb. 1957, Studium der Geschichte und Germanistik an der Pädagogischen Hochschule Potsdam, 1986 Promotion, seit 1993 Wissenschaftlicher Mitarbeiter am Lehrstuhl für Geschichte der Frühen Neuzeit an der Universität Potsdam. Veröffentlichungen zur Geschichte des Adels in nordostdeutschen Territorialstaaten der Frühen Neuzeit sowie zur Militär- und Stadtgeschichte.

Hillerbrand, Hans, Prof. em. Dr. phil., geb. 1931, Studium der Religions- und Geistesgeschichte, Theologie und Geschichte an der Universität Erlangen, 1959 Promotion. Seit 1957 in den USA, Lehrtätigkeit an der City University of New York, Southern Methodist University in Dallas, und Duke University in Durham, North Carolina. Vorsitzender des amerikanischen Vereins für Reformationsgeschichte. Veröffentlichungen zur Geistes- und Religionsgeschichte der Frühen Neuzeit in Europa und Nordamerika.

Heinrich, Gerd, Prof. em. Dr. phil. habil., geb. 1931, Studium der Geschichte, Germanistik und Philosophie an den Berliner Universitäten, 1959 Promotion und Staatsexamen. Seit 1970 Professor für Historische Landeskunde an der Pädagogischen Hochschule Berlin bzw. (seit 1980) an der Freien Universität Berlin. Veröffentlichungen u. a. zur Historischen Landeskunde, Verfassungs- und Verwaltungsgeschichte, politischen Geschichte und Kirchengeschichte Brandenburg-Preußens, Berlins und anderer mittel- und ostdeutscher Landesstaaten und Provinzen.

Hübener, Kristina, Dr. phil., geb. 1956, Studium der Geschichte und Germanistik an der Pädagogischen Hochschule Potsdam, 1987 Promotion, Humboldt-Stipendiatin, seit 1997 Wissenschaftliche Assistentin am Lehrstuhl für Neuere Geschichte I an der Universität Potsdam. Veröffentlichungen zur Kommunal- und Sozialgeschichte der brandenburgischen Provinzialverwaltung im 19. und 20. Jahrhundert.

Kroll, Frank-Lothar, Dr. phil. habil., geb. 1959, 1987 Promotion, 1995 Habilitation, seit 1995 Privatdozent für Neuere und Neueste Geschichte an der Friedrich-Alexander-Universität Erlangen. Veröffentlichungen zur preußischen Geschichte, Geistes- und Ideengeschichte sowie zur interdisziplinären kulturwissenschaftlichen Forschung.

Leps, Marko, Doktorand, geb. 1970, Studium der Geschichte an der Universität Potsdam, seit 1999 Wissenschaftlicher Mitarbeiter am Lehrstuhl für Neuere Geschichte I an der Universität Potsdam. Veröffentlichungen zur brandenburgisch-preußischen Geschichte.

Luh, Jürgen, Dr. phil., geb. 1963, Studium der Geschichte, Politik und Rechtswissenschaften an der Freien Universität Berlin, 1993 Promotion, seit 1996 Wissenschaftlicher Assistent am Lehrstuhl für Landesgeschichte mit dem Schwerpunkt Brandenburg-Preußen an der Universität Potsdam. Veröffentlichungen zur Geschichte des Heiligen Römischen Reiches, Preußens und zur Militärgeschichte.

Schoeps, Julius H., Prof. Dr. phil. habil., geb. 1942, Studium der Geschichte, Geistesgeschichte, Politik- und Theaterwissenschaft in Erlangen und Berlin, 1969 Promotion, 1973 Habilitation, 1974–1991 Professor für Politische Wissenschaft und Direktor des Salomon Ludwig Instituts für deutsch-jüdische Geschichte an der Universität/Gesamthochschule Duisburg, seit 1991 Professor für Neuere Geschichte und Direktor des Moses Mendelssohn Zentrums für europäisch-jüdische Studien an der Universität Potsdam. Von 1993 bis 1997 nebenamtlich Gründungsdirektor des Jüdischen Museums der Stadt Wien. Veröffentlichungen zur europäisch-jüdischen Geistesgeschichte sowie zur deutschen Geschichte des 19. und 20. Jahrhunderts.

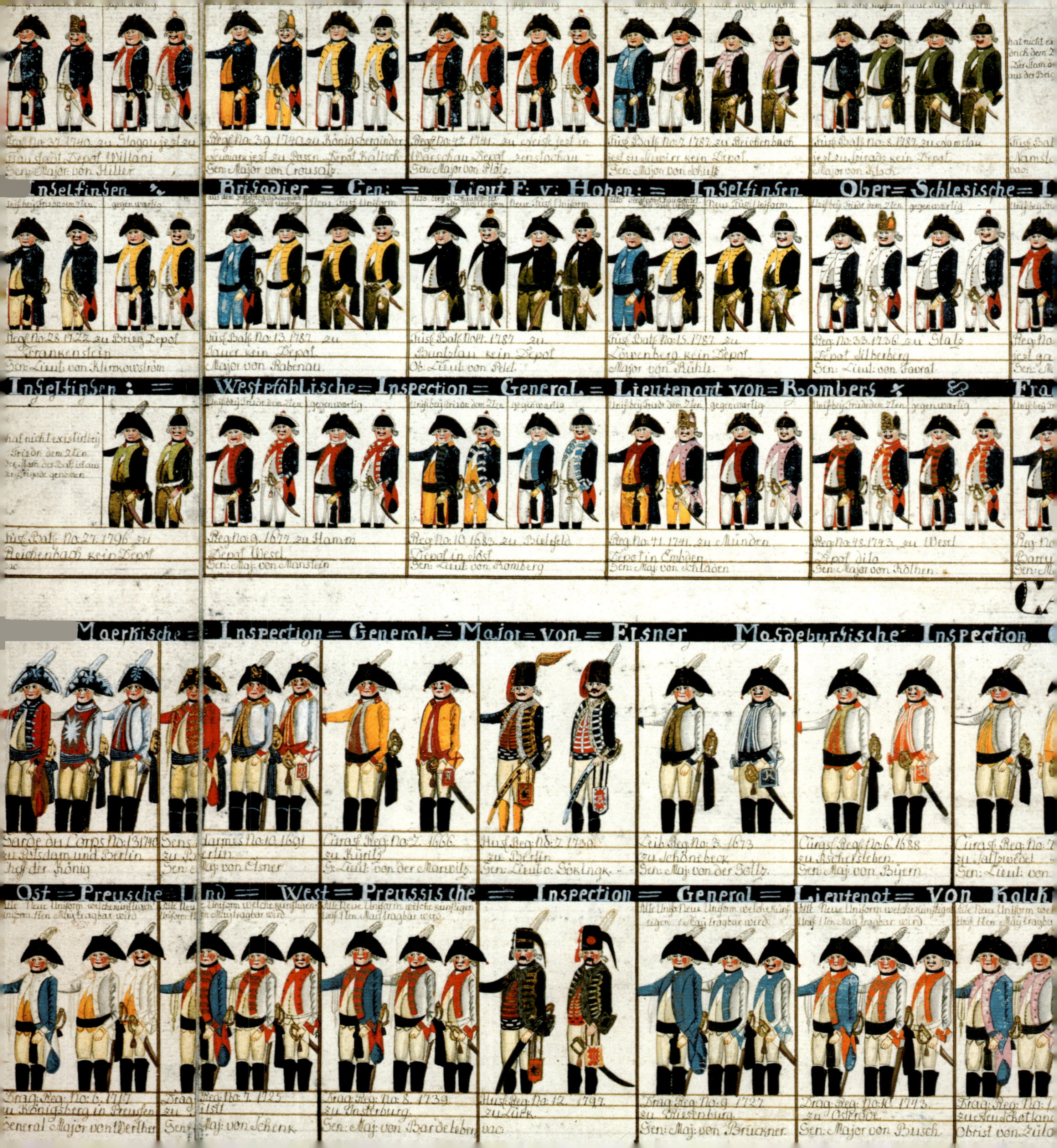
Regt No. 37 1740 zu Glogau jezt zu Fraustadt Depot Willani
Sen: Major von Hiller
Regt No. 39 1740 zu Königsberg in der Neumark jezt zu Posen Depot Kalisch
Sen: Major von Crousatz
Regt No. 47 1741 zu Neisse jezt in Warschau Depot Czenstochau
Sen: Major von Plötz
Füsil Batl. No. 7 1787 zu Reichenbach jezt zu Kiwier kein Depot
Sen: Major von Schultz
Füsil Batl. No. 8 1787 zu Namslau jezt zu Sieradz kein Depot
Major von Klock
Inselfinsen
Brigadier = Gen: = Lieut F: v: Hohen: = Inselfinsen
Ober = Schlesische = I
Regt No. 28 1722 zu Brieg Depot Frankenstein
Sen: Lieut von Klinkowström
Füsil Batl. No. 13 1787 zu Jauer kein Depot
Major von Rabenau
Füsil Batl. No. 14 1787 zu Buntzlau kein Depot
Ob. Lieut von Pelet
Füsil Batl. No. 15 1787 zu Löwenberg kein Depot
Major von Rühle
Reg: No. 33 1736 zu Glatz Depot Silberberg
Sen: Lieut von Favrat
Inselfinsen
Westfählische = Inspection = General = Lieutenant von = Rombers
Fra
hat nicht existirt bey Frieden dem 2ten
Füsil Batl. No. 27 1796 zu Reichenbach kein Depot
Reg No. 9 1677 zu Hamm Depot Wesel
Sen: Maj: von Manstein
Reg No. 10 1683 zu Bielfeld Depot in Jest
Sen: Lieut von Romberg
Reg No. 41 1741 zu Münden Depot in Embden
Sen: Maj: von Schladen
Reg. No. 48 1743 zu Wesel Depot dito
Sen: Major von Köthen
Maerkische = Inspection = General = Major = von = Elsner
Magdeburgische Inspection
Garde du Corps No. 13 1740 zu Potsdam und Berlin
Chef der König
Gensdarmis No. 10 1691 zu Berlin
Gen: Maj: von Elsner
Curass Reg: No. 7 1666 zu Kyritz
G: Lieut von der Marwitz
Husr Reg: No. 7 1730 zu Berlin
Gen: Lieut v. Göking
Leib Reg: No. 3 1673 zu Schönbeck
Gen: Maj: von der Goltz
Curass Reg: No. 6 1688 zu Aschersleben
Gen: Maj: von Byern
Ost = Preusche = Land = West = Preussische = Inspection = General = Lieutenat = von = Kolck
Alle Neue Uniform welche künftigen Uniform 1ten May tragbar wird
Drag: Reg: No. 6 1717 zu Königsberg in Preussen
General Major von Werther
Reg No. 7 1725 zu Tilsit
Gen: Maj: von Schenk
Drag: Reg: No. 8 1739 zu Insterburg
Gen: Maj: von Bardeleben
Husr Reg: No. 12 1797 zu Lück
Drag: Reg: No. 9 1727 zu Riesenburg
Gen: Maj: von Bruckner
Drag: Reg: No. 10 1743 zu Osterode
Gen: Major von Busch